Florence Brokowski-Shekete
Mist, die versteht mich ja!

Florence Brokowski-Shekete

Mist, die versteht mich ja!

Aus dem Leben einer
Schwarzen Deutschen

orlanda

Inhalt

Vorwort 9
Wie alles begann 15
Meine Eltern 25
Immer wieder Freitag 35
Nigeria – wo liegt das überhaupt? 39
Das überlebe ich hier nicht! 47
Eine andere Welt – meine deutsche Enklave 57
Täglich Transit und zurück 73
Zurück in die Ferne 77
Mein schönster Traum 83
Eine normale Jugend 101
Das Ende meiner Ankunft? 107
Keine ganz normale Jugend 115
Abitur, und dann? 121
Willkommen im richtigen Leben 141
Throwback 151
Wachsende Flügel 159
Tragende Schwingen 163
Abflug! 169
Angekommen? 173
Zurück in die Zukunft 179
»Sowas wie Sie hatten wir hier noch nicht!« 181
Und jetzt? 187
Die Sache mit der Not und der Tugend 193
Abschied 201
Heimatlos 203
Back to the roots 205
Die Schwarze Hexe 211
Und heute? 217
Epilog 221
Danksagung 223
Bildanhang 225

Für meine Mama und mein Kind

Vorwort

»Wo kommen Sie eigentlich her?«

Das ist wohl die am häufigsten gestellte Frage in meinem Leben – gefühlte mehrere Millionen Mal – in Wirklichkeit dann doch nur ein paar Tausend Mal. Dennoch, oft genug – in Cafés, bei Bewerbungsgesprächen, am Rande von Sitzungen, auf Feiern, beim Einkaufen – auf diese Frage ist Verlass – bis heute. Sie ist stets der Garant für amüsante Begegnungen, zumindest für mich.
 Woher ich komme? Meist antworte ich damit, meinen aktuellen Wohnort zu nennen. Mein Gegenüber, sichtlich unzufrieden mit dieser Auskunft, setzt dann an, die Frage zu präzisieren.»Nein, wo Sie wirklich herkommen.« Ah ja, ich verstehe und nenne meine Heimatstadt – Buxtehude – die kenne er doch, oder? Mein Gegenüber, merklich nervös, fast schon peinlich berührt, jedoch entschlossen, nicht aufzugeben, setzt nochmals an: »Nein, ursprünglich.« Nun nenne ich meine Geburtsstadt – Hamburg – und bringe ihn vollends aus der Fassung. Nur die Wenigsten nennen das Kind beim Namen, trauen sich das zu fragen, was sie doch so brennend interessiert, nämlich, wo meine Vorfahren herkommen, warum meine Aussprache so gar nicht mit meinem Äußeren harmoniert, kurz: warum ich Schwarz bin, warum ich Deutsch spreche. Warum fällt es den Menschen nur so schwer, warum ist es ihnen geradezu peinlich, genau das zu fragen, was sie doch so dringend wissen möchten? Bei vielen von ihnen habe ich den Eindruck, als kämpften sie mit einem selbst auferlegten Benimmkodex, der ihnen verbietet, solche Fragen zu stellen. Gleichzeitig wollen sie jedoch die Antwort wissen, verspüren eine Neugierde und versuchen diese zu tarnen, indem sie ungelenk, fast schon verschämt, diese Frage in ein wissenschaftliches Forschungsmäntelchen hüllen. Entweder

erzählen sie mir von Auslandssemestern, die sie in Afrika verbracht haben, berichten begeistert, dass Afrikanisch ohnehin eine sehr schöne Sprache sei oder fragen mich übertrieben interessiert, ob ich afrikanisch kochen könne. Dass Afrika kein Land ist, Afrikanisch keine Sprache und man ebenso wenig afrikanisch wie europäisch kocht, behalte ich zunächst für mich. Dann ertappt, verstricken sie sich in Erklärungen, die die Situation für mich nur noch amüsanter, für sie jedoch noch unbehaglicher werden lässt.

Ich habe den Eindruck, dass das, was man in Deutschland auch im 21. Jahrhundert als normal ansehen möchte, noch lange nicht normal ist. Was auch immer das Wort »normal« in diesem Zusammenhang bedeuten möge. Deutschsein wird noch immer mit einer weißen Hautfarbe verbunden und ausschließlich auf das Äußere reduziert. Dass es zwischenzeitlich Millionen von Menschen gibt, denen man ihr Deutschsein zwar nicht ansieht, eben weil sie nicht »deutsch« aussehen, sich aber der deutschen Kultur nicht nur verbunden, sondern zugehörig fühlen, ist im Innersten vieler Menschen, die sich als »biodeutsch« verstehen, bei aller Weltoffenheit, noch immer nicht restlos angekommen. Nicht aus einer Böswilligkeit heraus, zumindest nicht bei jenen, die sich glaubwürdig als weltoffen, kosmopolitisch und zugewandt bezeichnen und auch so leben.

Mein Deutsch ist lupenrein, der norddeutsche Akzent, inzwischen durch einen leicht badischen Singsang gefärbt, ist deutlich herauszuhören. Dennoch werden mir deutsche Idiome und einzelne Worte extra erklärt, verbunden mit der Frage, wie diese denn in »meiner« Sprache hießen. Dass ich mit meinem Gegenüber bereits über einen längeren Zeitraum problemlos eine Konversation in deutscher Sprache geführt habe, scheint dieser überhört zu haben. Die visuelle Wahrnehmung hat die akustische überlagert, im wahrsten Sinne des Wortes »ausgeschaltet«. Ein Mensch mit einer anderen Hautfarbe muss einfach woanders herkommen, die Sprache nicht verstehen und auch sonst kulturell anders gestrickt sein. Anders kann es nicht sein, sonst würde das Weltbild einiger erschüttert, egal, welchen Hintergrund sie haben. Erstaunlicherweise wurden mir in den letzten Jahren die aberwitzigsten Fragen von den vermeintlich gebildetsten Menschen gestellt. Denn eines scheinen diese Leute zu vergessen: Ein akademischer Titel macht aus einer Grenzüberschreitung keinen wissenschaftlichen Diskurs. Anzunehmen, dass eine Schwarze Frau in Begleitung eines weißen Mannes ein Urlaubsmitbringsel sein muss, ist ebenso absurd wie zu glauben, dass er sie bezahlt habe. Ebenfalls ist die Vorstellung, dass viele vermeintlich ausländische Menschen bereits in der zweiten oder gar dritten Generation in Deutschland leben, vielen dieser Leute fremd. Die ehrliche Antwort wird nicht gehört, nicht akzeptiert, weil nicht sein kann, was nicht sein darf. Oder vielleicht sogar umgekehrt? Niemand mit dunkler Hautfarbe kommt »einfach« mal so aus Hamburg und schon gar nicht aus Buxtehude, das geht einfach nicht. Als ich die Frage, zu wessen Beerdigung ich führe, mit: »Zu der meines deutschen Onkels«, beantwortete, wurde ich von einem Fremden korrigiert: »Aha, ein Bekannter, ein quasi Onkel also.« Mein Gegenüber erklärte mir meine Familienverhältnisse, denn wie könnte ein weißer alter Mann mein Onkel sein?! Prinzipiell ist gegen ein Interesse an meiner Person nichts einzuwenden, zeugt es doch von einer gewissen Neugier, die den Weg zu einer Offenheit bahnen kann. Diese Fragen nicht zu beantworten, nicht zu erläutern, halte ich daher für ungeschickt. Seine Antworten jedoch jedes Mal rechtfertigen zu müssen, ist mühsam und ermüdend.

Kinder sollen fragen, nur so lernen sie. Soll das für Erwachsene nicht gelten? Ist es beleidigend, wenn eine Oma die Erlaubnis für ihr Enkelkind einholt, die braune Haut einmal anfassen zu dürfen, weil das Kind sich frage, ob diese abfärbe? Würde ein »Nein« dem Kind helfen, diese Frage zu »begreifen«? Natürlich können diese Fragen, besonders von wildfremden Menschen, eine anmaßende Grenzüberschreitung bedeuten. Es ist nicht immer lustig, im Supermarkt zwischen Obst und Gemüse eine Kurzfassung der eigenen Biografie zu präsentieren, die dann womöglich auch noch hinterfragt wird. Wie geht man damit um, wenn das Interesse so weit reicht, dass einem Menschen ungefragt in die Haare fassen, weil sie wissen möchten, wie sich diese anfühlen?

Neugier, die von einem ehrlichen Interesse zeugt, macht Freude und ich begegne ihr mit einer ebensolchen Zugewandtheit. Grenzüberschreitungen jedoch sind inakzeptabel.

Im Normalfall kommen wir ins Gespräch und mein Gegenüber lauscht gebannt und will mehr wissen. Doch nicht immer reicht die Zeit, sodass es am Ende oft heißt: »Mensch, Sie sollten ein Buch schreiben!«

Ein Buch schreiben? Ist meine Geschichte denn wirklich so spannend? Ein Buch über mich, meine Herkunft, meinen Vater, meine Mutter und meine Mama? Über die Tatsache, Einzelkind mit vier Geschwistern zu sein? Über die Alltagserlebnisse in Deutschland als Mensch, Mädchen, Frau mit afrikanischer Herkunft? Darüber, dass diese Erlebnisse nicht immer etwas mit Alltagsrassismus zu tun haben, es diesen aber durchaus gibt? Darüber, wie diese Erlebnisse gehört, empfunden, aufgenommen und verstanden werden können, aber nicht müssen? Darüber, dass es manchmal einfach eines Perspektivwechsels bedarf, um zu verstehen, was der andere warum sagt? Darüber, wie es sich anfühlt, aufgrund einer anderen Hautfarbe optisch immer herauszustechen, immer anders zu sein und eigentlich nie wirklich dazuzugehören? Darüber, immer besser und fleißiger sein zu müssen als die anderen, um wenigstens als annähernd ähnlich qualifiziert angesehen zu werden? Dies jedoch schon als normal zu empfinden und nicht mehr zu spüren? Darüber, stets adrett gekleidet sein zu müssen, um als halbwegs ordentlich angezogen zu gelten? Darüber, es gewohnt zu sein, beruflich stets über die eigenen Grenzen zu gehen, ohne wahrzunehmen, dass das nicht gesund ist? Sich gar eine »Karriere« anzumaßen?

Dass der Begriff »Neger« schon lange vor der Political Correctness nicht mehr salonfähig war, ist jedem bekannt. Auch der Sarotti-Mohr war noch nie wirklich niedlich. Und die Erklärung »Wir meinen es ja nicht böse, aber so sagt man bei uns nun mal« war schon immer beliebig.

Ich könnte schreiben, dass es dennoch verständlich ist, dass Jahrhunderte lang benutzte Begriffe nicht mit einem Fingerschnippen aus dem Sprachgebrauch und den Köpfen verschwinden. Ich könnte beschreiben, dass all dies nicht schwächt, sondern ganz im Gegenteil stärkt. Und, dass fortwährendes Brückenbauen eine Last sein kann, aber nicht sein muss und durchaus eine Bereicherung darstellt.

Und ich könnte beschreiben, wie es mir gelungen ist, die Dinge so zu sehen, wie ich sie sehe und zu welchem Preis.
Ein Buch? Ja, warum eigentlich nicht!

Wie alles begann

Rückblickend war es eine schöne Kindheit, behütet, idyllisch, warmherzig. Diese Frau – sie sah anders aus als ich, ihre Haut war hell – war liebevoll, sie beschützte mich, sorgte für mich, half mir auf, wenn ich hingefallen war, spielte mit mir, wenn unten im Hof kein anderes Kind war. Bei ihr fühlte ich mich wohl. Es heißt, ich habe sie bereits zwei Stunden nach meiner Ankunft »Mama« genannt. Meine Mama – das ist sie bis heute, meine Herzensmama – ich hatte sie sehr lieb. Und dennoch war immer klar, meine Mutter war sie nicht.

Ich hatte Vater und Mutter, schließlich war ich kein Findel- oder Waisenkind. Meine Eltern, mit denen alles begann, die verantwortlich dafür waren, dass es mich, meine Geschichte überhaupt gibt.

Es muss an einem typischen Februarnachmittag gewesen sein, 1969 – stürmisch, trübe, nasskalt. Ein Ehepaar westafrikanischer Herkunft, Mitte, Ende Zwanzig, sucht in einer niedersächsischen Hansestadt eine Bleibe für ihre kleine Tochter. Sie sprechen bereits etwas Deutsch, gut genug, um sich verständigen zu können.

Sie waren beide nach Hamburg gekommen, um dort zu studieren, er vor vier, sie vor drei Jahren. 1967 bekamen sie ihr zweites Kind, ihre zweite Tochter, die erste hatten sie in ihrer westafrikanischen Heimat, Lagos in Nigeria, bei Verwandten zurückgelassen. Nun hatten sie also noch ein Kind, in Deutschland, in einem für sie fremden Land. In einem Land, in dem sie ohne Verwandte und familiäre Unterstützung zurechtkommen mussten. Als Studierende war es für sie schwer, sich um dieses Kind zu kümmern. Sie suchten immer wieder nach Möglichkeiten, ihr Baby unterzubringen. Nach Pflegestellen, die gegen Geld auf es aufpassten. Wenn sie eine Pflegestelle gefunden hatten, waren sie erst mal zufrieden, sie konnten sich in Ruhe ihrem Studium widmen. Doch sollte dieser Zustand nie von Dauer sein, nach einer Weile holten sie ihr Kind von der Pflegestelle ab und suchten eine neue und wieder eine neue und wieder. Warum das so war, sollte sich erst viele Jahre später klären.

Nun also in Niedersachsen, genauer gesagt, in Buxtehude. Meine Eltern suchten erneut eine Bleibe für ihre knapp zwei Jahre alte Tochter Florence – für mich. Natürlich war das nicht einfach. Wer ist bereit, rund um die Uhr ein fremdes Kind bei sich aufzunehmen, sich um es zu kümmern, als sei es das eigene? »Wir suchen eine Frau, die unserer Tochter Liebe gibt«, sollen sie gesagt haben. Natürlich war ihnen klar, dass niemand unentgeltlich ein Kind bei sich aufnimmt. Liebe hin oder her – wer ist schon derart altruistisch? In Buxtehude trafen sie auf den Pfarrer einer evangelischen Kirchengemeinde und berichteten ihm von ihren Sorgen. Warum sie gerade einen Pfarrer und nicht einfach das Jugendamt aufsuchten? Nun, sie waren gläubige Menschen, Baptisten. Sie berichteten dem Pfarrer von ihrem bisherigen Leben, davon, dass sie nach Deutschland gekommen seien, um zu studieren. Es war ihre Chance auf Bildung und auch auf die Bleibeberechtigung. Sich nur um das Kind zu kümmern, war ihnen aufgrund ihres Aufenthaltsstatus in Deutschland nicht möglich. Eine Alternative gab es nicht, aber wohin mit dem Kind?

Der Pfarrer hörte ihnen zu, er verstand ihre Not. Aber konnte er ihnen helfen? Wer würde Ende der Sechzigerjahre ein Schwarzes Kind bei sich aufnehmen und das in einer Stadt, in der es bis zu jenem Zeitpunkt so gut wie keine dunkelhäutigen Menschen gab? Wer wäre bereit, sich anstarren zu lassen, sich den Fragen der Mitmenschen zu stellen? Dem Kind müsste erklärt werden, warum es anders aussähe als alle anderen Kinder in der Umgebung, im Kindergarten, in der Schule. Das Kind müsste beschützt werden, wenn es aufgrund seiner Hautfarbe gehänselt, heute würde man sagen »gemobbt«, werden würde. Im Verwandten- und Bekanntenkreis gäbe es Diskussionen. Der Begriff »Neger« ist kränkend, würde das jeder verstehen? Die Person, die dieses Kind aufnähme, stünde selbst im Fokus. »Warum machst du das? Gib es nicht genug weiße Kinder, die ein Zuhause suchen?« Wer, egal und wenn auch in Gottes Namen, wollte sich freiwillig Ende der Sechzigerjahre diesen Stress antun? So viel Geld konnte eine solche Aufgabe gar nicht einbringen, dass man diese Summe als eine Art Entschädigung betrachten könnte für all das, was der Alltag mit Kind, und dazu einem Schwarzen Kind, so mit sich brächte.

Eines musste auch diesem Pfarrer sehr schnell klar gewesen sein: Wegen des Geldes wird dieses Kind niemand bei sich aufnehmen. Geld, das die Eltern des Kindes ohnehin nicht besaßen, wie sich später noch herausstellen sollte.

Zunächst war er ratlos, wollte das Ehepaar mit der Kleinen wegschicken. Doch dann hatte er eine Idee. Es gab in jener Kirchengemeinde eine Frau, die sich seit Jahrzehnten ehrenamtlich engagierte. Sie führte Kindergottesdienste und Kinderstunden durch. Sie sang im Kirchenchor und nahm an Bibelstunden teil. Der Glaube spielte eine große Rolle in ihrem Leben, sie lebte förmlich in und für die Kirche. Zeitweise hatte sie die ehemaligen Pfarrersleute bei der Betreuung ihrer Kinder unterstützt. Sie liebte Kinder und fühlte sich wohl in ihrer Nähe. Außerdem hieß es, dass sie »Schwarze Kinder so niedlich fände«. Dieser Frau wollte er die Not des Schwarzen Ehepaares schildern. Er wollte nichts unversucht lassen.

Doch wer war diese Frau?

Mitte Vierzig, selbstständige Schneiderin, alleinstehend, kinderlos, eine Vertriebene aus Westpommern, eine Geflüchtete, wie es heute heißen würde. Sie galt als sehr korrekt, sprach geschliffenes Hochdeutsch. Sie wusste, wie es sich anfühlte, in der Fremde zu sein, ein neues Zuhause suchen zu müssen. Sie wusste, wie es sich anfühlte, trotz weißer Hautfarbe anders auszusehen, aufgrund eines anderen Kleidungs- oder Haarstils angestarrt zu werden, nicht dazuzugehören und trotzdem dort leben zu müssen – dort leben zu wollen. Sie war dankbar, damals, nach dem Ende des Zweiten Weltkrieges, in Buxtehude ein neues Zuhause gefunden zu haben, Menschen, die ihr wohlwollend begegneten, ihr, einer Vertriebenen aus Stettin. »Wir mussten unsere Stadt verlassen, mussten fliehen und hatten nichts weiter als einen Koffer mit ein paar persönlichen Sachen und der Kleidung am Leib«, erzählte sie später. »Meine Eltern wollten nicht weg, doch ich wusste, dass wir dort, in Stettin, in unserer Heimat, nicht mehr bleiben konnten.

Die Stadt wurde besetzt und wir, wir gehörten zum Feind.« Sie berichtete später oft, wie schwer es für sie als junge Frau von 21 Jahren gewesen sei, ihre Eltern und die ältere Schwester davon zu überzeugen, Stettin verlassen zu müssen, in einen Zug zu steigen, von dem niemand wusste, wohin er führe. Schon damals habe ihr der Glaube Halt gegeben, habe ihr, wie sie sagte, geholfen, die dramatischen Situationen durchzustehen.

Diese Hilfe, das Wohlwollen, die Freundlichkeit, ja, auch die Nächstenliebe, die sie damals erfahren habe, wollte sie zurückgeben, wo immer es ihr möglich war. Sie war hilfsbereit, kümmerte sich gerne um andere Menschen und stellte dabei ihre eigenen Bedürfnisse stets zurück. So zu leben, schien ihr zu gefallen, sie zufrieden zu machen und ihr einen Sinn im Leben zu geben.

Diese Frau wollte der Pfarrer also fragen – er war überzeugt, wenn jemand helfen könnte, dann sie.

Natürlich weiß ich dies alles nur aus Erzählungen – Erzählungen von meiner Mama und anderen Menschen, die unsere Geschichte begleitet haben. Und natürlich erzählt sie jeder aus seiner Perspektive. Meine leiblichen Eltern haben kaum über diese frühe Phase meiner Kindheit gesprochen. Emotionalität schien ihnen fremd. Andererseits: Möglicherweise waren sie emotional, möglicherweise blieb mir ihre Art der Emotionalität fremd.

Der Pfarrer stellte den Kontakt zwischen meinen Eltern und dieser Frau her. Ja, sie fand Schwarze Kinder tatsächlich niedlich. Aber sollte sie sich das wirklich antun? »Was würden die Leute sagen?« Diese Frage sollte zu einer der Leitfragen meines Lebens werden. »Was würden die Leute sagen?« War es jedem klar, dass dieses Kind »nur« ein Pflegekind war und nicht ein uneheliches Kind, weil sie sich wohlmöglich von einem Schwarzen Mann hatte schwängern lassen und dieser sie dann schnöde hatte sitzenlassen? Was würden ihre Kundinnen sagen, auf die sie angewiesen war, für die sie schneiderte, um Geld zu verdienen? Wie käme sie mit den Eltern dieses Kindes zurecht, Menschen aus einem völlig anderen Kulturkreis? Menschen, die zwar der deutschen Sprache mächtig waren und doch nicht dieselbe Sprache sprachen wie sie. Schließlich geht es nicht nur darum, eine Sprache zu sprechen, sondern auch die Kultur zu begreifen, die es ermöglicht, die Sprache zu fühlen. Hatten sie diese begriffen? Würden sie einander verstehen? Nicht nur rational, sondern auch emotional? Und warum hatten sie derart oft die Pflegestelle gewechselt? Warum hatten sie diesem kleinen Kind derart oft einen Wechsel der Bezugspersonen zugemutet? Ist das Kind nicht erzogen und deshalb schwierig oder sind es etwa sie, die Eltern, die schwierig sind?

Meine Mama hat später oft mit mir darüber gesprochen und mir berichtet, dass ihr die Entscheidung, mich aufzunehmen, nicht leichtgefallen sei. Nicht, weil sie mich nicht »niedlich« fand, sondern, weil sie nicht wusste, was auf sie zukäme, als weiße Frau mit einem Schwarzen Kind. Ich kann sie gut verstehen.

Ein Sonntagnachmittag im Februar 1969 also – vereinbart war Sonntag bis Freitag, dann würden sie ihre Tochter wieder abholen. Ausgemacht war auch ein Pflegegeld.

Später erzählte Mama, sie hätten mich für die Jahreszeit viel zu dünn angezogen, die Kleidung in meinem Koffer sei nahezu unbrauchbar gewesen. Ich soll einen müden, zurückhaltenden, verschüchterten und kränklichen Eindruck gemacht haben, »spack« nannte Mama diesen Zustand immer.

An jenem Sonntagnachmittag, als meine Eltern mich bei ihr abgaben, stand ich laut meiner Mama im Flur, mit einer Puppe im Arm und sagte nichts. Was soll ein Kind mit knapp zwei Jahren auch sagen, in einer für es fremden Umgebung? Aber sie hatte vorgesorgt, hatte ihre Freundin gebeten, mit ihrer kleinen Pflegetochter ebenfalls zu kommen, in der Hoffnung, dass mir der Abschied von meinen Eltern dann leichter fiele. Mama erzählte mir später, dass ich nach zwei Stunden noch immer im Flur stand, nichts sagte, aber weinte. Sie konnte sehr gut mit Kindern umgehen und dennoch sei ihr diese Situation fremd gewesen. Hätte ich wenigstens etwas gesagt, wäre es für alle Beteiligten leichter gewesen, aber so. Sie war sich sicher, es müsse das Heimweh sein, das mir zu schaffen machte. Verstand ich doch nicht, warum mich meine Eltern bei diesen fremden Menschen zurückließen. Und das zum wiederholten Mal. Zurückgelassen, wie einen Gegenstand, mit dem man, zumindest vorübergehend, nichts anzufangen wusste. Sie wusste sich zunächst nicht zu helfen und tat kurzerhand das, was wohl in dem Moment das Nächstliegende war – sie wechselte mir die Windel.

Nein, ich war mit knapp zwei Jahren noch nicht sauber, was jedoch nicht zu meinem größten Problem im Leben werden sollte. Ein frühkindliches Trauma habe ich jedenfalls nicht davongetragen. Danach, so berichtete Mama weiter, sei buchstäblich alles wieder in trockenen Tüchern gewesen. Es gab etwas zu essen und ich ließ es mir wohl auch schmecken, spielte mit der kleinen Nachbarin und sprach mein erstes Wort an diesem Tag: »Mama«.

Dass ein knapp zweijähriges Kind, auch ein afrikanisches, das Wort »Mama« kennt, war auch zu jener Zeit kein Zeichen von außergewöhnlicher Intelligenz oder einer drohenden Hochbegabung, sondern ganz normal. Trotzdem fing meine neue Mama an, sich Sorgen zu machen, sie glaubte, ich würde bald meine Eltern vermissen und sah die große Herausforderung vor sich, diesem Kind über seinen Kummer hinwegzuhelfen. Doch der Kummer ließ auf sich warten. Weiterhin nannte ich sie »Mama«. Und zwar immer dann, wenn ich etwas von ihr wollte oder sie nicht im Zimmer war. Dann rief ich »Mama« und irgendwann war ihr klar, dass damit wohl nur sie gemeint sein konnte.

Mama war das zunächst gar nicht recht, schließlich hatte ich leibliche Eltern – eine Mutter und einen Vater. Sooft mir meine Mama das erklärte, sooft soll ich sie mit großen Augen angeschaut und erneut »Mama« genannt haben. Meine Eltern wollten in ein paar Tagen, am Freitag, wiederkommen, um mich über das Wochenende abzuholen, so war es vereinbart. Wie würden sie reagieren, wenn sie hörten, dass ich diese fremde Frau »Mama« nannte? »Tante« sollte ich sie nennen, damit es bei meinen Eltern nicht zu Irritationen käme. Das übte sie mit mir, in der Hoffnung, dass ich es bis zum Freitag gelernt hätte.

Ob sie dieses nigerianische Ehepaar sympathisch fand? Sie waren höflich und freundlich, schienen dankbar, dass sie nun wieder jemanden für ihr Kind gefunden hatten. Es war klar, dass sie finanziell nicht auf Rosen gebettet waren, aber sie versicherten, dass sie die vereinbarte Summe pünktlich zahlen würden. Sie sprachen gut Deutsch. Mein Vater etwas besser als meine Mutter, er war aber auch bereits ein Jahr länger in Deutschland als sie. Ohnehin schien er locker und humorvoll zu sein, sie eher ernst. Beide wussten genau, was sie wollten.

Die Tage vergingen und ich lebte mich gut ein. »Tante Irmgard« – so hieß die Frau, die ich weiterhin »Mama« nannte – packte Freitag früh meine Kleidung in meinen Koffer. Während der Woche hatte sie das eine oder andere Kleidungsstück durch ein neues ergänzt. Als Schneiderin fiel ihr das nicht schwer. Die neuen Kleidungsstücke behielt sie jedoch unter Verschluss, nur die mitgebrachten Teile legte sie zurück in den Koffer. Meine Eltern sollten bald da sein, um mich über das Wochenende zu sich zu holen – wie vereinbart. Mama war sich sicher, dass die Wiedersehensfreude für mich, wenn sie erstmal da wären, bestimmt groß sein würde. Welches Kind freut sich nicht über die Ankunft seiner Eltern? Für Mama war es überraschend, wie gut ich mit meinem Heimweh umzugehen schien. An dem Freitag wartete sie, hatte sich für das Wochenende bereits etwas vorgenommen. Sie wartete und sagte mir immer wieder, dass sie jeden Moment kämen, aber sie kamen nicht – nicht am Vormittag, nicht am Mittag. Sie kamen nicht am Nachmittag, und auch am Abend klingelten sie nicht. Der Freitag verging, es wurde Samstag – und sie kamen nicht. Sie riefen auch nicht an, sie meldeten sich gar nicht. Sie hatten mich abgegeben und kamen nicht zurück.

Mama war verunsichert. Was war passiert? War ihnen etwas zugestoßen? Die Tage verstrichen, der nächste Freitag kam, Mama packte erneut meine Sachen in meinen Koffer und wartete, dass meine Eltern kämen, um mich über das Wochenende zu sich zu holen – so war es ja vereinbart.

Auch dieser Tag verging. Sie kamen nicht – nicht an jenem Freitag, nicht an dem Freitag darauf, auch nicht an den Freitagen danach. Mama hörte nichts von ihnen, Mama las nichts von ihnen, Mama wusste nichts von ihnen, Mama hatte nur die mündliche Vereinbarung, an die sie sich nicht zu halten schienen. Was, wenn ihnen doch etwas zugestoßen war? Was sollte sie dann mit dem Kind machen, das nicht ihr gehörte, das aber bei ihr wohnte? Gab es Angehörige, die wussten, dass das Kind bei ihr war? Würden diese sich bei ihr melden und das Kind abholen? Das Kind konnte doch unmöglich einfach so bei ihr, einer Fremden, bleiben.

Mama hörte auf, freitags meine Sachen in den Koffer zu packen. Genau genommen blieb er einfach gepackt. Und zwar mit meinen alten Sachen. Denn inzwischen hatte sie alle meine Kleidungsstücke ausgetauscht: Kleidchen, Röckchen, Pullover und Blüschen. Es machte Mama Freude, mich anzuziehen. Und obwohl es sie zutiefst verunsicherte, gewöhnte sie sich an den Gedanken, dass meine Eltern wohl nicht mehr kämen, um mich abzuholen, zumindest vorerst nicht.

In der kleinen, dreißig Quadratmeter großen Zwei-Zimmer-Wohnung richtete sie mir eine Spielecke ein, ganz in der Nähe meines Bettchens. Ich fragte nicht nach meinen Eltern und schien mich in meinem neuen Zuhause sehr wohl zu fühlen. Ich war ein pflegeleichtes Kind, pflegeleicht mit eigenem Kopf – damals schon. »Tante Irmgard« blieb hartnäckig »Mama« und Mama war eine kluge Frau – sie gab es auf und gewöhnte sich an den Gedanken, Mama genannt zu werden und Mama zu sein.

Mama war nicht allein, sie hatte eine Mutter, auch diese kümmerte sich liebevoll um mich und war für mich meine Oma. Denn wenn diese alte Frau die Mama meiner Mama war, war sie meine Oma. Dieser Logik folgend, brachte mir Mama das Wort Oma bei. Sie versuchte erst gar nicht, mir für Oma einen alternativen Namen beibringen zu wollen.

Die kleine Nachbarin, die ich gleich am ersten Tag kennengelernt hatte, wurde meine ständige Spielgefährtin. Da sie im Nachbarhaus wohnte, sahen wir uns oft, wuchsen miteinander auf und wurden gute Freundinnen – ein Kontakt, der Jahrzehnte halten sollte.

In dem Mehrfamilienhaus mit acht Parteien, in dem wir wohnten, lebte eine Familie mit zwei Töchtern. Die eine war etwas älter, die andere fast so alt wie ich. Hinter dem Haus hatten alle Bewohner einen kleinen Gartenanteil, auch wir. Diese Familie hatte für ihre beiden Töchter einen Sandkasten und eine Schaukel aufgestellt. Sie luden uns ein, dort gemeinsam zu spielen. Mama erzählte mir später, als ich älter war, wie neugierig die Mädchen damals auf mich reagiert hätten. Aber auch ich fand diese weißen Mädchen sehr spannend und freute mich immer darauf, mit ihnen zu spielen.

Es kehrte etwas Alltag ein. Mama ging ihrer Schneiderarbeit nach, die sie glücklicherweise von zuhause aus erledigen konnte.

Die Nähmaschine stand in der kleinen Wohnung direkt vor dem Fenster. Daneben befand sich ein Sideboard mit einem Spiegel darauf. Vor dem Sideboard war etwas Platz für eine Decke mit meinen Spielsachen. Ich sei ein zufriedenes Kind gewesen, hieß es später. Zufrieden, solange ich meine Spielsachen und meine Mama um mich hatte. Ich war stets zuhause, ging nicht in den Kindergarten. Warum auch? Schon wieder neue Bezugspersonen? Mama gelang es, ihre Arbeit und das Kind unter einen Hut zu bekommen.

Wenn sie ihre Kirchengemeinde aufsuchte, nahm sie mich mit. Anfänglich verstand ich nicht viel, wusste nicht, worum es ging. Es wurden Geschichten aus der Bibel vorgelesen – die sagten mir nichts. Es wurden Lieder gesungen – die kannte ich nicht. Wie alle anderen Kinder hörte ich zu – auch wenn ich mit meinen zwei Jahren deutlich die Jüngste war. Aber das machte mir nichts aus. Die Menschen in der Gemeinde waren sehr nett zu mir und es gab immer jemanden, der sich anbot, mich zu beschäftigen, wenn mir wirklich einmal langweilig wurde.

Zuhause bekam ich Bilderbücher, die Märchen der Gebrüder Grimm, aber auch biblische Geschichten geschenkt. Mama war es sehr wichtig, dass ich mit den Geschichten aus der Bibel vertraut wurde.

Ging Mama abends weg, passten die Nachbarin von nebenan oder Oma auf mich auf. Das war ein leichter Job, denn schon damals gehörte Schlafen zu meinen liebsten Hobbys. Und Mama kleidete mich ein, mit noch mehr Kleidchen, Röckchen, Blüschen. Sie kaufte mir Schuhe, Strumpfhosen und alles, was ein Kind so braucht. Sie versuchte, mit meinen Haaren klarzukommen, die für eine weiße Frau sehr ungewohnt waren. Sie lernte, dass meine Haut nach dem Waschen sehr trocken war und deshalb regelmäßig eingecremt werden musste. Sie lernte meine alltäglichen Bedürfnisse kennen. Ich lernte, dass es jemanden gab, der sich um mich kümmerte, auf den ich mich verlassen konnte. Jemand, der da war, wenn ich aufwachte und da war, wenn ich einschlafen sollte. Jemand, der sich Zeit für mich nahm, mir zu essen gab und der vorsichtig mit mir umging, mich mit seinem Temperament nicht erschreckte.

Mama war gewissenhaft, sie wollte, dass es das kleine Mädchen gut bei ihr hatte. Und sie wollte, dass das kleine Mädchen lernte, ein Töpfchen zu benutzen. »Lass endlich diese Windeln weg«, soll Oma gemahnt haben. »Wie soll sie lernen, sauber zu werden, wenn sie immer diese Dinger umhat.«

Inzwischen war ein halbes Jahr vergangen, es war zur Routine geworden: Es war Freitagabend und von meinen Eltern keine Spur. Ob sie jemals wiederkämen? Waren sie womöglich zurückgeflogen in ihre Heimat, ohne ihre Tochter mitzunehmen? War das vielleicht ihr ursprünglicher Plan gewesen? Niemand wusste etwas. Man schrieb das Jahr 1969. Mama hatte keine Telefonnummer, um bei ihnen anzurufen und nachzufragen. Wenn sie sich meldeten, dann riefen sie von einer Telefonzelle an. Aber das kam wohl erst später vor.

Meine Eltern

Wieder ein Freitagabend, Mama hatte mir, wie jeden Abend, eine Geschichte vorgelesen und mich dann ins Bett gebracht. Plötzlich hörte sie ein großes Stimmengewirr auf der Straße, sie schaute aus dem Fenster. Da waren sie – meine Eltern. Sie waren nicht allein gekommen, sondern in Begleitung einiger Freunde. Sie redeten durcheinander, sie redeten laut, sie redeten energisch, sie schienen aufgeregt. Stritten sie sich? Was war los? War etwas passiert?

Sie klingelten, kamen die Treppe hoch. Nun standen viele Menschen in der kleinen Wohnung, zu viele für diese Wohnung. Nun waren sie da, waren bereit, wollten ihre Tochter abholen, denn es war ja Freitag.

Meine Eltern hatten in Lagos/Nigeria geheiratet, das muss 1963 gewesen sein. Er, Jahrgang 1938, sie, Jahrgang 1942, beide dem Stamm der Yoruba angehörend. Ich kenne nur wenige Bilder aus dieser Zeit. Die jedoch, die ich kenne, zeigen zwei große, sehr schöne Menschen, mit einer besonderen Eleganz, Anmut und Grazie.

Lagos als größte Stadt Nigerias war schon damals eine der bevölkerungsreichsten Städte des Landes. Armut und Reichtum lagen dicht nebeneinander, die soziale Schere klaffte weit auseinander. Im Mai 1964 bekamen sie ihr erstes Kind, ein Mädchen. Sie hatten Träume, träumten von einem besseren Leben in Europa. Deutschland war ihr Ziel. Obwohl sie die Sprache nicht beherrschten, trauten sie sich ein Leben in dem fremden Land zu, wollten dort studieren. Die Voraussetzungen besaßen sie, sie hatten beide einen höheren Schulabschluss. 1965 ging mein Vater voraus, wohl um zu schauen, wie das Leben in dem gelobten Land ist. Er wollte alles vorbereiten, denn eines war klar, seine Frau sollte nachkommen. Sie hatten viele Verwandte in Lagos, die Familie war groß, sehr groß. Es hieß, alle hätten zusammengelegt, um ihnen die Reise nach Europa zu ermöglichen. Denn wenn beide ein erfolgreiches Leben in Europa hätten, würde es auch den zurückgebliebenen Verwandten in der Heimat gut gehen. Man hielt zusammen, sorgte füreinander, teilte, was man hatte. Natürlich würden sie Geld von Deutschland in die Heimat senden. Sein Vater, ein nicht weniger stattlicher, stolzer und geachteter Mann, besaß in Lagos eine Baufirma, diese sollte er nach seinem erfolgreich absolvierten Studium übernehmen – daher wollte er Bauingenieurwesen studieren. Doch erst galt es, die Sprache zu lernen. Das war nicht leicht. Aber er lernte sehr schnell. Wenig später, es musste im Juni oder Juli 1966 gewesen sein, folgte ihm seine Frau nach Deutschland. Allein, ohne ihre Tochter. Diese ließ sie bei Verwandten in Lagos zurück. Gemäß dem afrikanischen Sprichwort: »Um Kinder zu erziehen, braucht es ein ganzes Dorf«.

Aus welchem Grund auch immer sie ihre Tochter zurückließ, beide waren sie nun in Deutschland – um genau zu sein, in Hamburg. Er kannte sich bereits aus, hatte Leute kennengelernt, für sie war alles neu. Unterhielt er sich auf Deutsch, fühlte sie sich sicherlich ausgeschlossen, aber das währte nicht lang. Auch sie lernte die neue Sprache sehr schnell. Tatsächlich sollten beide die deutsche Sprache nie wieder verlernen. Selbst nach der Rückkehr in ihre Heimat beherrschten sie sie bis ins hohe Alter. Sie waren kluge Menschen – ihre Intelligenz half ihnen sehr, in diesem fremden Land zurechtzukommen.

Gut neun Monate nach ihrer Ankunft in Hamburg kam die zweite Tochter zur Welt.

In ihrem Land war es üblich, dass ein Kind erst vierzig Tage nach der Geburt seinen Namen erhielt. Bis dahin hieß es schlicht »Baby«, vielleicht ergänzt durch das Geschlecht, »Baby boy« oder »Baby girl«. Auch war es üblich, dass alle Verwandten bei der Wahl des Namens beteiligt waren. Um sich nicht auf einen Namen einigen zu müssen, erhielt das Kind mehrere. Sicherlich hatten auch bei diesem Kind viele Verwandte Namensvorschläge gemacht und sie ihnen bei den gelegentlichen Telefonaten übermittelt. Es waren nigerianische Namen, für europäische Zungen schwierig auszusprechen. Aus diesem Grund dachten sie vermutlich, es sei klug, einen europäischen Namen voranzustellen, »Florence«. Ein schöner

Name, ja, aber die Aussprache und Schreibweise sollte dann doch für den einen oder anderen Deutschsprachigen ebenfalls zu einer Herausforderung werden.

Sie gehörten dem baptistischen Glauben an. In der Nähe ihres Wohnortes hatten sie eine baptistische Gemeinde gefunden. Die Gemeinschaft gab ihnen Halt, sie knüpften Kontakte und lernten so immer mehr Menschen kennen. Das neue Baby wurde nicht getauft, das ist bei den Baptisten nicht üblich, es wurde »dargebracht«, der Gemeinde gezeigt, gesegnet und in die Gemeinschaft aufgenommen. Und genau so machten sie es. Sie stellten ihre Tochter vor und erst dann bekam sie ihren vollständigen Namen: Florence Olatunde Gbolajoko Oluwadamilare.

»Florence« – so nannte mich bis zu meinem 18. Lebensjahr eigentlich niemand. Von meiner Mama wurde ich »Flori« gerufen. Meine Eltern, besonders mein Vater, wurden jedoch nicht müde, mich stets mit allen mir zugedachten nigerianischen Namen anzusprechen, etwas, das – und diese Erinnerungen reichen weit in meine frühe Kindheit zurück – mir stets missfiel. Mehr noch, ich hasste es. »Olatunde Gbolajoko Oluwadamilare«. Es hatte den Anschein, als wollte er mir deutlich machen, dass das, womit ich mich zunehmend identifizierte – identifizieren musste, identifizieren wollte, denn sie hatten mich schließlich zu dieser weißen Frau gebracht – nicht das war, mit dem ich mich zu identifizieren hatte. Es hatte den Anschein, als wollte er mir mittels meiner Namen deutlich machen, mit was ich mich zu identifizieren hatte – zumindest dann, wenn sie anwesend waren. Nämlich mit Lagos, mit Nigeria, mit der nigerianischen Kultur, der Sprache, dem Essen, dem Verhalten, dem Temperament. Alles Dinge, die ich nicht kannte, alles Dinge, von denen ich nur gehört hatte, und zwar von ihnen.

Mit der Zeit fingen sie an, mich ab und an zu sich zu holen. Ich sollte dann einige Tage mit ihnen verbringen. Tage, an denen ich traurig war, denn ich vermisste Mama. Meine Mutter kochte. Das Essen schmeckte scharf, es roch streng. Sie aßen mit den Fingern, so war es üblich. Das Essen mochte ich nicht, ich brauchte eine Gabel, einen Löffel, mein gewohntes Leben, meine Mama, die zu jeder Zeit wusste, was gut für mich war. Je mehr sie versuchten, vor allem mein Vater, mir die Dinge im wahrsten Sinne des Wortes schmackhaft zu machen, desto mehr lehnte ich sie ab, hasste sie, wollte nichts damit zu tun haben. Weder mit den Namen noch mit der Sprache, die ich ohnehin nicht verstand, und auch nicht mit der Hautfarbe. Die Hautfarbe. Wenn ich in der weißen deutschen Gesellschaft war, vergaß ich meine Hautfarbe. Natürlich fiel ich den Menschen auf, sie fanden dieses kleine Schwarze Mädchen niedlich. Trotzdem, meine Hautfarbe war mir in diesen Momenten nicht bewusst. Wann immer meine Eltern jedoch anwesend waren, wurde aus Flori, dem Mädchen, das unter Weißen lebte, die Schwarze Olatunde Gbolajoko Oluwadamilare. Eine Transformation, gegen die ich mich von klein auf wehrte. Und meine Eltern bestimmten, wann diese stattfand, sie bestimmten es spontan, unangekündigt, willkürlich.

Bereits als kleines Kind wuchs in mir Wut. Eine Wut auf mir vorgeschriebene Dinge, die ich nicht nachvollziehen, nicht nachfühlen konnte. Dinge, die mir übergestülpt wurden, die nichts mit meiner Mama und meiner weißen deutschen Welt zu tun hatten. Ich wollte nichts zu tun haben mit einer Identität, die ich nicht kannte, die mir fremd war, die nicht meine war. Ich wollte nichts zu tun haben mit einem Land, das in meiner Vorstellung niemals so schön sein konnte wie mein Zuhause in Buxtehude.

Mein Alltag war behütet und liebevoll. Geprägt von Berechenbarkeit und Regelmäßigkeit, von Ruhe und Harmonie. Ich hatte, was ich brauchte: Mama, Oma, Freundinnen, die Gemeinschaft der Kirchengemeinde. Meine Spielsachen lagen immer dort, wo ich sie abgelegt hatte, meine Puppen, die Teddybären, die Eimer und Schaufeln für den Sandkasten. Ich war noch sehr klein, doch liebte ich diese Sachen. Sachen, die mir gehörten, Sachen, die mir niemand wegnahm. Ganz anders bei meinen Eltern. Sobald sie kamen, war es vorbei mit dem ruhigen Leben. Sie standen vor der Tür, unangekündigt, völlig überraschend, von einer Minute auf die andere. Sie rissen mich aus meiner Welt, aus der Harmonie, aus dem Paradies, aus meinem Zuhause, aus dem, was sie für mich als Zuhause ausgewählt hatten.

Mama versuchte stets, mir die Situation positiv zu erklären. Aber auch ihr fiel es schwer, mit diesen Überfällen zurechtzukommen. Sie selbst war strukturiert, klar, verlässlich. Sie war auch flexibel, aber nicht spontan, sie handelte nie willkürlich. Dennoch versuchte sie sich einzulassen auf das, was ihr begegnete. Mama und Oma hatten mich in ihr Herz geschlossen, sie versuchten sich mit meinen Eltern und ihrer Lebensweise zu arrangieren, obwohl sie ihnen genauso fremd war wie mir. Dennoch drückten sie ihnen gegenüber nie Missfallen aus, machten ihnen nie deutlich, dass ihr Verhalten oftmals störend war. Schließlich war es ihr Kind, sie hatten ein Recht, es zu sehen, sie hatten ein Recht, es jederzeit mitzunehmen, es zu sich zu holen. Außerdem hing immer die Drohung eines Pflegestellenwechsels in der Luft. Es wäre nicht das erste Mal gewesen. Das wollte Mama verhindern. Sie wollte mir Stabilität und Verlässlichkeit bieten, ein sicheres Zuhause. Sie liebte mich und sie merkte, dass auch ich sie liebte. Aus diesem Grund versuchte Mama, sich auf meine nigerianischen Eltern einzustellen, mit ihrer Art zurechtzukommen. Sie waren auch charmante, freundliche Menschen. Mein Vater war sehr humorvoll, brachte Menschen zum Lachen, besonders die Damen. Meine Mutter war ruhiger, aber nicht weniger charmant. Beide versuchten stets ihrer Dankbarkeit Ausdruck zu verleihen, indem sie Geschenke mitbrachten: ein Kaffeeservice, Stoffe, manchmal auch Lebensmittel, mit denen Mama jedoch nicht wirklich etwas anzufangen wusste. Mama und Oma versuchten, Offenheit zu zeigen, sich zu interessieren für das Land, das Leben und die Leute, für ihre Heimat. Sie benutzten die Geschenke, nähten sich aus den Stoffen Kleider und probierten die fremden Speisen. Sie wollten Brücken bauen und es gelang ihnen. Dennoch mussten sie viel lernen, die laute Art, das Temperament, den Klang der fremden Sprache, die immer dann zum Einsatz kam, wenn ihnen etwas nicht passte. Sie wollten nicht, dass Mama und Oma ihrer Diskussion folgen konnten.

Sie respektierten sich gegenseitig, aber eine Freundschaft sollte daraus nie werden. Sie siezten sich bis zum Schluss. Die fremden Gerüche von unbekannten Haarcremes und Körperlotionen störten Mama. Wenn ich von meinen Eltern zurückkam, roch auch ich fremd für sie. Egal wie spät, egal wie müde, sie wusch mich immer, sobald ich bei ihr ankam.

»Es sind doch deine Eltern!«, hieß es, wenn ich nicht mit ihnen mitgehen wollte. Ja, das waren sie, das sind sie! Aber ich lebte nicht mit ihnen, ich kannte sie kaum, ich fühlte sie nicht. Meine Eltern erwarteten jedoch, dass ihr Kind ihre Entscheidungen einfach akzeptierte. Wann immer sie vor der Tür standen, wann immer sie mich mitnahmen in eine mir fremde Welt – ich hatte es zu akzeptieren, mehr noch, es zu begrüßen. Fragen, Traurigkeit oder gar Rebellion waren verboten, egal in welchem Alter.

Ihre Spontanität und ihre Willkür sollten von nun an immer wieder unseren Alltag stören. Berechenbarkeit und Verlässlichkeit schienen in ihrem Leben keine Rolle zu spielen. Bestimmt meinten sie es nicht böse, sicherlich war es keine Absicht, es war schlicht ihr Lebensstil. Mit Sicherheit liebten sie ihr Kind. Sie liebten es eben auf ihre Weise. Eine Weise, die ich nicht begriff, die mich nicht erreichte, die ich nicht annehmen konnte, nicht annehmen wollte. Ich liebte jene Person, die die meisten Tage und Nächte bei mir war, die gut war und auf die ich mich verlassen konnte. Sich mit dieser Erkenntnis auseinanderzusetzen, muss meinen Eltern schwergefallen sein, vielleicht wollten und konnten sie sich damit nicht auseinandersetzen. Ein Kind hat seine Eltern zu lieben, nur diese, ganz gleich, wo sie sich aufhielten.

Sie zahlten Pflegegeld, selbstverständlich, schließlich handelte es sich um eine Abmachung und nicht um einen Freundschaftsdienst. Wie gesagt, eine Freundschaft entwickelte sich zwischen ihnen und Mama nie. Anfänglich zahlten sie regelmäßig, dann immer seltener. Mama brauchte das Geld, sie musste ja für mich aufkommen. Zum Glück konnte sie das Meiste selbst nähen und benötigte zumindest für Kleidung kaum Mittel. Dennoch, die Erledigung ihrer Aufträge als Schneiderin musste sie weitestgehend in die Abend- und Nachtstunden verlegen, wenn ich schlief. Sie musste ihr Leben komplett umgestalten. Aber es gefiel ihr, für dieses Kind sorgen zu dürfen und Leben in der, wenn auch sehr kleinen, Wohnung zu haben. Ich wurde ihre Tochter und das blieb auch meinen Eltern nicht verborgen. Sie wussten, dass Mama mit der Zeit sehr an mir hing, mich liebgewonnen und ich bei ihr und ihren Verwandten ein Zuhause gefunden hatte. Neben der Oma hatte ich noch eine Tante, Mamas Schwester. Ich hatte einen Onkel, Mamas Schwager, und zwei Cousins und eine Cousine, Mamas Nichte und Neffen. Sie waren fast zehn Jahre älter als ich. Das gefiel mir, denn wenn sie uns besuchten, beschäftigten sie sich mit mir. Schon früh entdeckte ich die Liebe zum Friseurberuf, also musste der ältere Cousin herhalten, ich wusch und kämmte ihm die Haare. Er war sehr geduldig und froh, dass die Schere außer Reichweite blieb. Ich war angekommen in der neuen Familie. Dass ich anders aussah und eigentlich ein fremdes Kind war, störte meine neue Familie nicht. Sie sahen nur ein neues Mitglied, einen kleinen Menschen, ein Mädchen – alles Weitere war und ist für sie bis heute nicht wichtig.

Es störte auch die Kinder in der Umgebung nicht, mit denen ich spielte, ebenso wenig die Menschen in der Kirchengemeinde. Ich war sichtbar. Ich hatte eine dunkle Hautfarbe, die nach und nach zu verblassen schien – zumindest in den Köpfen der Menschen, die gut zu mir waren, gut zu uns.

Natürlich wurde Mama nach meiner Herkunft gefragt, nach den Eltern, nach dem Grund, warum sie mich zu ihr gegeben hatten. Fragen, die jedoch auch gestellt worden wären, wenn dieses Pflegekind weiß gewesen wäre.

Dass ich Mama »Mama« nannte, war nun nicht mehr zu verhindern. So brachte sie mir schließlich bei, dass meine Mutter »Mutti« und mein Vater »Papi« seien. Sie hoffte damit, jeglicher Irritation, jeglichem Ärger, jeglicher Enttäuschung vorzubeugen und alle zufrieden zu stellen.

Schließlich blieb das Pflegegeld ganz aus. Meine Eltern konnten nicht mehr zahlen, wie sie sagten, und Mama stand vor der Wahl: Kein Geld – keine Flori; oder kein Geld – und dennoch Flori. Ob meine Eltern es darauf anlegten, weil sie wussten, dass für meine Mama das Finanzielle nicht im Vordergrund stand? Ich weiß es nicht. Klar war nur, Pflegegeld gab es nun keines mehr, dennoch blieb die Wohnung in Buxtehude mein Zuhause.

Ich war glücklich mit dem, was ich besaß – Puppen jeder Größe, jeden Geschlechts und jeder Farbe, ein Puppenhaus, das jährlich wuchs, einen Kaufmannsladen, eine Spielküche, jede Menge anderer Spielsachen und einen Puppenwagen. Da ich nicht in den Kindergarten ging, hatte ich nicht viele Freundinnen, aber mit den wenigen machte das Spielen meistens Spaß. Mit den Mädchen aus der Nachbarschaft spielte ich entweder bei uns mit meinen Sachen oder bei ihnen. Wir liebten die klassischen Spiele wie Vater, Mutter, Kind. Wir gingen »einkaufen«, hatten Spielgeld in der Kasse des kleinen Kaufmannsladens. Wurden wir von unseren Mamas nach der Spielzeit abgeholt, kauften sie uns auch einmal etwas ab und bezahlten mit echtem Geld. Wie glücklich waren wir dann, wenn wir die zehn Pfennig in die Spardose stecken konnten. Bei warmem Wetter spielten wir draußen in den Gärten. Buken im Sandkasten diverse Kuchen, hatten mit Sand und Wasser einen Heidenspaß und waren am Ende des Tages mit Schlaggermatsch, wie wir das Gemisch aus Sand und Wasser nannten, bedeckt. Wir schaukelten und wippten, wir hatten eine unbeschwerte Zeit. Natürlich gab es ab und an auch mal Streit. Aber schon als Kind war mir Streit zuwider, zog ich mich lieber zurück. Wortlos packte ich mein Eimerchen mit Förmchen und Schaufeln und was man sonst noch so in einem Sandkasten benötigte und ging hoch zu meiner Mama. Sie beschäftigte sich dann mit mir, setzte sich zu mir auf den Teppich, holte ein Puzzle oder ein Malbuch heraus oder legte eine der vielen Schallplatten auf, die sie inzwischen für mich gekauft hatte. Huibuh, das Schlossgespenst war mein absoluter Favorit.

Ich liebte es, auf meinem Puppenherd zu kochen. Nein, es war keine Attrappe, ich kochte mit kleinen Brennspirituswürfeln, kleinen Töpfen und Pfännchen. Natürlich unter strengster Überwachung meiner Mama. Anfänglich half sie mir beim Kochen, aber bereits mit ungefähr drei Jahren wollte ich selbst kochen. Mama und Oma waren tapfer, sie aßen alles, was ich kochte. Und fand einmal eine Besprechung der Kirchengemeinde bei uns statt, die der Pfarrer, der mich damals vermittelt hatte, leitete, kam er in den Genuss meiner Buchstabennudelsuppe, mit einer bekannten Gewürzsoße abgeschmeckt und mit roter Grütze als Dessert. Er was ebenfalls tapfer und aß alles auf. Nicht so wie andere, die nur so taten, als würden sie essen und zudem glaubten, ich würde es nicht merken.

Mein Zuhause strahlte Freude aus und wurde ergänzt durch den Kontakt zu den Menschen in der Kirchengemeinde, die so etwas wie eine zweite Heimat für mich war. Die Kinderstunde fand meist dienstags statt, der Kindergottesdienst an Sonntagen, der

Erwachsenengottesdienst ebenfalls an Sonntagen, zu dem mich Mama mitnahm. Wurde es mir in den Erwachsenengottesdiensten zu langweilig, durfte ich malen, aber ich war stets dabei, wuchs mit den Liedern, den Geschichten, den Gebeten und dem Glauben an Gott und Jesus auf. Wie die beiden aussahen, wo sie genau lebten und was sie machten, war mir natürlich unerklärlich, aber ich liebte Geschichten. Die Geschichten aus der Bibel waren für mich nicht anders als die aus dem Märchenbuch der Gebrüder Grimm. Ich lernte die Weihnachtsgeschichte anhand einer großen Krippe kennen, die Mama bei uns im Wohnzimmer zu Beginn jeder Adventszeit aufbaute. Mit kindlicher Freude ließ ich dann Maria und Josef vier Wochen lang ihren Weg zur Krippe wandern, bis an Heiligabend Baby Jesus in der Futterkrippe sein Bettchen fand. Es hieß, ich hätte mich vehement geweigert, diesen armen Kleinen nackt in die Futterkrippe zu legen. Das hatte zur Folge, dass Mama ihn anziehen musste. An Heiligabend gingen wir in die Kirche, anschließend kam der Weihnachtsmann und brachte die Geschenke. Eine ältere Nachbarin, die uns oft besuchte und sich nun hinter der Weihnachtsmannmaske befand, erkannte ich lange nicht. Einmal soll mir wohl ihre Stimme bekannt vorgekommen sein. Im Jahr darauf steckte sie sich deshalb eine Walnuss in den Mund. Dass sie sich an dieser fast verschluckt hätte, hinderte sie nicht daran, dieses Risiko Flori zuliebe auch in den nächsten Jahren in Kauf zu nehmen.

Der kirchliche Jahreslauf bestimmte auch unseren Alltag. Alle Feste wurden gefeiert, die Wohnung entsprechend geschmückt, die Kirche pflichtbewusst besucht. Aus der Sicht eines Kindes gab es stets etwas, worauf ich mich freuen konnte. An Freitagen wurde es in Gedenken an Karfreitag vermieden, spitze Gegenstände zu verwenden. Natürlich kam auch nur Fisch auf den Tisch. Für meine Eltern stand meine Einbeziehung in die evangelische Kirche nicht im Widerzuspruch zu ihrem baptistischen Bekenntnis. Dieses basierte schließlich ebenfalls auf dem evangelischen Glauben.

Immer wieder Freitag

Meine früheste Erinnerung an einen dieser Freitage, an denen meine Eltern mich abholten, führen mich in mein drittes Lebensjahr zurück. Meine Eltern hatten mich bei Mama abgeholt und wir waren auf einem Schiff, das uns nach England bringen sollte. Meine Mutter und ich waren schwer seekrank. Ein weißer Arzt betreute uns. Ich erinnere mich, dass er nett war, ich fand alle Menschen nett, die weiß waren, denn sie erinnerten mich an Zuhause.

Mein Vater hatte die einzig vorhandene Tablette gegen Seekrankheit in drei Teile geteilt. Er hatte es gut gemeint. Doch half diese geringe Dosis weder meiner Mutter noch mir. Warum meine Eltern sich im Vorfeld nicht erkundigt und ausreichend Medikamente dabeihatten, weiß ich nicht. Das widersprach wahrscheinlich ihrer Spontanität.

Die Erinnerungen an diese Reise prägen sich tief ein, obwohl ich noch sehr klein war. In Großbritannien angekommen, machte ich die Bekanntschaft vieler Kinder, vieler Schwarzer Kinder, und ich hatte schon damals das Gefühl, mein Spiegelbild zu betrachten. Diese kleinen Schwarzen Kinder faszinierten mich. Ich starrte sie immer lange an. Ich habe es gemocht, mit ihnen zu spielen, obwohl ich ihre Sprache – und sie meine – nicht verstanden. Wir rannten draußen herum und liefen durch das große Haus, in dem wir zu Besuch waren. Spielsachen waren nur wenige vorhanden, dennoch hatten wir viel Spaß miteinander.

Noch mehr Spaß hatten wir mit einem riesengroßen Hund. Obwohl der Hund größer war als ich – Fotos beweisen es –, hatte ich keine Angst vor ihm.

Warum weiß ich nicht. Auch erinnere ich mich nicht an das Feuer oder daran, dass mein Vater mich plötzlich über den Balkon hielt und fallen lassen wollte, in der Hoffnung, unten würde mich jemand auffangen. Mein Onkel, der Bruder meiner Mutter, soll ihn von dieser Rettungsaktion abgebracht haben. Und das war nicht das Einzige, wovon meine Eltern abgebracht wurden.

Schon während der kurzen Besuchswochenenden hatte ich regelrecht Angst entwickelt, nicht wieder heil zu Mama zurückzukommen, oder mein Zuhause ganz zu verlieren. Angst, dass mir jemand Mama wegnehmen könnte. Mama auf der anderen Seite war stets besorgt, ob sie mich wohl wieder zurückbrächten. Sicher konnte sie nie sein.

Und wie sich herausstellen sollte, war Mamas Sorge nicht unbegründet. Meine Eltern hatten in der Tat vorgehabt, mich bei ihren Verwandten in England zurückzulassen. Diesen Plan hatten sie ohne Absprache mit Mama gefasst – wie immer spontan, willkürlich. Ihr Vorhaben scheiterte wohl an Menschen, denen es gelang, ihnen ins Gewissen zu reden – und sie so zur Vernunft brachten.

Nachdem diese konkrete Gefahr erst einmal gebannt war, verging einige Zeit. Sie war geprägt von den Besuchsattacken meiner Eltern, die sich wie ein roter Faden durch mein Leben zogen. Mama hatte ihre liebe Mühe, sie bei Laune zu halten, wenn es mal wieder hieß: »Gut, dann nehmen wir Flori halt mit.« Der Pfarrer wirkte in solchen Momenten ebenfalls beruhigend auf meine Eltern ein und schaffte es immer wieder, sie von ihren Plänen abzubringen. Ich wurde älter und wusste allmählich, obwohl ich noch im Vorschulalter war, mit den verschiedenen Gefühlslagen und unterschiedlichen Leben, denen ich ausgesetzt war, umzugehen. Ich lernte schnell, wann und wo welche Gefühlsregung erlaubt und angebracht war. Zu den nicht erlaubten Gefühlen gehörte es, Heimweh zu zeigen, wenn ich bei ihnen war. Bei ihnen in ihrer Wohnung ohne Spielsachen zu sein und Langeweile zu bekunden, gehörte ebenfalls nicht zu den erlaubten Gefühlen. Bei ihnen in ihrer Stadt zu sein und auf ein kindgerechtes Freizeitprogramm oder einen kindgerechten Tagesablauf zu hoffen, gehörte ebenfalls nicht zu den erlaubten Erwartungen. Sie holten mich ab, ich war bei ihnen – das war's.

Eine Zeitlang wohnten sie auch in Buxtehude. Wenn ich sie dann besuchte, war das besonders komisch für mich, denn Buxtehude war für mich mein Idyll mit Mama und Oma. War ich es gewohnt, morgens ein Frühstück zu bekommen, mittags ein Mittagessen und abends ein Abendbrot, musste ich mich bei ihnen umstellen. Die Nacht wurde zum Tag, der Tag zur Nacht. War ich wieder zuhause, schlief ich die darauffolgenden Tage. Schlafen, um innerlich zurückzukehren. Besondere Erlebnisse, Ausflüge, was auch immer im Gedächtnis eines Kindes hängenbleibt, Fehlanzeige. Möglicherweise habe ich diese auch verdrängt. Ich kann mich einfach an nichts erinnern, was das Herz eines Kindes hätte höherschlagen lassen. Im Gegenteil, ich verspürte stets eine Panik, dass sie mit dieser Aktion, diesem Ausflug, dieser Reise etwas planten, was mich aus meinem Zuhause herausreißen könnte.

Mit der Zeit lernten wir, mit dem Lebensstil meiner Eltern umzugehen und bestimmte Themen geschickt zu vermeiden. Zahnarztbesuche waren aus ihrer Sicht zum Beispiel für ein Kind völlig unnötig. Eine Plombe, die mir notwendigerweise einmal eingesetzt wurde, versuchte mein Vater mit einer Schere wieder herauszuholen. Noch heute erinnere ich mich an diese Situation, als wäre sie gestern gewesen, wie ich mit meinem Vater im Hausflur stand, er die Schere in der Hand, und ich mit weit geöffnetem Mund, wie Mama versuchte, diesen Eingriff zu verhindern. In Zukunft verschwiegen wir solche Arztbesuche, was meinen Vater jedoch nicht daran hinderte, jedes Mal, wenn wir uns sahen, zuerst einen Kontrollblick in meinen Mund zu werfen.

Ich verstand schnell. Zahnarzt? Nein, wie käme er denn darauf? Ich wusste, dass Lügen grundsätzlich verboten waren, doch ich begriff, dass es in Ordnung war, meinem Vater nicht immer die Wahrheit zu sagen. Ich wusste, was zu unnötigem Ärger führte, und konnte schnell einschätzen, wessen Entscheidung gut für mich war und wo es nur um einen Machtkampf ging. Da Mama die offizielle Pflegeerlaubnis vom Jugendamt besaß, war sie von dieser Seite abgesichert und verantwortlich, für mein gesundheitliches Wohl zu sorgen.

Ich vermisste meine Eltern nicht, ich brauchte sie nicht, ebenso wenig hatte ich das emotionale Verlangen, sie zu sehen oder mit ihnen Zeit zu verbringen. Wenn sie uns besuchten, freute ich mich jedes Mal nur auf eines – nämlich auf den Moment, wenn sie wieder gingen.

Mit knapp fünf Jahren bekam ich einen Bruder. Meine Eltern lebten zwischenzeitlich wechselweise in unterschiedlichen Bundesländern. Das Studium meines Vaters ging voran, meine Mutter machte eine Ausbildung zur Diätassistentin. Ob meine Mama meinen Bruder ebenfalls bei sich aufnehmen könne, wollten sie wissen. Denn das Problem, mit einem kleinen Kind ein Studium und eine Ausbildung zu absolvieren, war auch nach fünf Jahren noch dasselbe. Ob Mama also beide Kinder in Pflege nehmen könne? Nein, das konnte und wollte sie nicht. Wie auch, ohne finanzielle Unterstützung und in einer so kleinen Wohnung? Für meinen Bruder fanden sie dann eine andere Pflegestelle.

Nigeria – wo liegt das überhaupt?

Im Sommer 1973 sollte ich in die Schule kommen. Mama hatte mir eine wunderschöne Schultüte gefüllt und übte mit mir den Schulweg. Stolz trug ich dabei meinen Schulranzen. Noch bevor die Schule überhaupt begann, kannte ich den Weg in- und auswendig. Leider durfte ich noch nicht in die Schultüte schauen, dafür musste ich bis zur Einschulung warten.

Inzwischen hatte ich mich daran gewöhnt, überall das einzige Kind mit dunkler Haut zu sein. Es war okay, ich bemerkte es gar nicht mehr. Manchmal wurde ich jedoch angesprochen und gefragt, ob ich denn auch einmal Ärztin werden wolle, um »meinen Leuten« zuhause zu helfen. Zuhause? Waren Mama oder Oma etwa krank? Oder als ein Mitschüler mich in der Schulpause fragte, ob ich denn »überall« so Schwarz sei. So etwas machte mir Angst und der Lehrerin gelang es kaum, mich zu beruhigen.

In solchen, sehr seltenen Situationen wurde mir bewusst, dass ich anders aussah. Zwar fühlte ich mich als einziges Schwarzes Kind wohl und es machte mir auch nichts aus, aber darauf angesprochen werden wollte ich nicht. Irgendwie empfand ich die Hautfarbe dann doch als Makel. Ich war das Kind meiner Mama. Natürlich wusste ich, dass ich nicht ihr leibliches Kind war. Dennoch, die Hautfarbe erinnerte mich an meine eigentliche Herkunft und die lehnte ich ab.

Leute strichen über mein »schönes, krauses Haar«. Sie fragten mich vorher nicht, sie machten es einfach – als ob ich ein Ausstellungsstück wäre. Selbst im Museum oder im Obstladen hieß es damals schon: »Nicht berühren!« Und trotzdem, sie taten es einfach. Was sie daran schön fanden, verstand ich nie. Was war an dieser Holzwolle, die mich morgens dazu zwang, eine halbe Stunde früher aufzustehen, weil Mama sie mit warmem Wasser nass machen musste, um mit einer Forke ähnlichen Kamm irgendwie durchzukommen, schön? Außerdem sah ich mit meinen kurz geschnittenen Haaren aus wie ein Junge. Und damit man mich nicht für einen Jungen hielt, musste ich immer Röcke und Kleider tragen.

Mama brachte mir schon früh bei, dass alle Menschen gleich sind und es keinen Unterschied gibt. Sie erklärte mir, dass es schön ist, wenn Menschen ihre Freundlichkeit zeigen. Ich freute mich über diese Freundlichkeit bei anderen und begegnete den Menschen unbefangen und unvoreingenommen, in die Haare fassen sollten sie mir dennoch nicht.

Wenn die Mitarbeiter der städtischen Müllabfuhr vor unserem Haus die Mülltonnen leerten und ich ihnen zuschaute, zogen sie ihre Handschuhe aus, um mir die Hand zu geben. Die Menschen waren freundlich, sehr freundlich.

Schon früh brachte man mir bei, Plattdüütsch zu sprechen und freute sich immer sehr, wenn ich auf die Frage: »Wie geit die dat?« auf perfektem Plattdüütsch antwortete: »Mi geiht good.« Bei unserem Bäcker an der Ecke brachte mir diese Begrüßung stets einen Lolli und einen Handschlag ein.

Der Kontakt zu meinen Eltern blieb »spontan«. Ich genoss ihre Abwesenheit, war froh, wenn sie keine Zeit hatten und ich Flori und nicht wie auch immer heißen und mich entsprechend benehmen musste.

Ich erinnere mich aber auch an ein paar gelöste Situationen mit ihnen. Da waren wir verabredet, sie kamen uns besuchen, begleiteten uns auf Elternnachmittage in der Kirchengemeinde, die Mama ausrichtete. Alle Gäste hatten Platz genommen, an schön gedeckten Tafeln, die Kinder – auch ich – führten eingeübte Stücke auf, sangen Lieder. Es gab Kaffee, Tee und Butterkuchen, und zwar den für mich bis heute weltbesten Butterkuchen unseres Bäckers an der Ecke. Da waren sie einfach »Floris Eltern« und ich erinnere mich an ein Gefühl, das sich ein ganz klein wenig wie Stolz anfühlte. Stolz auf diesen großen Mann, den die anderen Mütter mit strahlenden Augen ansahen, wenn er erzählte. Auf diese hübsch gekleidete Frau, der die Väter immer wieder einen Blick zuwarfen, obwohl sie einfach nur dasaß und wenig sagte. Überhaupt waren sie sehr unterhaltsame Gäste, besonders er bestach mit seinem trockenen Humor.

Sie fingen an, mir von Nigeria zu erzählen, dem Land, aus dem sie kamen, das Land, das auch meine Heimat sein sollte. Sie erzählten mir von dieser Heimat und dass wir bald dorthin zurückgingen, etwas, das ich weder wahrhaben noch verinnerlichen wollte. In Lagos würden wir leben, einer wunderschönen Stadt, in einem wunderschönen, großen Haus, jedes Kind hätte ein großes Zimmer. Unsere Verwandten würden dort auf uns warten, ein Opa und eine Oma wären dort, Onkel, Tanten, Cousinen, Cousins und meine Schwester – alle würden sie auf uns warten.

Ein eigenes Zimmer? Das klang gut, das hatte ich bislang nicht, und mit Speck fängt man ja bekanntlich Mäuse. Aber Nigeria? Wo sollte das sein? Und warum meine Heimat, mein Zuhause? Ich hatte ein Zuhause und das hieß Buxtehude. Und überhaupt, was sollte ich in einem fernen, fremden Land, wenn meine Mama doch in Buxtehude war. Kam sie vielleicht mit? Aber was würde dann aus Oma werden? Kam diese auch mit? Nein, sie würden nicht mitkommen, also war dieses andere Land auch für mich nicht im Entferntesten eine Option.

Es war mir ein Rätsel, wie meine Eltern glauben konnten, dass ich dorthin passen könnte. Ja, ich hatte eine braune Hautfarbe, genau wie sie. Einmal soll ich meinen Vater erstaunt angeschaut und festgestellt haben: »Bist du aber Schwarz.« Er erwiderte, dass ich genauso Schwarz sei. Ob ich es begriffen hatte, wage ich zu bezweifeln, nahm ich mich doch in meiner Welt so nicht wahr. Es gab wohl auch eine Zeit, da habe ich versucht, mich mit einer Bürste sauber zu schrubben und meine Mama gefragt, warum sie sich nicht ein sauberes Kind genommen hätte. Das waren dann jene Momente, in denen ich sie wahrnahm, meine Schwarze Haut in meiner weißen Welt.

Mama nahm sich Zeit, mir die Dinge zu erklären und half mir dabei, meine Hautfarbe und die Tatsache, dass ich lange Zeit das einzige dunkelhäutige Kind in meiner Umgebung war, zu akzeptieren. Und dennoch, es dauerte eine Weile, bis ich begriff, warum die Nachbarn sich immer an mich erinnerten, wenn wir doch mindestens zehn Kinder waren, die den Klingelstreich verübten. Hatte ich doch meistens das Gefühl, genauso zu sein wie alle anderen auch. Dieser Zwiespalt sollte sich wie ein roter Faden durch mein Leben ziehen. Äußerlich afrikanisch, innerlich deutsch. Mit Nigeria hatte ich nicht viel am Hut, wollte auch nicht viel davon wissen, außer ich sah ein Kind, das so aussah wie ich und allein unter Weißen war. Dann war die Neugier groß. Es war, als schaute ich in einen Spiegel, wie damals in Großbritannien. Sehr oft gab es diese Gelegenheiten zwar nicht, aber wenn, dann war ich komplett aus dem Häuschen.

Ich liebte Spielmannszüge. Wann immer ich einen hörte, musste Mama mit mir in die Richtung der Musik laufen. Oder ich lief kurzerhand allein los, was mir natürlich im Nachhinein Ärger einbrachte, aber das war es mir wert. Die Uniformen, die Instrumente, die Tambourmajore, die ihren Stock immer so gekonnt in die Höhe warfen und wieder auffingen, all das liebte ich sehr. Ich war gerade in die Schule gekommen, als wir ein Festival mit Spielmannszügen aus den europäischen Nachbarländern besuchten. Ich erinnere mich an ein Mädchen in einem dieser Spielmannszüge, das doch tatsächlich so aussah wie ich – zumindest hatte es die gleiche Hautfarbe. Ich weiß noch wie heute, wie schnell ich die Absperrungen überwunden hatte, nur um dieses Mädchen näher anschauen zu können. Endlich einmal ein weiteres Kind in Buxtehude, das so aussah wie ich. Zu Mama sagte ich, dass dieses Mädchen doch sicherlich meine Schwester sein müsste. Natürlich war es nicht meine Schwester. Aber die Erinnerung und die Freude, die ich damals empfand, hallen bis heute in mir nach.

Mama war es wichtig, dass ich nicht auffiel, trotz oder gerade wegen meiner Hautfarbe. »Flori, was sagen die Leute?«, war ihre Standardermahnung. Nur nicht auffallen, nicht aus der Reihe tanzen, niemandem Anlass für eine negative Äußerung geben und froh sein, dass die Leute nichts gegen einen hatten. Und so war ich das angepasste, freundliche und höfliche kleine Mädchen mit dem schönen krausen Haar, das immer Röcke und Kleider trug.

Manchmal meinten Nachbarn die Bemerkung machen zu müssen, dass ich ja gar nicht so Schwarz wäre und überhaupt ja auch gar nichts dafür könne. Diese Sätze klangen komisch und ich konnte sie nicht einordnen. Dennoch, ich mochte Äußerungen dieser Art schon damals nicht. Sie hinterließen das Gefühl, etwas an mir zu haben, für das ich jedoch nichts konnte. Sie hinterließen eine unerklärliche Wut, die ich noch weniger einordnen konnte, waren die Menschen doch freundlich zu mir. Mein Unbehagen äußerste ich nie, ich blieb angepasst, freundlich und höflich.

Auch bei meinen Eltern übte ich mich in dieser Tugend der Unauffälligkeit. Erzählten sie mir über »unsere« Heimat, hörte ich brav zu. Überhaupt hörte ich mehr zu, als dass ich sprach, was sich später noch als sehr nützliche Angewohnheit herausstellen sollte.

Immer öfter bekam ich mit, dass die »Ausreise«, wie es hieß, bald bevorstünde. Mama war sehr besorgt, ängstlich und traurig und ich begriff, dass die »Ausreise« nichts Gutes verhieß. Ich sollte auf eine einheimische Schule gehen, deshalb sollte ich so schnell wie möglich Englisch lernen. Außerdem war Englisch die Amtssprache in Nigeria und ich sollte mich ja auch mit den Verwandten verständigen können.

Mama brachte mich ein paar Mal zu einer Bekannten, einer Engländerin, und ich begann ein paar Brocken aufzuschnappen. Meine Eltern hatten bisher mit mir nur Deutsch gesprochen und Yoruba, ihre Stammessprache, die ich nicht verstand und auch nicht verstehen wollte. Es gab auch eine deutsche Schule in Lagos, aber die kostete Geld. Und dieses Geld war nicht vorhanden.

Inzwischen war es das Jahr 1975, ich besuchte die zweite Klasse, kam in die dritte. So wirklich begriff ich nicht, was mit der Umsiedlung nach Nigeria auf mich zukam. Ich bemerkte aber, dass Mama sich große Mühe gab, mir viele schöne Erinnerungen zu bescheren – mein achter und letzter Geburtstag in Buxtehude, das letzte Osterfest, der letzte Sommer, das letzte Weihnachtsfest, das letzte Silvester. Zum Glück bestanden meine Eltern in diesem Jahr nicht darauf, dass ich diese Feiertage mit ihnen und meinen Brüdern – ein zweiter Bruder war im Dezember 1975 zur Welt gekommen – verbrachte. Denn in der Vergangenheit hatten Mama und ich Weihnachten manchmal vor- oder nachfeiern müssen.

Mama versuchte mich abzulenken und ging mit mir in den Tierpark Hagenbeck. Ich liebte es, die vielen Tiere zu betrachten, sie zu füttern oder zu streicheln, wo es erlaubt war. Wir besuchten Jahrmärkte. Die Karusselle gefielen mir besonders. Ich durfte mir gebrannte Mandeln kaufen und Zuckerwatte. Mama verwöhnte mich sehr, wusste sie doch, dass sie mir eine solche Freude nicht mehr lange machen konnte. Wir hatten nie viel Geld, dennoch hielt es Mama nicht davon ab, zahlreiche Kinonachmittage mit mir zu verbringen. Die Märchen, die dort gezeigt wurden, kannte ich aus den Büchern, es gefiel mit sehr. Eine Wasserratte war ich nie und sollte ich auch nie werden, dennoch wollte Mama, dass ich auch diese Erinnerung mitnahm und verbrachte einige Sommernachmittage mit mir im Freibad.

Mein Bruder, knapp fünf Jahre jünger als ich, schien sich auf Nigeria zu freuen. Kein Wunder, er wohnte die meiste Zeit mit meinen Eltern zusammen und hatte nicht viel anderes kennengelernt. Mein zweiter Bruder war noch ein Baby. Der Tag der Ausreise rückte näher und es hieß Abschied nehmen, von Freunden, von Verwandten, von meinen Spielsachen, meinem Zuhause. Viel konnte ich nicht mitnehmen. Mama versuchte es mir so leicht wie möglich zu machen. Und doch sah ich ihrem Gesicht an, dass es ein Abschied für immer sein würde – an ihren Blick erinnere ich mich noch heute.

Anrufe, Briefe schreiben oder gar Besuche – ob das alles möglich sein würde? Laut meines Vaters, kein Problem. Aber ob darauf Verlass war? Wann würde ich wieder ganz nach Hause dürfen? Warum musste ich denn überhaupt mit? Konnten meine Eltern nicht allein fliegen? Schließlich brachten sie zwei weitere Kinder mit. Das sollte doch zum Vorzeigen ausreichen, wo Jungs in ihrer Kultur ohnehin einen größeren Wert zu haben schienen als Mädchen. Meine Brüder waren der lebendige Beweis dafür. Allerdings war da eine Sache, auf die ich sehr neugierig war – freuen wäre zu viel gesagt – meine Schwester kennenzulernen. Endlich ein Mädchen, das nicht nur so aussah wie ich, sondern mir vielleicht sogar ähnlich sah.

Und dann war es soweit. An einem kalten Februartag packte Mama meine Kleider in einen Koffer. Aber viel wichtiger war die Tragetasche mit meinen Puppen, der großen und der kleinen braunen Puppe sowie einem kleinen, weißen Teddybären. All das sollte mir den Abschied erleichtern und meine Erinnerungen aufrechterhalten. Mama gab mir ein Geschenk für meine Schwester mit. Und außerdem einen Puppenjungen, den ich meinem Bruder geben sollte, damit er nicht meine Puppen nahm. Mama kannte mich, sie wollte mir Ärger ersparen, sie wusste, dass ich es nicht mochte, wenn mein Bruder meine Sachen an sich nahm.

Am Abend vor der Ausreise fuhr ich mit Mama und der Nachbarin, die den Weihnachtsmann für mich gespielt hatte, nach Hamburg, um meine Eltern und meine Brüder in einem Hotel zu treffen. Am nächsten Morgen sollte es früh mit der Lufthansa nach Lagos gehen, an einen Ort voller Ungewissheit.

Die Nacht war kurz, der nächste Morgen brach an. Wir machten uns fertig, um zum Flughafen zu fahren. Ich war gespannt, war ich doch noch nie geflogen. Dann erreichte meine Eltern eine Nachricht. Nein, wir würden nicht fliegen. Es gäbe politische Unruhen in Lagos, die Flüge seien vorerst gestrichen. Was für ein Gefühl! Freude und Enttäuschung zugleich. Da war es wieder, das Unangekündigte, Spontane, Willkürliche. Nur dieses Mal konnten meine Eltern nichts dafür, zumindest nicht direkt, indirekt schon, wie ich fand.

Ich durfte also bleiben, vorerst zumindest. Wie lange, konnte niemand sagen. Ich weiß nur, dass es sich komisch anfühlte, bleiben zu dürfen. Sich bereits verabschiedet zu haben, von den Freundinnen aus der Schule, der Umgebung und dann doch nicht weg zu sein.

In die Schule zurückgehen konnte ich nicht, schließlich war die Abmeldung bereits erfolgt. Aber einfach Zuhause sitzen? Nicht zu fliegen, war nicht schlimm, im Gegenteil. Jedoch zu wissen, dass das, worauf man sich ohnehin nicht freut, nur aufgeschoben ist, fühlte sich nicht gut an. Niemand konnte sagen, ob oder wann es nun losgehen würde. Der Entscheidung anderer ausgeliefert zu sein, war ein vertrautes, aber kein schönes Gefühl.

Es vergingen Tage voller Unsicherheit. Eine Zeit des Schwebens, ohne zu wissen, wann der harte Aufprall käme, wir wieder nach Hamburg mussten.

Und dann klingelte das Telefon. Mama ging ran, sie sprach kurz, kam wieder, ihr Gesicht aschfahl, traurig, entsetzt. Jetzt sollte alles schnell gehen. Man könne noch am selben Tag fliegen, hieß es. Man würde mich gleich abholen. Nein, Mama konnte nicht, wie ursprünglich geplant, mit zum Flughafen fahren.

Wenig später waren sie da, schnell wurden meine Sachen ins Auto verstaut, ein schneller Abschied zwischen den Garagen hinterm Haus, eine letzte Umarmung. Von Oma hatte ich mich noch kurz vorher verabschieden können. Ja, Mama würde mir schreiben, sagte sie und konnte ihre Tränen nicht zurückhalten. Ich winkte ihr, als das Auto losfuhr, ich winkte ihr, so lange ich sie sehen konnte. Dann war sie weg.

Das überlebe ich hier nicht!

Wir flogen zunächst von Hamburg nach Frankfurt am Main. Von dort aus ging es weiter nach Lagos, Nigeria. Während des siebenstündigen Fluges wirbelten mir die Gedanken nur so durch den Kopf. Von dem neuen Leben, das mich erwartete, hatte ich keinerlei Vorstellung. Meine gewohnte Umgebung für immer zu verlassen, schien mir unvorstellbar.

Das Flugzeug landete, die schwere Tür wurde geöffnet. Ich sehe mich neben meiner Mutter zum Ausgang gehen. Es war eher ein Schieben, denn jeder wollte der Erste sein. Die Flugbegleiterinnen verabschiedeten sich freundlich von jedem Passagier – auf Deutsch. Das sollte vorerst mein letzter Kontakt mit Deutschen gewesen sein.

Wir standen an der Gangway, ich prallte gegen eine Wand aus Hitze, Feuchtigkeit, undefinierbaren Gerüchen und undurchdringlichem Lärm. Es war Ende Februar, es war kalt, es war Winter – zuhause. Nicht jedoch hier. Ich hatte eine Strumpfhose und einen Mantel an, schließlich sollte ich nicht frieren. Mama hatte gesagt, ich solle den Mantel ausziehen, wenn wir ankämen, es würde heiß sein. Ich tat, was Mama mir gesagt hatte. Ihre Anleitungen gaben mir ein kleines Stück Sicherheit in einer für mich vollkommen neuen Welt, einer Welt, die ich nicht kannte, in der ich nicht sein wollte.

Da stand ich nun neben meiner Mutter, einer Frau, die mir gefühlsmäßig fremd war. Ich stand da mit meinen beiden Puppen, meinem Teddy, meiner Tragetasche und meinem Geschenk für meine Schwester. Ich holte tief Luft, aber ich bekam keine Luft, konnte nicht durchatmen. Diese Wand – dieses Gefühl. »Das überlebe ich hier nicht«, höre ich mich noch heute sagen, als wäre es gestern gewesen.

Und da standen sie, uns gegenüber, eine riesige Menschenmenge, schreiend, weinend, brüllend. Damals wunderte ich mich, warum sich alle anschrien. Es erinnerte mich ein wenig daran, wenn sie mich zuhause abholen kamen. Freuten sie sich nicht über das Wiedersehen? Warum gab der alte Mann meinem Vater eine Ohrfeige? Ich konnte es mir nicht erklären, und es gab auch niemanden, der es mir erklärte. Warum legte sich mein Vater vor diesen alten Mann flach auf den Boden? Und meine Mutter, warum kniete sie vor diesem alten Mann nieder? Wir Kinder wurden gedrückt, von einer Person zur nächsten gereicht, man redete auf uns ein, gestikulierte heftig. Ich verstand nichts.

Ich fragte meinen Vater, welches der Mädchen meine Schwester sei. Er deutete auf ein Mädchen, das etwas größer war als ich. Ob wir uns ähnlich sahen, konnte ich nicht erkennen. Mein Vater sagte etwas zu ihr. Ich schaute sie an und begrüßte sie mit der Feststellung, dass sie meine Schwester sei. Natürlich verstand sie kein Wort, schließlich sprach ich Deutsch und sie Yoruba und Englisch. Wir konnten uns nicht verständigen, aber nun hatte ich meine Schwester. Das war aufregend. Trotzdem wollte ich jetzt am liebsten nach Hause. Nach Deutschland.

Man hatte uns mit dem Auto abgeholt. Bis dahin wusste ich nicht, dass so viele Menschen und so viel Gepäck in nur ein einziges Auto passten. Wir Kinder wurden von Erwachsenen auf den Schoß genommen. Die Fahrt war lang und holprig, vorbei an unglaublich viel Neuem, Unbekanntem, an dem, was nun meine Heimat werden sollte. Das alles aufzunehmen und zu begreifen war nicht einfach. Und inmitten dieser vielen Menschen, diesem ganzen Fremden, fühlte ich mich furchtbar allein, einsam und so schrecklich weit weg von meinem Zuhause und meiner Mama. Ich fragte mich, was sie jetzt wohl machte. Ich hätte gerne angerufen, ihr alles erzählt, was ich bisher gesehen hatte. Im Flugzeug hatte ich ihr bereits einen Brief geschrieben, den ich einer Flugbegleiterin gab, mit der Bitte, ihn für mich in Deutschland in den Briefkasten zu werfen. Ich vermisse meine Mama, ich vermisse mein Zuhause, meine gewohnte Umgebung. Und doch musste ich so tun, als ob nichts wäre, Tränen waren nicht erlaubt, nicht hier.

Zuhause in Deutschland lebten wir in einer kleinen Wohnung in einem Achtfamilienhaus. Die Wohnung bestand aus zwei kleinen Zimmern, einem Flur, einem kleinen Badezimmer und einer

Kochnische. Im Badezimmer stand eine Badewanne, die viel zu groß war für diesen Raum. Wir benutzten die Badewanne so gut wie nie, denn um Ablageplatz zu schaffen, hatten wir eine große Platte daraufgelegt. Die Toilette war ebenfalls in diesem Bad. Nein, eine Dusche gab es nicht. Jeden Morgen holten wir uns die Waschutensilien aus dem Badezimmer in das vordere Zimmer, stellten sie auf den großen Tisch und wuschen uns in einer Schüssel. Heute kaum noch vorstellbar, damals jedoch völlig normal, für uns zumindest.

Mama liebte die Farbe Lila und so war fast alles in dieser Farbe gehalten, auch im Badezimmer. Von den Wänden bis zum Zahnputzbecher, alles war lila. Jeder Winkel dieser kleinen Wohnung war sinnvoll ausgenutzt. Alles, was zum Leben notwendig war, hatte darin Platz gefunden. Selbst für unzähligen Nippes und Kleinkram war noch Raum. Wo immer möglich, gab es Vorhänge dort, wo einmal Türen gewesen waren, um keinen unnötigen Platz zu vergeuden. Ein gesondertes Schlafzimmer gab es nicht. Der Raum mit der Kochnische war alles in einem: Wohn- und Schlafzimmer, Waschgelegenheit und Küche sowie ihre Nähstube.

Mama legte großen Wert auf Ordnung und Sauberkeit. Jeden Samstag war Hausputz angesagt und natürlich musste ich helfen. »Richtig« zu helfen war mir auch immer wichtig gewesen, egal in welchem Alter. Natürlich wünschten wir uns manchmal eine größere Wohnung mit einem richtigen Bad und einer Dusche – ein Königreich für eine Dusche -, aber dafür hatte Mama nicht das Geld. Dennoch liebte ich mein Zuhause, es strahlte Wärme, Gemütlichkeit und Geborgenheit aus. Das Gefühl, dass es mir an irgendetwas mangelte, hatte ich nie.

Die ersten Tage in Lagos verbrachten wir bei Verwandten in einem großen Haus. Es war kein Haus, wie ich es von zuhause her kannte. Das Haus hatte mehrere Stockwerke, auf denen jeweils ein langer Flug verlief, von dem die einzelnen Zimmer abgingen. Es war keine Villa, es ähnelte eher einer sehr schlichten Jugendherberge. In den Zimmern befanden sich Betten, in denen viele Menschen gleichzeitig schliefen. Manche, meistens die Kinder, schliefen auf Bastmatten auf dem Boden. Aber immerhin war es keine Wellblech- oder Lehmhütte, wie ich sie aus dem Fernsehen kannte.

Das Bad, mein Gott, ich traute meinen Augen nicht, es war kein Bad. Schon damals wusste ich mit meinen noch nicht mal neun Jahren, dass das, was ich dort sah, noch nicht einmal eine Nasszelle war. Es war eine Ecke im Hof, in die sich derjenige, der sich waschen wollte, einen Eimer Wasser mitnahm. Waschlappen? Fehlanzeige! Wobei, ich hatte Waschlappen in meinem Gepäck. Die wollte ich verwenden. Alle anderen benutzten ein bastähnliches Knäuel mit Seife. Sicherlich ein gutes Peeling. Aber von diesem Bastknäuel hatte Mama mir gegenüber nie gesprochen, ich kannte so etwas nicht, also war es auch nicht richtig für mich. Ich sah, wie die Kinder abgeschrubbt wurden, die Erwachsenen befestigten zum Teil einen Vorhang vor diese Ecke, sodass man ihnen nicht zusehen konnte.

Dann die Toiletten. Ein WC mit Spülvorrichtung? Wieder Fehlanzeige. Toilettenpapier? Wo bitte war das Toilettenpapier? Es gab keines. Es gab stattdessen einen Eimer mit Wasser. Was bitte sollte ich in der Toilette mit einem Eimer Wasser? Und warum war in dem Wasser eine Art Schöpfbecher? Ich lernte schnell, dass der Eimer mit dem Wasser und dem Schöpfbecher das Toilettenpapier ersetzte. Mein Gott, könnte ich das alles nur Mama erzählen. Wie vermisste ich unser kleines Bad. Aber ich passte mich auch hier schnell an, denn wenn eine Fähigkeit bei mir besonders ausgeprägt war, dann die, mich schnell anpassen zu können.

Zuhause in Deutschland hatten wir einen Garten hinter dem Haus, ein kleines Paradies, das Mama wunderbar pflegte. Sie hatte Blumen in kleine Beete gepflanzt, kleine Platten ebneten den Weg, es gab einen klitzekleinen Teich, eher eine Vogeltränke, und Mama liebte Gartenzwerge, Massen an Gartenzwergen. Große, kleine, dicke, dünne, mit ernsten Gesichtern und mit lachenden, aus Hartgummi oder Porzellan. Ihnen leisteten Tiere Gesellschaft: Hasen, Enten, Vögel, auch aus Hartgummi oder Porzellan. Jedes Frühjahr wurden sie aus dem Keller geholt und, nachdem der Garten aus seinem Winterschlaf erwacht war, an ihre gewohnten Plätze gestellt. Im Herbst war es dann meine Aufgabe, die kleinen Figuren mit Bürsten zu säubern, abzutrocknen und sie auf ihren Winterschlaf im Keller vorzubereiten.

Bei den ersten warmen Sonnenstrahlen wurden auch die Gartenmöbel herausgeholt: Tisch, Stühle und eine Hollywoodschaukel.

Mama liebte diese Hollywoodschaukel. Abgegrenzt wurde das kleine Reich von den Nachbargärten mit einem Zaun, am Eingang gab es eine kleine Pforte. Über die Gartenzäune hinweg wurde geplaudert, gelacht, getratscht, gestritten – es war eben eine typische Nachbarschaft.

Manchmal veranstalteten die Erwachsenen am Wochenende abends ein gemeinsames Hoffest, dann wurden alle Tische zusammengeschoben, Limonaden herausgeholt, Salzstangen und Erdnussflips hingestellt, die Grills angeworfen und Lampions aufgehängt. Wir Kinder, die schon lange im Bett lagen, wurden geweckt und durften dazukommen. Das war immer eine herrliche Überraschung. Ich liebte diese Abende. Überhaupt, der Garten, dieses Idyll auf wenigen Quadratmetern. So oft wie möglich haben wir ihn genossen, dort gegessen, gespielt, die Hausaufgaben gemacht, Mama hat genäht. Es war für uns ein Urlaubsersatz, denn für Urlaub hatte Mama kein Geld.

So viel wie möglich wollte ich von meiner vertrauten Welt in die neue Welt mitnehmen. Das große Haus hatte einen Balkon. Es war warm, sehr warm, ich wollte den Balkon nutzen. Ein paar Tage nach unserer Ankunft machte ich es mir mit meinem fünf Jahre jüngeren Bruder auf diesem Balkon gemütlich. Wir wollten dort frühstücken. Ich hatte unsere Teller mit Weißbrotscheiben, die bestrichen waren mit einer gelben, salzigen Margarine und einer sehr süßen Orangenmarmelade, mit hinausgenommen. Dazu gab es süßen heißen Tee mit Milch. Eine alte Frau sah uns, kam zu uns und redete wild gestikulierend auf uns ein. Ich verstand kein Wort. Was wollte sie nur von mir? Meine Eltern waren nicht da, niemand sprach meine Sprache. Nur eines kapierte ich schnell, sich unter freiem Himmel zu waschen, war okay, unter freiem Himmel zu frühstücken offensichtlich nicht. Ich fing an zu weinen und wollte einfach nur nach Hause. Von meinem Vater erfuhr ich dann, dass es die Ameisen waren, die ein Frühstück auf dem Balkon unmöglich machten. Später erfuhr ich auch, dass die Verwandten dieses verweichlichte, ständig heulende Kind, das auf dem Balkon frühstücken wollte, befremdlich, um nicht zu sagen, komisch fanden.

Die ersten Tage und Wochen an diesem neuen Ort waren anstrengend und traurig. Ich vermisste meine Mama sehr und stieß täglich auf neue Herausforderungen, neue Verwandte, neues Essen, neue Ansprüche, die an mich herangetragen wurden.

Mama hatte mir Höflichkeit und Respekt beigebracht. Sie hatte mich gelehrt, die rechte Hand zu geben, wenn es galt, jemanden zu begrüßen, und vielleicht sogar einen kleinen Knicks zu machen, so, wie es sich damals für kleine Mädchen gehörte. Schnell musste ich hier lernen, dass diese Art der Höflichkeit nicht ausreiche und auch kein Zeichen von Respekt war. Hier galten andere Regeln. Ich musste eine neue Art von Knicks lernen. Mädchen und Frauen mussten hier umso tiefer knicksen, je höher die Respektsperson, und zwar so weit, dass sie unter Umständen sogar auf dem Boden knieten. Begrüßten Männer eine Respektsperson, hatten sie mit der rechten Hand den Boden zu berühren, je höher die Respektsperson, je intensiver war die Berührung mit dem Boden, soweit, dass sie sich flach auf ihn legten, egal, ob sauber oder schmutzig.

Ich musste lernen, dass Respektspersonen, und das waren alle, die älter waren als man selbst, in der Stammessprache Yoruba mit der Höflichkeitsform »Sie« angesprochen wurden.

Ich musste lernen, dass es kein Zeichen von Armut war, mit den Fingern zu essen, dass man sich diese vorher in einer Schüssel wusch, dass mehrere Personen von einem Teller aßen. Ich musste lernen, eine Kugel aus Ebà mit den Fingern so zu formen, dass ein wenig Soße darin aufgenommen werden konnte. Ebà wurde aus Gari, einem Maniokmehl hergestellt. Ich musste lernen, dieses Essen so zum Mund zu führen, dass nicht alles herunterfiel. Ich musste lernen, dass ich nicht zu warten brauchte, bis alle Familienmitglieder sich zum Essen an einem großen Tisch versammelt hatten und man gemeinsam aß, sondern oftmals die Erwachsenen getrennt von den Kindern oder alle verstreut irgendwo. Mir kam es chaotisch vor, weil ich es nicht kannte und anders gewohnt war.

Ich musste lernen, dass die Kerzen, die überall herumlagen, nicht zu Dekorationszwecken gedacht waren. Bei Stromausfall – was oft und unerwartet geschah – waren sie die einzige Lichtquelle. Generatoren gab es in wohlhabenden Haushalten und wohl auch in öffentlichen Gebäuden, aber nicht da, wo wir wohnten. Dass elektrische Geräte durch die häufigen Stromunterbrechungen kaputtgingen, war leider eine Folge davon.

Zwar lernte ich all diese Dinge, aber an sie gewöhnen konnte ich mich nie.

Eine meiner unzähligen Cousinen wollte, dass ich ihr die Haare flechte. Keine kleinen Rattenschwänze, die hätte ich ja noch hinbekommen. In der Grundschule hatten wir flechten gelernt. Es sollten sogenannte Cornrows sein. Ich wusste weder, was Cornrows waren, geschweige denn, wie man diese Frisur erstellt. Meine Cousine, mit der eine Verständigung nur über meinen Vater möglich war, ließ sich zum Schluss entnervt die Haare von jemand anderem frisieren, sehr verwundert, warum ich dazu nicht in der Lage war. War doch jedes Mädchen hier in der Lage, Haare auf ganz unterschiedliche Art und Weise zu flechten. Wieder war dieses deutsche Mädchen befremdlich und einfach komisch.

Ich passte da schlichtweg nicht hin, weder in das Land noch in die Familie. Nichts, aber auch gar nichts, erinnerte mich an zuhause in Deutschland. Wobei, doch – da waren die Sachen, die mir meine Mama mitgegeben hatte. Meine Puppen, ein weißer Teddybär und sehr viel Kleidung, sodass meine Eltern erstmal nichts für mich anschaffen mussten. All diese Dinge waren für mich ein Stück Heimat und halfen mir dabei, mein Heimweh zu ertragen. Ob meine nigerianischen Verwandten verstanden, warum ich derart unter Heimweh litt? Wahrscheinlich eher nicht. Denn schließlich waren meine Eltern ja da. Heimweh nach einer anderen Frau zu haben, fanden sie sicherlich seltsam. Ich pflegte meine Sachen, so wie es mir Mama beigebracht hatte und achtete sehr auf alles.

Meine Mutter legte großen Wert darauf, bei allen gut anzukommen. Als diejenige, die gerade aus Europa, aus Deutschland, zurückgekommen war. Als diejenige, die das gelobte Land gerade verlassen hatte. Als diejenige, der man die Statussymbole anzusehen hatte. Sie machte Geschenke und bekam viel Anerkennung dafür. Anerkennung war ihr wichtig, das war stets zu spüren. Und sie tat sehr viel dafür, um Anerkennung zu bekommen. So nahm sie eines Morgens eines meiner schönsten Kleider, das mir Mama genäht hatte, und verschenkte es an die Tochter ihrer Freundin. Ich war entsetzt. Wie konnte sie das tun? Es war doch mein Kleid, es gehörte mir, es war von Mama. Sie hatte es einfach genommen, ohne mich zu fragen, ob das für mich in Ordnung wäre. Natürlich wäre es für mich keineswegs in Ordnung gewesen. Ich fühlte mich ignoriert. Nein, ich fühlte mich nicht wahrgenommen. Ignorieren kann man nur etwas, das man wahrnimmt und bewusst nicht sehen will.

Rebellion war nicht erlaubt, nicht in einer Gesellschaft, in der Kinderreichtum zwar großgeschrieben, aber Kinder nicht wie ein Gut behandelt wurden, so kam es mir zumindest vor. Ich erinnere mich nicht ganz genau, aber ich glaube, dass ich sie gefragt hatte, was sie mit dem Kleid vorhatte, obwohl ich bereits mitbekommen hatte, dass sie es verschenken wollte. An ihre Reaktion erinnere ich mich jedoch genau: »Es macht dir doch nichts aus, oder?« An meine Antwort erinnere ich mich ebenfalls nicht mehr, nur an das Gefühl von Hilflosigkeit, unglaublicher Wut und Traurigkeit. Mama hatte mir stets beigebracht zu teilen. Es war ihr wichtig, dass ich als Einzelkind nicht den Klischees eines verwöhnten, egoistischen Kindes entsprach, so sagte sie immer. Sie hat mir jedoch auch beigebracht, was mein und dein ist, sowie das Eigentum anderer stets zu achten. Übergriffiges Verhalten war mir deshalb von Kindesbeinen an fremd. Die Entscheidung meiner Mutter, mein Kleid zu verschenken, empfand ich als übergriffig. Ich sah sie an und empfand für das, was sie machte, eine große Wut. Zeigen durfte ich sie jedoch nicht.

Ähnlich erging es mir mit meinem weißen, kleinen Teddybären, auf den ich sehr achtete. Meine Mutter war einige Zeit später der Meinung, diesen Teddybären hätte sie von einer Freundin für einen meiner Brüder erhalten. Dass das nicht stimmte, wusste ich und sie hätte es auch wissen müssen. Also schrieb ich meinen Namen auf seine Fußsohlen, um sicherzustellen, dass es mein Teddybär war. Meine Mutter wurde daraufhin sehr zornig, gehörte der Teddybär ihrer Meinung nach doch einem ihrer Söhne, ihren Prinzen. Ich hatte das Gefühl, sie zog meine Brüder mir vor. Das berührte mich jedoch wenig. Eifersüchtig war ich nicht, denn ich hatte meine eigene Mama und meine eigene Familie, die mich liebte. Aber mein Teddy interessierte mich. Ich bin mir nicht sicher, wie die Geschichte mit dem Teddybären ausging. Eins kann ich aber mit Bestimmtheit sagen: Empathie gab es keine für mich, ich fühlte mich allein, hilflos und war unglaublich wütend.

Meine Einsamkeit in diesem Land wuchs. Meine Brüder schienen sich gut einzuleben. Der fünf Jahre Jüngere kam in den Kindergarten und lernte die Sprache. Für den Kleinen, der erst kurz vor der Ausreise geboren worden war, stellte die Eingewöhnung ohnehin kein Problem dar. Meine Schwester und ich versuchten uns zu verständigen, Gemeinsamkeiten zu entdecken, was uns aber nur ansatzweise gelang.

Da ich zunächst die Sprache nicht verstand, hielt ich die lauten und emotionsreichen Unterhaltungen für Streitereien. Später lernte ich, dass es sich einfach nur um andere Temperamente handelte. Doch nicht nur die Temperamente, sondern auch die Erziehungsmethoden waren anders als ich sie aus Deutschland kannte, drastischer. Meine Brüder bekamen davon nichts zu spüren, zumindest nicht in der Zeit, in der ich mit ihnen zusammenlebte. Meine Schwester und Cousinen mussten sie jedoch über sich ergehen lassen. Ich selbst blieb meistens verschont. Nun könnte man vermuten, dass das daran lag, weil ich ein so gut erzogenes deutsches Mädchen war, brav und folgsam. Zwar war ich tatsächlich nicht aufsässig – was aber, soweit ich das beurteilen konnte, auch meine Schwester und meinen Cousinen nicht waren. Bei mir lag der Fall einfach anders. Drastische Strafen waren nicht nötig. Meine Eltern kannten eine bessere Methode. Wann immer ihnen etwas an meinem Verhalten nicht passte, hieß es kurzerhand: »Dann darfst du jetzt deiner Mama nicht mehr schreiben.« Auch bekam ich jene Briefe nicht mehr ausgehändigt, die sie mir aus Deutschland schickte und die meine einzige Verbindung zu ihr waren. Ja, ich war gut erzogen und versuchte mich auch stets so zu verhalten, wie es von mir erwartet wurde. Dennoch fanden meine Eltern immer wieder Gelegenheiten, ihre Macht zu demonstrieren. Meistens spontan, unangekündigt, willkürlich. Das alte Muster eben.

Ich glitt immer weiter in ein Tal der Einsamkeit, einen Weg heraus sah ich nicht. Die Hoffnung, wieder nach Hause zu kommen, war verloren. Ich war und blieb das Einzelkind inmitten einer riesigen Familie, und ich hörte auf zu sprechen.

Eine andere Welt – meine deutsche Enklave

Inzwischen hatten meine Eltern für uns eine eigene Wohnung gefunden und wir lebten nicht mehr bei Verwandten. Dafür wohnten jetzt teilweise welche bei uns. In der Wohnung gab es Möbel, die meine Eltern aus Deutschland mitgebracht hatten. In dem Haushalt konnte man oftmals bis zu zehn Personen zählen, es waren Cousins und Cousinen, Tanten und Onkel, die in dieser Wohnung ein Zuhause fanden. Wie es dazu kam, dass wir Tanten und Onkel hatten, die jünger waren als wir Kinder, habe ich zunächst nicht verstanden. Jedoch lernte ich später, dass der eine oder andere Verwandte mehrere Lieblingsfrauen nacheinander hatte, mit denen er viele Lieblingskinder hatte. Diese wiederum waren mit uns verwandt und so kam es, dass es unzählige Cousins, Cousinen und wohl auch irgendwie jüngere Tanten und Onkel gab. Ganz durchschaut habe ich das nie. Die Wohnung bestand jedenfalls aus einem Wohnzimmer, zwei Schlafzimmern mit jeweils einem Bett, einem Flur, einem Bad und einer getrennten Toilette sowie einer Küche. Eines der Schlafzimmer gehörte unseren Eltern, auf die anderen Räume verteilten sich die anwesenden Familienmitglieder. Das Zimmer mit dem weiteren Bett wurde von der ältesten Person belegt, meistens der Großmutter. Gab es niemand Älteren außer unseren Eltern, teilten wir Kinder uns das Bett. Ansonsten schliefen wir auf Bastmatten auf dem Fußboden.

Meine Eltern hielten diesmal ihr Versprechen – wie selten konnte ich das sagen. Sie meldeten mich an der deutschen Schule in Lagos an. Ich kam im März 1976 in eine dritte Klasse und war, wie so oft, das einzige Schwarze Kind. Die Eltern der anderen Jungen und Mädchen waren entweder Botschaftsangehörige oder arbeiteten bei großen internationalen Firmen vor Ort. Es gab auch

Kinder mit weißen und Schwarzen Elternteilen, aber Kinder, deren beider Eltern Schwarz und zudem nicht bei irgendeiner großen deutschen Firma arbeiteten, gab es, zumindest in meiner Klasse, außer mir keine.

Jeden Morgen wurden wir mit einem Schulbus abgeholt. Die Kinder der Nachbarschaft fanden es lustig, hinter dem Bus herzulaufen und etwas zu rufen, was sie allen weißen Ausländern hinterherriefen: »Oyibo peppe«. Ich weiß bis heute nicht wirklich, was es bedeutet, dass es nichts Freundliches war, hatte ich jedoch schnell mitbekommen. Jedenfalls war mir klar, dass mich diese Kinder nicht als eine von ihnen ansahen, deshalb riefen sie es auch, wann immer sie mich sahen.

Die Schule war teuer, sehr teuer. Wie meine Eltern das Geld aufbrachten und warum sie mich auf diese Schule gaben, obwohl sie sich das Schulgeld eigentlich nicht leisten konnten, kann ich nicht genau sagen. Ich denke, sie wollten mir die deutsche Bildung, die ich bereits mitbekommen hatte, weiterhin ermöglichen. Sie versprachen sich davon vermutlich eine gute Zukunft für mich und damit für die gesamte Familie. Das genaue Motiv ihrer Entscheidung war mir zunächst egal. Ich war ihnen dankbar. Ich war froh, dass sie wenigstens dieses Mal ihr Versprechen hielten und ich einige Stunden am Tag in einer deutschen Umgebung verbringen konnte, in meiner deutschen Enklave. Ärztin sollte ich werden, das war die feste Vorstellung meines Vaters.

Erst später erfuhr ich von der Tradition, dass mindestens ein Kind, das einen guten Beruf erlernt hatte, die gesamte Familie finanziell zu unterstützen hatte. Die Familie erwartete es und die meistens Kinder kamen dieser Erwartung nach. Dafür legten alle Mitglieder der Familie zusammen, um diesem Kind die besten Möglichkeiten zu bieten. Möglicherweise war das auch bei mir der Fall. Ich konnte jedenfalls mit dem Berufswunsch meines Vaters für mich zunächst nichts anfangen und hatte eine ganz andere Idee, was meine spätere Arbeit betraf.

Seitdem ich das erste Mal ein Flugzeug betreten hatte, wollte ich Flugbegleiterin werden. Ich wollte fliegen, Flugzeuge waren für mich der Inbegriff von Freiheit. Ich wollte reisen, etwas von der Welt sehen, zurück nach Deutschland fliegen. Ich liebte die Uniformen, sie hatten etwas Klares, Sauberes, Eindeutiges, etwas Adrettes. Ich liebte Flugzeuge, den Geruch von Kerosin. Ich liebte die Vorstellung, die Leute an Bord zu begrüßen, ihnen eine schöne Zeit zu bereiten, stolz durch die Gänge zu schreiten, sie zu bedienen und an ihre Ziele zu begleiten. Und ich liebte das Bild auf den Flughäfen, wenn die Flugbegleiterinnen in Reih und Glied mit ihren Köfferchen hinter den Piloten herliefen. Ein Berufswunsch, der lange anhielt, noch heute liebe ich den Anblick der Crews aus aller Welt. Der Geruch von Kerosin weckt nach wie vor Erinnerungen.

Meine Eltern wollten von diesem Berufswunsch nichts wissen. Später sollte sich herausstellen, dass es ihr Wunsch, beziehungsweise ihre Vorstellung gewesen war, dass ich alle meine Geschwister nach und nach zu mir nach Deutschland holte. Ich sollte sie in Deutschland ausbilden lassen, um auch ihnen eine gute Zukunft zu ermöglichen. Aber bis dahin sollte noch viel Zeit vergehen.

Die erste Zeit in der Schule war einigermaßen zu überstehen. Schnell lernte ich ein Mädchen kennen, ihre Mutter war Deutsche, ihr Vater Nigerianer, sie hieß Anja, kam aus München und sollte für lange Zeit meine Freundin sein. Ich versuchte, fleißig zu sein und von dem zu zehren, was ich in Deutschland in der Schule gelernt hatte. So gut es ging und es mir möglich war, erledigte ich die Hausaufgaben. In Deutsch war ich gut, auch die anderen Fächer fielen mir zunächst nicht schwer. Sport mochte ich hingegen gar nicht. Schwimmen war für mich der Horror, ich hasste Wasser, ich hatte regelrecht eine Phobie vor Wasser und habe nie richtig schwimmen gelernt. Als es in der dritten Klasse in Deutschland mit dem Schwimmunterricht losging, musste ich aufgrund unserer Ausreise die Klasse verlassen. In meiner neuen Klasse gab es keinen Schwimmunterricht. Die meisten Kinder konnten hervorragend schwimmen und lebten in Häusern mit Pools, für sie war es nichts Besonderes.

Mit der Zeit wurde es in der Schule immer schwieriger und auch die Hausaufgaben konnte ich nicht mehr so leicht bewältigen. Es gab niemanden, der mir half oder mir helfen konnte, ich musste selbst zurechtkommen. Ich ging zu meiner Freundin Anja, die ganz in unserer Nähe wohnte. Manchmal half mir ihre Mutter bei den Hausaufgaben, doch konnte das keine Dauerlösung sein. Wenn ich mich mit Anja traf, spielten wir auch mit ihren Sachen und ich hatte eine kurze Zeit das Gefühl, so sein zu dürfen wie bei meiner Mama in Buxtehude. Anja war meine einzige Freundin. Mehr Kinder aus der Schule gab es nicht in unserer Nähe. Sich mal so zum Spielen mit jemandem zu treffen, ging nicht. Die Entfernungen waren zu groß, wir verfügten nicht über einen Chauffeur, der mich überall hätte hinfahren können. Zum anderen traf man sich in unserer Familie nicht mal so zum Spielen, also zum Nichtstun. Das gab es nicht. Kinder taten nicht einfach nichts.

Die Lehrkräfte waren nett. Sie bemerkten recht schnell, dass ich nicht aus einer typischen Entsandtenfamilie stammte. Das Schulgeld wurde oftmals angemahnt. Man sah mir an, dass wir nicht in Wohlstand lebten. Meine Kleidung wurde mir mit der Zeit zu klein, die Schuhe passten nicht mehr, die Füße schauten hinten und vorne heraus. Die Zähne litten unter der unregelmäßigen Pflege, Zahnbürsten wurden nicht benutzt. Stattdessen wurde eine besondere Art Hölzchen verwendet, auf dem man ständig herumkaute, etwas, das ich nicht konnte und wollte. Ich verwendete meine Zahnbürste, die ich aus Deutschland mitgebracht hatte, mal mit und mal ohne Zahnpasta, je nachdem, ob welche vorhanden war. Nach einiger Zeit war die Zahnbürste kaum noch zu verwenden, eine neue hatte ich nicht und einfach eine kaufen war nicht so ohne weiteres möglich.

Ich war ein stilles und sehr in sich gekehrtes Mädchen, still vor Heimweh, Heimweh nach Deutschland, Heimweh nach meinem Zuhause, Heimweh nach meiner Mama. Ich galt als komisch. Inzwischen war ich neun Jahre alt und lernte in dieser Umgebung das erste Mal das Gefühl von Einsamkeit kennen. Allein fühlte ich mich nie, denn ich war nie allein. Leider, denn dort, wo wir wohnten, waren ständig sehr viele, temperamentvolle, laute Menschen um mich herum. Allein war ich also nie, aber innerlich einsam. Trotz der vielen Menschen gab es niemanden, der mich verstand, weder sprachlich noch emotional, das schon gar nicht. Am ehesten verstand ich mich noch mit Anja.

Ich hatte eine sehr schlechte körperliche Konstitution, war oft krank, bekam oft und schnell hohes Fieber und hatte Bandwürmer. Trotz meiner dunklen Hautfarbe fiel den Lehrerinnen in der

Schule mein blasses, fahles Gesicht auf. Eine chronische Müdigkeit war mein ständiger Begleiter. Leider war es keine Seltenheit, dass ich während des Unterrichts einschlief. In unserer Familie war es nicht üblich, darauf zu achten, dass die Kinder genügend Schlaf bekamen. Tagesabläufe, wie ich sie von Zuhause kannte, gab es nicht. Im Haushalt gab es immer Arbeiten, die wir Kinder erledigen mussten.

Während die Kinder in meiner Klasse leckere Schulbrote mitbekamen, aß ich Weißbrot mit Margarine. Ich erinnere mich noch heute gut an dieses Brot und diese Margarine, denn es war meine morgendliche Aufgabe, für alle, die das Haus verließen, Unmengen dieser Brote zu schmieren. Das Brot bekam mir nicht und ich litt nach dem Essen oft unter Magenkrämpfen. Die Margarine war salzig, schmierig und schmeckte merkwürdig, einmal auf den Tisch gelangt, war dieser ewig glitschig. Wenn man das Weißbrot zu einem Klumpen formte, hatte man einen Flummi. Der Geschmack und der Geruch waren ebenfalls penetrant, kein Vergleich zu dem, was ich aus Deutschland als Weiß- oder Toastbrot kannte. Jedoch war es alles, was es zu essen gab, zumindest für den Moment und der Hunger trieb es rein. Allmählich gewöhnte ich mich an dieses Brot, zumindest hatte ich dann etwas gegessen. Auch gab es noch sogenanntes Graubrot, das war in Scheiben geschnitten, schmeckte leichter und wesentlich besser. Auch das gab es in unserem Haushalt, jedoch war es unserer Mutter vorbehalten. Wir Kinder durften es nicht essen, denn es war teurer als das andere. Geld, alle Kinder mit diesem Brot zu versorgen, gab es nicht. Meine Schwester jedoch war clever und wusste sich zu helfen. Sie nahm einfach aus der Packungsmitte ein paar Scheiben heraus, sodass unsere Mutter es nicht merkte.

Überhaupt war die Verteilung von guten und weniger guten Dingen zwischen den Erwachsenen und den Kindern anders, als ich es von zuhause her kannte. Für Mama stand das Wohl des Kindes immer an erster Stelle. Meine Eltern hatten nicht viel Geld, doch meine Mutter war immer gut gekleidet. Sie trug entweder ihre Kleider, die sie aus Deutschland mitgebracht hatte, oder aufwendige nigerianische Gewänder aus Spitzenstoffen. Auch trug sie elegante Schuhe und liebte üppigen Schmuck. Sie war berufstätig und musste sich entsprechend kleiden. Und wir Kinder? Es musste an allem gespart werden, besonders an der Kleidung. Meine Schwester hatte das Glück, in eine Schule zu gehen, an der die Schüler und Schülerinnen Schuluniformen trugen. Sie bekam zwei bis drei Schuluniformen, die natürlich auch bezahlt werden mussten. Dennoch war damit die Kleidungsfrage geklärt. In meiner Schule gab es keine Schuluniformen, also benötigte ich extra Kleidung und entsprechendes Schuhwerk. Und wieder entstanden für mich zusätzliche Kosten, ich war teuer.

Das Essen, unsere Portionen waren nicht üppig, von ausgewogen ganz zu schweigen. Ich vermisste Mamas Rotkohl, ihre Eintöpfe, das gute Bauernfeinbrot unseres Bäckers an der Ecke, Käse, Marmelade. An den Butterkuchen durfte ich gar nicht denken. Das Essen in Nigeria war meistens scharf, salzig und sehr ölig. Manche Fleischsaucen jedoch waren lecker, in sie tunkten wir das klumpige Weißbrot, dazu gab es süßen Schwarzen Tee mit Milch.

Immer mal wieder wurden Feste gefeiert. Entweder, weil ein Kind geboren worden war, jemand einen besonderen Geburtstag hatte oder ein Feiertag vor der Tür stand. Besonders die Geburtstage der Fünferreihe wurden immer sehr groß gefeiert. Dann gab es unglaublich viel zu essen und zu trinken. Es war üblich, dass die Kinder dann mit Schüsseln voller Essen zu den Nachbarn geschickt wurden, um ihnen damit eine Ehrerbietung zu erweisen. Auch uns brachte man Essen, wenn in der Nachbarschaft ein Fest gefeiert wurde. Es gab viele verschiedene Dinge zu essen, süße, salzige, scharfe und etwas mildere, einiges davon schmeckte nach einiger Zeit sogar auch mir. Ich vergaß mein Zuhause nicht, aber diese Tage boten etwas wenig Ablenkung. Man servierte Schüsseln gebratenen Reises oder Jollofreises, eine Art würzigen Tomatenreis. Dazu gab es gebratenes Fleisch oder Fisch, Softdrinks ohne Ende, die alle süßer schmeckten als zuhause. Alles, was ein Tier hergab, wurde verwertet, nahezu nichts wurde vernichtet. Unter den verschiedenen Begriffen konnte ich mir nicht viel vorstellen. Ob nun Fufu, Gari, Plantain oder Puff Puff, es gab so vieles, was ich nicht kannte. Diese Partys waren dann voller Lebensfreude für Erwachsene und Kinder. Alle waren wunderbar gekleidet. Man erkannte die Familien an den gleichen Stoffen, aus denen ihre Gewänder geschneidert waren, von den Eltern bis zum Baby. Bands machten Musik und es wurde viel getanzt. Wer besonders gut tanzte, bekam von den umstehenden Leuten Geldscheine an die Stirn gelegt. Unsere Mutter bekam immer sehr viele Geldscheine, sie begeisterte die Menschen mit ihrer anmutigen Art. Auch meine Schwester wusste die Leute für sich zu begeistern und wurde bei dem »Spraying«, wie es hieß, großzügig bedacht. Ich war für die anderen gar nicht sichtbar, saß meist irgendwo in der Ecke und betrachtete das Geschehen aus sicherer Distanz. Ich fühlte mich inmitten dieses Trubels nicht wohl, zumal ich nicht sehr viel von dem, was gesprochen wurde, verstand. Am Ende des Abends bekam ich einen Trostschein, um nicht ganz leer auszugehen. Man nannte mich »Sissy«, ein Kompliment schien es aber nicht zu sein.

An normalen Tagen war es nicht so lebensfroh, auch das Essen war dann weniger abwechslungsreich. Es gab Amala, einen grauen Brei aus Cassava-Mehl, das aus Maniok gewonnen wurde. Noch heute denke ich mit Grauen an diese Mahlzeiten, an den Tagen wusste ich, für mich war Diät angesagt.

Es war Alltag eingekehrt und alles ging seinen Gang. Meine Eltern hatten in der Zwischenzeit Arbeit gefunden, zumindest hatte es den Anschein. Mein Vater machte irgendetwas im Baubereich. Die Baufirma des Großvaters kannte ich nicht. Einmal nahm er mich mit auf einen Bau, wie er es nannte. Was ich dann sah, war ein Acker mit einem Stuhl darauf. Möglicherweise verstand ich auch nicht, was man sich unter einer Baufirma in Nigeria vorzustellen hatte. Meine Mutter fand in einem Krankenhaus eine Arbeit. Ich nehme an, dass sie als Diätassistentin angestellt war, ganz genau wusste ich das nicht. Mit uns Kindern wurde nie darüber gesprochen. Jedenfalls bemerkte ich schnell, dass die Dinge nicht reibungslos verliefen. Meine Eltern hatten oft Auseinandersetzungen, es ging um Geld. Sie sprachen die Stammessprache Yoruba, die sich mir mit der Zeit immer mehr erschloss. Sie glaubten, ich verstünde sie nicht, deshalb unterhielten sie sich auch in meiner Gegenwart. Ich ließ sie in diesem Glauben, hörte mehr zu, als dass ich sprach.

Ich wollte helfen und versuchte meinen Eltern bessere Jobs zu verschaffen. Meiner Mutter versuchte ich über die Eltern von

Anja einen Job beim Bodenpersonal der Lufthansa zu vermitteln. Sie hätte eine Chance gehabt, für die Ausbildung hätte sie jedoch nach Frankfurt gemusst, was sie nicht wollte. Meinem Vater vermittelte ich über den Vater einer Klassenkameradin ein Vorstellungsgespräch bei einer großen deutschen Baufirma. Woran es scheiterte, habe ich nicht erfahren. Ich wollte lediglich helfen, mit meinen neun oder zehn Jahren. Ich war kein dummes Kind und wusste, dass mein Schulgeld sehr hoch war und sie es sich eigentlich nicht leisten konnten. Indem ich half, wollte ich sichergehen, dass ich die deutsche Schule nicht mangels Geldes verlassen musste. Die Schule war meine einzige Verbindung zu Deutschland. Auf eine einheimische Schule gehen zu müssen, war für mich eine Vorstellung des Grauens.

Natürlich sollte auch ich die Stammessprache und Englisch erlernen. Kurzzeitig stand im Raum, dass ich dann eine einheimische Schule besuchen könnte. Aber ich stellte mich dumm, sehr dumm. Das Ziel, dass ich jemals diese Sprachen erlernte, wurde zu meinem Glück schnell aufgegeben. Mit meinen Eltern sprach ich weiterhin Deutsch. Wann immer mich jemand aus der Familie zu sich rief, um mir auf Yoruba etwas zu erzählen beziehungsweise mir beizubringen, schaute ich fragend, hilflos meine Eltern an. Mit meinem fünf Jahre jüngeren Bruder sprach ich ebenfalls Deutsch, mit den anderen Familienmitgliedern ein Behelfs-Englisch. Nonverbale Sprache konnte ich nach einer gewissen Zeit deuten. Zeigten sich Kinder gegenseitig die gespreizte, flache Hand, mit der Handfläche nach außen, bedeutete dies nichts Gutes und galt als Beleidigung. Diese Geste setzte auch ich ein, wenn ich mich mal wehren musste.

Ich galt als das Schwarze, beziehungsweise weiße Schaf der Familie, mit dem nichts Rechtes anzufangen war. Verzärtelt, nur Deutsch sprechend, nach Hause wollend und nicht dort hinpassend. Man fand es merkwürdig, dass ich mich inmitten meiner Familie nicht wohlfühlte. Man fand es merkwürdig, dass ich einer fremden weißen Frau hinterherjammerte. Dass ich mit der Zeit die Sprache verstand, war mein großes Glück. Es war meine Überlebensstrategie, um herauszufinden, was vor sich ging. Zu hören, was geplant wurde. Um dieser Willkür nicht vollkommen ausgeliefert zu sein. Englisch, die offizielle Verkehrssprache, lernte ich ebenfalls schnell. Ich konnte mich gut verständigen, wenn ich es wollte und es mir Vorteile brachte. Aber auch da galt es, mich zurückzuhalten, denn war klar, dass ich Englisch konnte, war der Weg in eine einheimische Schule ebenfalls frei.

An meine Mama schrieb ich sehr viele Briefe, die ich meinem Vater mitgab. Die Briefe schrieb ich nachts, tagsüber war keine Zeit, keine Ruhe. Manchmal musste ich erleben, wie meine Briefe tagelang bei meinem Vater im Auto lagen und er sie nicht zur Post brachte, wie sie durch die Sonne allmählich vergilbten. Das setzte meiner kindlichen Ungeduld zu. Die Freude war dann groß, wenn ich sah, dass er sie nicht wieder mitbrachte und offensichtlich abgeschickt hatte. Und die Freude war ebenfalls groß, wenn er mir wiederum Post mitbrachte, Briefe von meiner Mama. Ab und an kündigte sie mir auch Päckchen an. Dies lag dann wochenlang im Zoll und wurde von meinem Vater nicht abgeholt. Einfach selbst zur Post zu gehen, war unmöglich. Die Wege waren zu weit, um sie ohne öffentliche Verkehrsmittel zurückzulegen, und die Verkehrsverhältnisse unwägbar. Busse fuhren, wann sie wollten und waren überfüllt, einen Busfahrplan gab es nicht. Die Möglichkeit, die Päckchen selbst abzuholen, war nicht gegeben. Deshalb dauerte es oftmals Wochen, bis ein Päckchen mich erreichte. Die Päckchen enthielten nie nur Dinge für mich. Mama bedachte jedes Kind der Familie. Und für den Fall, dass zwischenzeitlich noch ein neuer Cousin, eine neue Cousine, ein jüngerer Onkel oder eine kleine Tante dazugekommen war, packte sie extra etwas ein, sodass niemand leer ausgehen musste. Schokolade, Kakao, alles, was mich und alle anderen Kinder erfreuen sollte, war in der Zwischenzeit von Mäusen angefressen und nicht mehr zu genießen. Aber ich freute mich trotzdem, denn es war ein Zeichen von zuhause.

Es war der 24. Dezember 1976 und damit das erste Weihnachtsfest der wiedervereinten Familie in Nigeria. Überall auf den Straßen blinkten bunte Tannenbäume, aus den Radios klangen englische Weihnachtslieder. Mit jedem Tag wurden mehr bunte, blinkende Lichter aufgehängt. Ich hasste sie, und dieses Gefühl sollte Jahrzehnte vorhalten.

Zuhause in Deutschland hatten wir auch einen Tannenbaum und eine wunderschöne Krippe mit vielen Figuren. Je näher Weihnachten rückte, desto aufgeräumter und geputzter war die Wohnung. Mama hatte alles beleuchtet, aber es blinkte nicht so fürchterlich bunt. Natürlich hatten wir jedes Jahr auch einen Tannenbaum, der mit selbst gebastelten Strohsternen und Kugeln geschmückt war. Am Heiligabend lagen dann die Geschenke unter dem Tannenbaum, zugedeckt mit einer Lage Geschenkpapier. Meine Neugier, was sich wohl darunter befand, war stets groß und die Spannung stieg von Stunde zu Stunde. Zwar hatte Mama nie viel Geld, die Geschenke waren nie teuer, aber liebevoll hergerichtet. Und der Weihnachtsmann kam auch immer. Ich liebte die neu eingekleideten Puppen. Ich liebte meine Mädchensachen, mit denen ich Tag für Tag stundenlang so gerne spielte. Einsam fühlte ich mich nie, ich hatte nicht viel um mich herum gebraucht.

Nun also Weihnachten in Nigeria. Auch dort gab es einen Tannenbaum, den meine Eltern aus Deutschland mitgebracht hatten. Zwar handelte es sich um einen Plastikbaum, aber immerhin. Die Rückkehr der Familie aus dem gelobten Land hatte weder hochdotierte Jobs noch Wohlstand mit sich gebracht. Ob sie dennoch bei der Verwandtschaft als erfolgreich galten? Ich konnte es nicht einschätzen. Dennoch fragte mein Vater uns Kinder, was wir uns zu Weihnachten wünschten. Obwohl kein Geld da war, sollte Weihnachten, besonders der 25. Dezember, ein Fest werden. Alle sprachen durcheinander, Experimentierkästen, Puppen, alles Mögliche wurde sich gewünscht. Auch ich kam an die Reihe und ich hatte nur einen Wunsch – eine neue Zahnbürste und Zahnpasta, das war alles. Die Aussicht, eine neue Zahnbürste und eigene Zahnpasta zu bekommen, erfüllte mich mit Freude. Und mein Wunsch sollte sich erfüllen, mein Vater hielt Wort – ein weiteres Mal. Unter dem schrecklich bunten, blinkenden Tannenbaum lagen für mich eine Zahnbürste und eine Zahnpasta, das schönste Geschenk, das ich mir damals hatte denken können. Ich war dankbar und freute mich sehr.

An den Festtagen gingen wir in die Kirche, die Gottesdienste waren mit denen zuhause nicht vergleichbar. Wie auf Partys waren die Menschen schön gekleidet, auch wir bekamen neue, festliche Kleider, die Jungs Hosen und passende Umhänge, sogenannte Agbadas.

Mittlerweile besuchte ich die vierte Klasse. Meine Schwierigkeiten in der Schule nahmen zu. Hausaufgaben konnte ich kaum noch machen, dafür fehlte es an Wissen, Platz und Zeit. Wir Kinder mussten die Hausarbeit erledigen. Meine Mutter verrichtete diese Arbeiten nicht, sie delegierte. Es gab immer irgendein Mädchen oder irgendeinen Jungen aus der Verwandtschaft, das oder der bei uns wohnte und ebenfalls Pflichten übertragen bekam. Mir schien, dass sobald ein Kind laufen konnte, es quasi erwachsen war und damit auch in der Lage, Arbeiten zu verrichten, die Kindheit war damit vorbei.

Waschen, bügeln, kochen, putzen – alles wurde uns Kindern aufgetragen. Die Wäsche musste mit der Hand gewaschen werden, eine Waschmaschine gab es nicht, zumindest nicht in unserem Haushalt. Die Böden mussten mit einem Reisigbesen gefegt werden, einen Staubsauger besaßen wir nicht. Wir kamen immer spät ins Bett und mussten morgens bereits sehr früh aufstehen. Ein kindgerechtes Leben war das nicht. Beklagen durften wir uns auch nicht.

Ich war chronisch müde, schlief während der Fahrt im Schulbus ein und während des Unterrichts weiter. Für meinen Vater war es ein Zeichen von Wissbegierde und Fleiß, wenn wir nachts an unseren schulischen Aufgaben saßen, Schlaf war überbewertet. »Where are your books? «, hieß es dann, »You have to read your books!" Hilfe bei den Aufgaben in der Schule gab es nicht, wie auch, von wem auch.

Es kam, wie es kommen musste, ich schaffte das Klassenziel der vierten Klasse nicht und musste diese wiederholen, für mich eine furchtbare Vorstellung. Ich fühlte mich dumm, dumm und zurückgeblieben. Ich hatte den Eindruck, dass an der Schule niemand sonst die Klasse wiederholte, nur ich. Anjas Mutter versuchte erneut, mir zu helfen. Wie dumm musste ich wohl sein, dass alle anderen Kinder dem Unterricht folgen konnten, nur ich nicht.

Mama hätte mir helfen können. Sie wusste, was ich gebraucht hätte. Sie hätte verstanden, dass ich weit nach Mitternacht nicht mehr lernen konnte. Sie hätte gewusst, dass zu wenig Schlaf für einen Schulalltag nicht gut ist. Bei Mama musste ich auch helfen, damit ich lernte, dass jeder seinen Teil beizutragen hatte. Das war gut und richtig so, und es hat mir Spaß gemacht. Aber in Nigeria war das anders. Meine Eltern hatten zwar Erwartungen, aber Unterstützung, zumindest wie ich sie benötigt hätte, gab es nicht, das fand ich unfair.

Einsamkeit – zuhause bei Mama fühlte ich mich nie einsam, wusste, dass sie immer für mich da war, wenn ich sie brauchte. In Nigeria lernte ich jedoch schnell, was es bedeutete, sich einsam zu fühlen. Sahen die Eltern nicht, wie es uns Kindern ging? Hatten sie in den 13 Jahren, die sie in Deutschland lebten, nicht gelernt, was Kindheit bedeutet? Konnten oder wollten sie es nicht erkennen? Möglicherweise beides. Ich erwartete schon damals nicht viel von ihnen. Nur eines wollte mir nicht in den Kopf: Warum hatten sie mich nicht einfach in Deutschland bei meiner Mama gelassen, warum war es ihnen so derart wichtig gewesen, mich zu sich zu holen?

Auch in Deutschland haben sie mich von Anfang an abgegeben und mich selten gesehen, es hat mir nicht geschadet und ihnen doch wohl anscheinend auch nicht. Warum haben sie mich nicht einfach dort gelassen, wo mein Zuhause war? Dort, wo jene Menschen waren, die sich um mich kümmerten, die mich liebhatten und die ich liebhatte. Warum musste ich an einem Ort sein, an dem alles neu war und fremd blieb? An einem Ort, an dem ich nichts verstand und mich auch niemand verstand. An einem Ort, an dem ich das Gefühl hatte, gnadenlos zu scheitern, physisch und geistig. Hätten sie mich in Deutschland bei meiner Mama gelassen, hätten sie sich nicht um mich kümmern, kein Schulgeld bezahlen und überhaupt, sich nicht mit meiner vermeintlich komischen Art auseinandersetzen müssen.

Sonderbar, ja, dort fanden mich alle sehr sonderbar. Ich machte vieles so, wie ich es in Deutschland von zuhause gelernt hatte. Egal, ob es in der neuen Umgebung Sinn ergab oder nicht. Beispielsweise trug ich unter meiner Kleidung Überhosen, das Oberteil einer abgeschnittenen Strumpfhose. Zuhause, im Winter, weil es kalt war – in Nigeria, weil ich es so von zuhause gewohnt war.

Die Verwandten verstanden nicht, warum ich zurückgezogen und ruhig war – auch meine Eltern hatten wenig Verständnis dafür.

Die einzige, bei der ich mich wohlfühlte, war Anja. Ich mochte sie sehr, mit ihr konnte ich etwas Heimat leben. Eines Tages sagte sie mir, dass ihre Familie zurück nach Deutschland ginge. Sie zu verlieren machte mich sehr traurig.

Als sie weg war, vermisste ich sie sehr. Meine Eltern verstanden das nicht, war es doch nur irgendein Mädchen. Ich musste vernünftig sein, Emotionen waren nicht angebracht. Wurde es ihnen wieder einmal zu viel mit mir und meiner sonderbaren Art, kam die übliche Leier: »Du darfst nicht mehr schreiben.«

Besonders meine Mutter schien damit ihrer Autorität, ihrer Erziehungsgewalt Ausdruck verleihen zu wollen. Und wieder fühlte ich mich hilflos. Ich fühlte mich ihr ausgeliefert und von meiner Mama abgeschnitten, fern von dem einzigen Menschen, der wirklich wusste, wer ich war, was mich ausmachte. Aber es hat mich nicht gebrochen, es hat mich stark gemacht. Meine Resilienz-Fähigkeit als Kind war unerschütterlich und konnte auch durch solche Erziehungsmethoden nicht zerstört werden. Der einzige Halt war der Gedanke an zuhause, der Gedanke an meine Mama, ihre Briefe und alles, was ich von ihr hatte. Dennoch beobachtete ich diese fremde Welt sehr genau, eine Welt, in der vieles so anders war als ich es aus Buxtehude kannte.

Das Leben spielte sich viel auf der Straße ab. Noch heute irritiert es mich, wenn Menschen laut sind, durcheinander sprechen und sich nicht ausreden lassen. Auch die Frauen waren laut und es kam sogar vor, dass sie sich auf der Straße prügelten. Sobald sich eine Frau ihr Kopftuch vom Kopf riss und es sich aggressiv um die Hüfte schlang, war klar, jetzt geht er los, der Kampf der Gigantinnen. Es bildete sich eine Zuschauermenge, die die Kontrahentinnen verbal anfeuerte. Diese Aggressivität, ob körperlich oder verbal, fand ich schon damals beängstigend.

Das Einzige, was mich zuhause in Buxtehude beängstigen konnte, waren Kampfflugzeuge gewesen, die zu Übungszwecken über unser Haus flogen. Dieses sich aufbauende Geräusch, dieser ohrenbetäubende Lärm, manchmal sogar das Durchbrechen der Schallmauer, erschütterte mich in Mark und Bein. Wie gut erinnere ich mich, wenn ich in dem Moment im Hof spielte oder auf dem Weg von der Schule nach Hause war, dass ich alles fallen ließ und schreiend nach Hause lief. Aber sich prügelnde Menschen, nein, die kannte ich von zuhause nicht.

Auf den Straßen gab es unzählige Essensstände mit kalten und warmen Mahlzeiten, Obst, Gemüse und allen möglichen Dingen, die man für den Haushalt benötigte. Es gab nichts, was man dort nicht finden konnte. Frauen, junge Mädchen, Männer und Jungs liefen mit großen Schalen auf dem Kopf herum und boten laut rufend ihre Ware feil. Ich liebte Mangos und Orangen, die kunstvoll geschält verkauft wurden. Manchmal kam ein Onkel zu Besuch und schenkte uns Kindern etwas Geld, dann konnten wir uns Obst kaufen. Meistens jedoch wurde uns das Geld von unserer Mutter abgenommen, bevor wir uns etwas davon kaufen konnten, es kam in die Haushaltskasse.

Ich erinnere mich noch an einen Tag, an dem wir einen Mangobaum entdeckten, der niemandem zu gehören schien, sodass wir die Früchte pflücken konnten. Diese hütete ich dann wie einen Schatz in meinem Schrank unter meiner Kleidung. Das waren glückliche Momente.

An anderen Ecken der Straßen saßen Frauen, bei denen sich Mädchen und Frauen die Haare frisieren ließen. Einfache Zöpfe bis hin zu aufwendigen Flechtfrisuren, alles war möglich. Als Kinder trugen wir keine offenen Haare, das war nicht üblich. Meine Mutter hatte sich jedoch in den Kopf gesetzt, meiner Schwester und mir ständig die Haare kurz zu schneiden, sodass wir aussahen wie Jungs. Wir mochten die kurzen Haare nicht und fragten uns, warum wir sie nicht wachsen lassen durften, schließlich wurden wir auch nicht gefragt, ob wir sie kurz haben wollten. Die Frauen entdeckten für sich das Glätten der Haare und Aufhellen der Haut. Gesund war das sicherlich nicht.

Überhaupt war vieles, was uns dort tagtäglich begegnete, wohl alles andere als gesund. Die Kanalisation war offen und es schwamm wirklich alles darin, was die Haushalte so hergaben. Einmal besuchten wir meine Mutter an ihrem Arbeitsplatz. Es war ein Krankenhaus. Auch dort gab es diese offene Kanalisation, in der das Blut aus den Operationsräumen sichtbar entlangfloss.

Nicht in allen Häusern gab es Toiletten mit Wasserspülung, sie hatten Plumpsklos, deren Inhalt regelmäßig abgeholt werden musste. Auch in dem Haus unseres Großvaters, Lagos Surulere, gab es ein Plumpsklo. Es war ein gängiges Bild auf den Straßen – Männer, die Tücher vor den Gesichtern und Eimer auf den Köpfen trugen. Meine Schwester erklärte mir, dass man diese Männer besser nicht auslachte, da es vorkam, dass sie den Inhalt über die Köpfe der lachenden Kinder ausleerten.

Auch ein anderes Schauspiel faszinierte und erschreckte uns Kinder gleichermaßen. Es kam vor, dass die Oberleitungen heftige Stromfunken sprühten. Dann standen wir neben diesen Oberleitungen und schauten mit großen Augen zu. Es bot uns Abwechslung in einem Alltag, der wenige kindliche Freuden enthielt.

Ich erinnere mich an einen Nachmittag, an dem wir mit dem Auto Verwandte besuchten. Die Fahrten waren immer sehr lang, heiß und staubig. Die Straßen waren verstopft, es dauerte ewig, um in dieser für mich noch immer unüberschaubaren Stadt Lagos von einem Ziel zum nächsten zu kommen. Die Autos waren stets überladen, wir Kinder saßen wie immer auf dem Schoß der Erwachsenen. Bei der Hinfahrt einer solchen Tagesreise sah ich auf dem Mittelstreifen der Autobahn oder Schnellstraße einen Mann liegen, er schien dort zu schlafen. Auf der Rückfahrt, viele Stunden später, es hatte angefangen zu regnen, lag der Mann noch immer dort und hatte sich keinen Millimeter bewegt. Ich fragte mich, warum er durch den Regen nicht wach wurde und überlegte, ob er tatsächlich nur schlief. Mit meinen knapp zehn Jahren wurde mir dann schnell klar, dass dieser Mann, der dort lag, tot war. Ich fragte mich, warum sich keiner um ihn kümmerte, schließlich war er doch ein Mensch. Zuhause in Deutschland hatte ich Haustiere – Meerschweinchen, Zwergkaninchen, Kanarienvögel. Starb eines dieser Tiere, haben wir es in einen Karton gelegt und im Garten begraben. Sie waren Mitglieder der Familie, die wir, nachdem sie gestorben waren, nicht einfach wegwarfen. Nur so kannte ich es. Warum ließ man also einen toten Menschen einfach am Straßenrand liegen? War er weniger wert als die Haustiere zuhause? Im Laufe der Jahre sah ich öfter solche Bilder. Das wurde zu einem Normalzustand. Normal wurde es für mich dennoch nie. Nie habe ich mich an diese Anblicke gewöhnen können.

Die Zeit in Nigeria war prägend für mich – im Positiven wie im Negativen. Ich lernte sehr schnell, die wenigen positiven Dinge zu schätzen und mit den vielen negativen Erlebnissen zurechtzukommen. Ich verglich mein Leben zuhause in Deutschland mit dem Dasein in Lagos. Ich fühlte mich diesem furchtbar fremden Leben einerseits ausgeliefert, andererseits spürte ich, dass ich durchhalten musste, ohne genau zu wissen, warum, wofür und wie lange.

Natürlich vermisste ich auch weiterhin das, was ich als Kind so dringend brauchte, Nähe, Behutsamkeit. Von Mama wurde ich in den Arm genommen, gedrückt, sie zeigte mir, dass sie mich liebhatte, nahm mich auf den Schoß. So etwas erlebte ich in Nigeria leider nie. Vielleicht war es nicht üblich.

Selten fühlte ich mich unbeschwert. Bis auf einmal, da machte unsere Mutter mit uns Kindern einen Ausflug an den Strand. In einer großen Kühltasche nahm sie eine riesige Portion Jollofreis mit und Getränke. Wir durften nur spielen und Kinder sein, schlugen Kokosnüsse auf. Das war ein Moment der Freude.

Täglich Transit und zurück

Welches Kind behauptet schon von sich aus, dass es gern zur Schule geht. Das war früher nicht anders als heute. Sobald ein Kind dies behauptet, wird es meist schräg angeguckt. Entweder es ist ein Streberkind oder es hat ein furchtbares Zuhause oder es weiß einfach, was die Erwachsenen hören wollen. Egal wie, die Schule war für mich in Lagos ein paradiesischer Ort. Der einzige, an dem ich mich ein kleines bisschen an mein deutsches Leben erinnert fühlte. Nein, ein Streberkind war ich nicht, die beiden anderen Gründe könnten eher zutreffen.

So eine deutsche Auslandsschule hat schon eine besondere Atmosphäre. Die Trennung zwischen Beruf und Privatleben ist für die Lehrkräfte, die wie die Mehrzahl der aus dem Ausland entsandten Mitarbeitenden in sogenannten Gated Areas leben, nicht so ohne weiteres möglich. Eltern von Schülern und Schülerinnen sind zugleich Nachbarn, Arbeitskollegen oder gar Freunde. Zugunsten der beruflichen Tätigkeit von meist einem Elternteil haben die Familien für einen gewissen Zeitraum ihre gewohnte Umgebung hinter sich lassen müssen. Dann hieß es, sich in einer neuen Gegend auf einem anderen Kontinent einzuleben. Die Deutsche Schule in Lagos war eine Gesamtschule, pädagogische Alternativen, andere, dem deutschen Schulsystem äquivalente Schularten, auf die bei Bedarf hätte gewechselt werden können, gab es nicht. Beendete ein Jugendlicher die Schule noch bevor die berufliche Tätigkeit des entsandten Elternteils auslief, mussten für diesen Jugendlichen innerschulische oder innerfamiliäre kreative Lösungen gefunden werden. Eine emotionale Herausforderung für alle Beteiligten.

Die Mitschüler und Mitschülerinnen waren nicht anders als andere Kinder in anderen Schulen auch. Sie waren nett, es gab auch welche, die weniger nett waren, besonders morgens im Schulbus, ganz normale Kinder eben. Wurde ich von einem der weniger netten Kinder mal wieder im Schulbus geärgert, erzählte ich es sofort meiner Schwester. Ich berichtete ihr davon, soweit mir eben dies sprachlich zu der Zeit möglich war. Unsere Verständigung war aber mittlerweile so fortgeschritten, dass wir uns mitteilen konnten. Am nächsten Tag brachte sie mich dann an den Schulbus und klärte den Vorfall auf die für sie typische Weise. Keines der Kinder verstand sie, natürlich nicht, denn sie sprach Yoruba mit ihnen. Sie gestikulierte wild herum und schaute dabei jedes Kind einzeln direkt an. Der Busfahrer schien diese Situation immer sehr lustig zu finden und reagierte stets amüsiert. Egal, was sie diesen Kindern erzählte und egal, ob sie es verstanden oder nicht, danach hatte ich jedenfalls meine Ruhe. Und zwar so lange, bis ein neues Kind den Schulbus bestieg, von meiner Schwester nichts wusste und meinte, mich ärgern zu müssen. Dass das ein großer Fehler war, merkte aber auch dieses Kind recht schnell. Allmählich sprach sich die Existenz meiner Schwester herum. Auf deren persönliche Bekanntschaft wollten meine Busmitinsassen dann künftig doch lieber verzichten. Zum ersten Mal fühlte ich mich beschützt. Dennoch, dass ich auch in diesem Kontext, im Schulbus und in der Schule, auffiel, war nicht zu vermeiden.

Mit meiner Familie lebte ich nicht in einer Gated Area, in keinem exklusiven Haus, unsere Eltern hatten kein schickes Auto, ich trug nicht die neueste Kleidung. In den Ferien flogen wir nicht in den Urlaub, auch hatten wir keine Bediensteten, die alles für uns erledigten. Das heißt doch, ab und an gab es schon welche, aber nicht in der Art und Weise wie bei den Auslandsfamilien.

Ich verfügte über kein Taschengeld, mit dem ich mir in den Schulpausen etwas hätte kaufen können. Ich aß das Weißbrot mit der komischen Margarine, etwas, das bei den meisten als völlig unmöglich und ungesund galt. Aufgrund meines Tagesrhythmus war ich ständig müde, schlief weiterhin in der Schule ein und konnte auch meine Hausaufgaben nach wie vor nie vollständig erledigen. Für meine Mitschüler und Mitschülerinnen eine unverständliche Situation, wurde in ihren Familien doch auf einen kindgerechten Tagesablauf geachtet.

Nun lebte ich also in einem Land, das meine Herkunft darstellen sollte. Ein Land, in dem die Wurzeln meiner Familie und damit auch meine vorhanden sein sollten. Trotzdem fühlte ich mich fremder denn je zuvor in meinem Leben.

In unserer Umgebung war ich die Ausländerin. Nicht äußerlich, sah ich doch so aus wie ein ganz normales nigerianisches Kind. Jedoch kulturell, schließlich sprach ich nicht die gleiche Sprache und benahm mich irgendwie anders.

Auch in der Schule war ich die Ausländerin. Zwar sprach ich die Sprache, die alle dort sprachen. Ich hatte jedoch kein europäisches Elternteil, lebte nicht in einer entsprechenden Umgebung und benahm mich irgendwie anders.

Ich befand mich in einem Zustand innerer und äußerer Zerrissenheit. Nichts passte zusammen, nichts fühlte sich vertraut an. Und bereits in diesem Alter wusste ich, dass ich keine andere Wahl hatte, als zu lernen, mit diesem Zustand umzugehen und ihn zu bewältigen. Ohne ahnen zu können, wie lange er anhalten oder ob er jemals enden würde. Das hieß, Tag für Tag ein Leben im Ungewissen. Ich wusste nicht, was unsere Eltern planten oder als Nächstes vorhatten, außer es gelang mir, mal wieder eines ihrer Gespräche zu belauschen. Die Schule war der einzige verlässliche Ort in meinem Leben. Eine Art Raum der Zuflucht, an dem ich mich wohlfühlte, auf jeden Fall wohler als in der Umgebung, die mein Zuhause darstellen sollte.

Natürlich blieb meinen Eltern die Situation nicht verborgen. Ich weiß nicht, warum sie diese Entscheidung trafen, doch sie trafen sie. Einfach so?

Zurück in die Ferne

In den Sommerferien 1978 durfte ich das erste Mal wieder nach Deutschland zu meiner Mama reisen, etwas, wovon ich nie zu träumen gewagt hätte. Es galt, alles vorzubereiten, die Kleidung zu richten, den Koffer zu packen. Bereits Wochen, bevor es losging, war ich startklar, für mich hätte es jederzeit losgehen können.

Meine Eltern gaben mir viele Geschenke für meine Mama und Oma mit. Dinge, von denen Sie dachten, dass sie Freude bereiten könnten. Dinge, die meine Mama und meine Oma tatsächlich auch freuten, die sie aber nicht wirklich brauchten.

Als der Tag der Abreise vor der Tür stand, begleiteten mich viele Menschen zum Flughafen. Auf der anderen Seite, in Deutschland, bereitete meine Mama bereits alles auf meine Ankunft vor. Das heißt, so viel musste sie gar nicht vorbereiten, denn sie hatte seit meiner Abreise nicht viel verändert.

Ich war aufgeregt, ich freute mich und doch fühlte es sich auch komisch an. Schon wieder hatte ich eine Sonderrolle. Ich bekam ein Flugticket nach Deutschland, ich kostete mal wieder Geld.

Der Flug war spannend, ich sog alles in mich auf. Da es ein Nachtflug war, konnte ich etwas schlafen. Zunächst ging es nach Frankfurt am Main. Im Flugzeug durfte ich Flugbegleiterin spielen und das schmutzige Geschirr einsammeln, das bereitete mir riesigen Spaß. Selbstverständlich durfte ich damals auch einen Blick ins Cockpit werfen. Es war großartig, als alleinreisendes Kind so im Mittelpunkt zu stehen, so betreut zu werden und unterwegs sein zu dürfen. Der Flug verging schnell. Ich stellte mir vor, wie es wohl zuhause sein würde, was sich alles verändert hätte. Ich fragte mich, ob die Freundinnen, die ich zuvor hatte, noch immer meine Freundinnen sein wollten. Ein Briefkontakt zu ihnen bestand leider nie so recht, der Postweg machte es schwierig. Mama richtete mir jedoch immer Grüße aus und schrieb mir, was die einzelnen Mädchen so machten, welche Schulen sie besuchten und welche Spiele sie spielten. Das vermittelte mir das Gefühl, noch immer mit ihnen in Kontakt zu sein.

Wir landeten in Frankfurt. Eine nette Dame vom Bodenpersonal, ein »Rotkäppchen«, brachte mich zu meinem Anschlussflug nach Hamburg. Auf dem Flughafen in Hamburg wartete Mama bereits in der Ankunftshalle. Ich durfte das Flugzeug wieder nicht allein verlassen, ich musste warten, bis mich das nächste »Rotkäppchen« am Flugzeug im Empfang nahm. Sobald ich aber das Flugzeug verlassen hatte, war alles wieder so vertraut wie vor zweieinhalb Jahren. Die Ruhe, die bekannte Sprache, die gesamte Atmosphäre, all das kannte ich und spiegelte wider, was ich als Heimat empfand. Aus Olatunde Gbolajoko Oluwadamilare wurde in dem Moment wieder Flori, einfach nur Flori. Es war das Gefühl, nach einer langen Irrfahrt endlich wieder zurück, endlich wieder am Ziel angekommen zu sein. Ich war wieder dort, wo ich hingehörte. Es fühlte sich an, als erwachte ich aus einem langen Albtraum.

Da stand sie, meine Mama, gemeinsam mit einer Nachbarin, die mit ihr zum Flughafen gefahren war, damit sie nicht die Bahn nehmen musste. Mama hatte sich nicht verändert, sie sah noch immer so aus wie vor zweieinhalb Jahren, als wir uns so abrupt voneinander verabschieden mussten. Nur eines war anders, sie strahlte, sie freute sich, sie war glücklich und meine Mama, die ich so sehr vermisst hatte.

Oma war nicht mit zum Flughafen gekommen. Der Weg wäre für sie zu beschwerlich gewesen. Sie war etwas älter geworden, doch auch sie freute sich, mich zu sehen. Sie sprach nicht viel, ich hatte den Eindruck, als wäre das Leben und all das, was sie in den vielen Jahren ihres langen Lebens erlebt hatte, schwer für sie gewesen, als drücke es sie nieder. Dennoch, das Lächeln in ihrem Gesicht war nicht zu übersehen.

Ich hatte Hunger, auch wenn es im Flugzeug etwas zu essen gegeben hatte. Es kam mir jedoch vor, als hätte ich zweieinhalb Jahre lang nichts gegessen. Auch Mama fand, ich sähe sehr dünn, blass und ausgemergelt aus, »spack« eben. Es gab mein Lieblingsessen, Rotkohl, Kartoffeln und Brathähnchen. Ich hätte alles gegessen, was Mama gekocht hätte. Aber Rotkohl, Kartoffeln und Brathähnchen war das Ultimative, was es hätte geben können. Als Nachtisch gab es Marmorkuchen, den weltbesten. Von Mama gebacken nach einem Rezept, das sie damals auf einer Karte notiert hat. Diese Karte – schon einige Male zusammengeklebt, ein paar Fettflecken drauf – liegt heute in meinem Backbuch, noch heute backe ich nach ihr meinen Marmorkuchen.

Unsere Wohnung, sie war so klein, doch kam sie mir vor wie der Himmel auf Erden. Noch heute sehe ich mich am Fenster stehen, das vordere Zimmer betrachtend, und höre mich sagen:»Das ist wie im Paradies.« Es roch so gut, so warm, so geborgen, es roch nach zuhause. Wir packten meinen Koffer aus, vieles von dem, was ich als Kleidung mitgebracht hatte, war unbrauchbar. Mama hatte sich das bereits gedacht und mir ein paar Sachen genäht, derart geschickt, dass diese auf Anhieb passten. Manche Röcke musste sie enger machen, sie hatte nicht erwartet, dass ich derart dünn war. Ein paar andere Sachen hatte sie von der Gemeinde geschenkt bekommen, von Familien mit Kindern, die aus diesen Sachen herausgewachsen waren. Selbstverständlich brachte ich meine Puppen wieder mit, die ich vor zweieinhalb Jahren bei der Ausreise dabeihatte. Ob ich auch den weißen Teddybären hatte mitnehmen können, weiß ich leider nicht mehr. Meine Spielsachen, die übrigen Puppen, die Puppenstube, der Kaufmannsladen, der Puppenwagen, die Puppenküche, alles, wirklich alles stand noch so da, wie ich es verlassen hatte. Nur eines hatte sich verändert. Mama hatte in der Zwischenzeit tapeziert und gestrichen. Jedoch kannte ich die Tapete und auch die Farbe an der Wand. In einem ihrer Briefe hatte sie mir ein Stück Tapete und ein Stück Papier mit der Farbe geschickt.

Ich hatte nicht mit Jetlag zu kämpfen, doch verbrachte ich die nächsten Tage mehr mit Schlafen als mit etwas anderem. Der Satz: »Ich bin so müde«, fiel mehrmals täglich und begleitete mich auch noch in den nächsten Jahren.

Die folgenden Wochen sollten die schönsten der vergangenen zweieinhalb Jahre werden. Ich besuchte die Freundinnen, mit denen ich noch bis vor zwei Jahren gespielt hatte. Natürlich, das Leben zuhause war in der Zwischenzeit weitergegangen. Ich freute mich, die Freundinnen wiederzusehen, mit ihnen die Spiele von damals zu spielen und trotzdem, etwas war anders. Etwas hatte sich verändert, sie hatten sich verändert, aber auch ich hatte mich verändert. Das Leben in Lagos hatte mich verändert. Wir spielten, wir erzählten und doch nahm ich mehr die Rolle der Stillen, der Beobachtenden ein. Ich verglich das Leben, die Situationen, die Abläufe mit denen in Lagos und mir wurde noch bewusster als ohnehin schon, aus was für einer anderen Welt ich gerade zurückgekommen war.

Wir trafen die Menschen in der Kirchengemeinde, die mich ebenfalls mit viel Freude und Herzlichkeit wieder in ihrer Mitte aufnahmen. Überrascht mich zu sehen waren sie nicht, denn Mama hatte ihnen ja erzählt, dass ich käme. Es wurden Ausflüge unternommen, wir gingen in den Zoo, besuchten die Verwandten in Hamburg, fuhren nach Cuxhaven, um einen Tag am Strand zu verbringen. Wo immer es ging, nahmen wir Oma mit. Ich genoss diese Ausflüge. Bei gutem Wetter verbrachten wir auch viel Zeit in dem kleinen Garten, der wieder liebevoll hergerichtet war. Draußen zu frühstücken wurde nun wieder zu einer Selbstverständlichkeit. Auch hier gab es Ameisen, aber die waren kein Grund, wild gestikulierend auf mich einzureden.

Besonders spannend war, als wir einmal im Garten übernachteten. Was für ein Highlight. Von meiner Zeit in Nigeria wollte Mama viel erfahren. Sie wunderte sich nicht über die Erziehungsmethoden vor Ort, machte sich aber über mein Wohlergehen Sorgen. Im Laufe der vier Wochen wurde ich komplett neu eingekleidet und bekam einen eigenen kleinen Koffer. Die Tagesabläufe waren so, wie ich sie gewohnt war. Der Tag war Tag und die Nacht war Nacht. Eine Angewohnheit konnte ich jedoch auch zuhause nicht ablegen. Vor dem Frühstück musste ich erst etwas arbeiten und im Haushalt erledigen. Mama wunderte sich darüber, für mich hingegen war es inzwischen normal. Bevor es etwas zu essen gab, musste gearbeitet werden. Die erste Mahlzeit am Tag gab es dann um die Mittagszeit. Es ist bis heute eine feste Gewohnheit, die ich wohl nie mehr ablegen werde.

Diese Wochen waren wunderschön. Doch eines war klar, am Ende musste ich wieder ein Flugzeug besteigen. Es würde mich an jenen Ort zurückbringen, an dem mein kindliches Leben wieder stillstehen würde. Ich wusste auch, dass ich das nicht verhindern konnte. Einfach den Flug verfallen lassen und in Deutschland bleiben, das kam nicht in Frage. Von Mama wollte ich wissen, warum ich nicht in Deutschland, warum ich nicht bei ihr bleiben könne. Ich war erst 11 Jahre alt, die Antwort kannte ich nur zu gut, meine Eltern wollten es nicht. Mir war nicht klar warum, denn in Lagos brauchte man mich nicht und ich wiederum brauchte Lagos nicht. Fühlte sich Mama einen Moment unbeobachtet, hatte sie einen sehr traurigen Gesichtsausdruck. Manchmal kam es mir vor, als hätte sie geweint. Bemerkte sie mich, wurde sie fröhlich, zumindest versuchte sie fröhlich zu sein und mir positive Gefühle zu vermitteln. Sie hätte mich gern bei sich behalten, sagte mir jedoch, dass es selbstverständlich sei, dass Eltern ihre Kinder bei sich haben wollten. Schon damals zweifelte ich, ob sie an diese Sätze selbst glaubte oder mir das Leben nur leichter machen wollte.

Die Wochen vergingen viel zu schnell. Ich verspürte auch so etwas wie Dankbarkeit meinen Eltern gegenüber. Ich wusste, dass sie diese Reise ein Vermögen gekostet haben musste. Ich wusste, dass sie dieses Geld eigentlich gar nicht übrighatten. Ich ahnte, dass sie es sich von vielen Menschen geliehen haben mussten. Und mir war klar, dass sie es zurückgeben mussten. Heute, über vierzig Jahre später, frage ich mich, wie sie es geschafft hatten, soviel Geld zusammenzubekommen.

Sie hatten mir auch Geld mitgegeben, um Dinge in Deutschland einzukaufen, die Bestellliste von Freunden und Verwandten war lang.

In Nigeria hatte ich nicht mehr viel Kleidung, die mir passte, alles, was ich vor zweieinhalb Jahren bei der Ausreise mitgenommen hatte, war zu klein geworden. Ich war froh über die neue Kleidung, die ich nun mitnehmen konnte. Diesen kleinen Koffer, eine neue Puppe und mein einziges deutsches Buch, eine Bibel. All das war mein kostbarster Besitz, mit dem ich dann wieder am Ende der Ferien ins Flugzeug steigen sollte. Ich hatte einige Geschenke dabei, das Geld hatte nicht ausgereicht, um alles zu kaufen, was mir aufgetragen worden war.

Je näher der Tag der Abreise rückte, umso bedrückter wurden wir. Die Hoffnung, dass es sich irgendwie verhindern ließe, hatten wir beide nicht. Warum riefen sie nicht einfach an, um uns mitzuteilen, sie hätten es sich anders überlegt, ich müsste nicht mehr zurückkommen, ich könnte bleiben? Ein Telegramm wäre auch in Ordnung gewesen, so pingelig waren wir nun wirklich nicht. Leider erfüllte sich dieser Wunsch nicht. Die letzten Tage verbrachte ich damit, von allen liebgewonnenen Menschen Abschied zu nehmen. Und so fuhr uns die Nachbarin, wie geplant, mit dem Auto wieder zum Hamburger Flughafen. Mein Zuhause wieder zu verlassen, war sehr schwer. Wie vor zweieinhalb Jahren ging die Reise zurück, dieses Mal jedoch zurück in eine bekannte Fremde.

Mein schönster Traum

Wieder in Lagos angekommen, schien es so, als würden sich alle freuen, dass ich wieder »at home« war. Nur ich freute mich nicht, denn es war nach diesem Urlaub noch weniger »at home« als davor. Zeigen konnte ich das jedoch nicht. Das musste ich aber auch nicht, man merkte es mir ohnehin an.

Inzwischen war es Herbst 1978. »Mein schönster Traum« – so hieß das Thema eines Aufsatzes, den wir in der fünften Klasse schreiben sollten. Mein schönster Traum, eine schöne Vorstellung, Zeit zum Träumen. Ich beschrieb meinen schönsten Traum, den Traum, wieder für immer zurück nach Hause zu dürfen, zurück zu meiner Mama, zurück in die Umgebung, in der ich zwar äußerlich auffiel, jedoch innerlich zuhause war. Zurück dorthin, wo mich die Menschen kannten, verstanden und annahmen, so wie ich war. Ich machte mir keine Gedanken, ob meine Eltern diesen Aufsatz vielleicht lesen würden und wie sie ihn wohl fänden, ob mir dann wieder verboten würde, Briefe zu schreiben. Ich schrieb einfach auf, was mir auf meiner kindlichen Seele brannte, was in dem Moment in meiner eigenen Welt vorkam. Dieser Aufsatz wurde zu einer Beschreibung jenes Sehnsuchtsortes, von dem ich nicht wusste, ob ich ihn jemals wiedersehen würde. Ich fühlte mich verloren, wie in einem Nichts, jeden Tag neu schauend, ob es etwas gäbe, das ein wenig bekannter und vertrauter wäre.

Meine neue Klassenlehrerin las meinen Aufsatz. Er war zwar voller Fehler, aber sie verstand, was ich ausdrücken wollte und begann, sich mit mir zu unterhalten. Sie fragte mich, sie hörte mir zu, sie beobachtete mich, sie nahm mich wahr. Sie war die erste Person in diesem fremden Land, die wissen wollte, warum ich überhaupt dort war, wie es mir ging, warum ich kaum sprach, wo sich mein eigentliches Zuhause befand und was es mit dieser weißen Frau auf sich hatte, die ich in dem Aufsatz beschrieb. Diese Lehrerin nahm sich viel Zeit, um zu verstehen, was mich bewegte. Es war ihr nicht lästig, dieser kindlichen Geschichte zu folgen, die Tränen zu sehen, die Traurigkeit zu spüren. Sie nahm sich diese Zeit, für meine Gefühle, mein Heimweh, meine Trauer, es schien ihr nicht zu viel. Später sagte sie mir einmal, eine so verkümmerte kleine Seele vor sich zu sehen, habe sie erschreckt.

Das, was sie las, was sie hörte, bewegte sie, es ließ sie nicht los. Und sie fasste einen Entschluss. Sie wollte die Eltern dieses Kindes kennenlernen. Sie wollte mit ihnen sprechen, wollte ihnen erklären, dass ich in Nigeria nicht gut aufgehoben war. Sie war verständnisvoll und dennoch klar in der Sache, in dem, was sie erklärte. Diese Lehrerin war eine mutige Frau, sie mischte sich ein, sie hielt sich nicht raus. Sie vermittelte ihnen, dass es ihrer Tochter gesundheitlich nicht gut ginge, sie immer schwächer würde. Häufiges Fieber, schwere Windpocken, ein Krankenhaus, das sich weigerte, das Kind aufgrund fehlender Sprachkenntnisse stationär zu behandeln. Bandwurmbefall, der immer wiederkehrte, sowie eine Introvertiertheit, die zunehmend depressive Züge zeigte. Sie beschrieb das Verhalten des Kindes in der Schule, die Traurigkeit, die Trauer, das Heimweh, die Einsamkeit und dennoch die Stärke, die auch immer sichtbar war. Sie nahm kein Blatt vor den Mund und machte ihnen klar, dass ihre Tochter in diesem Land nicht überleben würde, dass sie besser daran täten, sie ins Flugzeug zu setzen und wieder zurück nach Hause zu schicken. Sie machte ihnen deutlich, dass es psychisch und physisch für dieses Kind in diesem Land keine Zukunft gäbe. Sie traute sich und war schonungslos ehrlich. Ich hörte sie reden, erst die Lehrerin, dann meine Eltern. Ich hatte Angst, dass es laut und aggressiv werden würde. Aber es blieb ruhig, höflich, freundlich. Meine Eltern ließen sich auf das Gespräch mit der Lehrerin ein, sie hörten ihr zu und dennoch wusste zunächst niemand, welche Folgen dieses Gespräch haben würde.

Ich erinnere mich noch gut an die Autofahrt zurück nach Hause. Meine Eltern unterhielten sich auf Yoruba über das Gespräch mit meiner Lehrerin und meine Mutter meinte zu meinem Vater, dass es wohl besser gewesen wäre, sie hätten mich von Beginn an auf eine einheimische Schule geschickt, dann hätten sie jetzt nicht dieses Theater. Wieder einmal war ich froh, dass ich die Sprache verstand, ohne dass dies den anderen bewusst war.

Das Gespräch zwischen der Lehrerin und meinen Eltern war in den nächsten Tagen und Wochen immer wieder Thema in unserer Familie. Sobald ein Verwandter die Familie besuchte, ging es darum. Ich bekam nur Bruchstücke mit, wie: Ob es wirklich besser wäre, mich ganz zurückzuschicken? Oder vielleicht doch in eine einheimische Schule? Es blieb jedoch bei diesen Abwägungen, eindeutige Aussagen oder Entscheidungen steckten nicht dahinter. Außerdem hatte ich bereits zu oft erlebt, dass das, was gesagt wurde, noch lange nicht umgesetzt werden musste.

Wie aber musste es sich wohl für meine Eltern angefühlt haben, sich von einer wildfremden Person sagen zu lassen, wie sie mit ihrer Tochter umzugehen hätten?

Wenn sie sich tatsächlich mit dem Gedanken trugen, mich wieder ganz nach Deutschland zurückkehren zu lassen, warum musste ich dann nach den Ferien überhaupt noch mal zurückkommen? Warum hatte ich nicht zuhause bleiben können? Es war das Gespräch mit der Lehrerin, das den Unterschied machte.

Es begann ein Jahr des bangen Hoffens. Meine Eltern erwogen tatsächlich die Möglichkeit, mich im Jahr darauf, im Sommer 1979, ganz nach Deutschland zurückgehen zu lassen. Sie erwogen es, das heißt, es war eine Überlegung, von der ich nicht wusste, ob es eine definitive Planung war. Sich mit mir, dem Kind, hinzusetzen, mir ihre Gedanken mitzuteilen, sich meine Gedanken anzuhören, all das gab es in dieser Form nicht. Wenn auch auf nichts sonst Verlass war, mangelnde Verbindlichkeit war stets garantiert. Und nachzufragen traute ich mich nicht. Zu groß war das Risiko, eine aus der Laune heraus formulierte Antwort zu erhalten, die negativ ausfiel.

Mit meiner Lehrerin sprach ich viel und erzählte ihr von meinen Beobachtungen. Ich blieb wachsam, hörte genau zu, filterte alle Gespräche und versuchte so, aus ihnen Schlüsse zu ziehen. Ich versuchte zu deuten, ich wartete gute Momente ab, stellte Fragen, aber stets sehr vorsichtig. Ich hörte, dass wenn ich nach Deutschland zurückgehen sollte, dies nur unter der Prämisse geschähe, stets am ersten Tag der Sommerferien sofort »home« zu kommen.

Warum sie erwogen, diese Entscheidung so zu treffen, ich wusste es nicht. Stand dahinter vielleicht die Idee, der Tradition folgend mir später meine Geschwister nachzuschicken? Das war immerhin üblich.

Dieser kleine Koffer, den ich von meinem letzten Besuch bei Mama mitgebracht hatte, war stets gepackt. Er beinhaltete meine elf Jahre Leben. Hätte man mich nachts geweckt mit der Ansage, mein Flugzeug ginge in Kürze, ich wäre bereit gewesen. Bekamen meine Eltern mal wieder ihre Anwandlungen und untersagten mir, Briefe nach Hause zu schreiben, so hatte ich in der Lehrerin nun eine Verbündete. Meine Briefe wurden verschickt und auch ich erhielt regelmäßig Post. Meine Eltern wussten von diesem Deal nichts, wozu auch?

In der Schule kam ich mehr schlecht als recht mit. Das Jahr verging und jeden Tag suchte ich nach Anzeichen dafür, dass ich tatsächlich »home« verlassen und nach Hause zurückdurfte, nach Deutschland. Zwischendurch war es mir sogar möglich, Mama anzurufen. Das war sehr aufwendig, weil wir in eine Art öffentliche Telefonzentrale gehen mussten, außerdem war ein Gespräch unsagbar teuer. Aber jede Minute war kostbar.

Ich sollte zuhause zur Schule gehen, hieß es auf einmal, und ich sollte dort wieder mit meiner Mama und Oma in meiner gewohnten Umgebung leben dürfen. Allerdings unter der Bedingung, am ersten Tag der Sommerferien sofort ins Flugzeug zu steigen und »home« zu kommen. Dass das geschah, darum wollten sich meine Eltern kümmern. Inzwischen war ich 12 Jahre alt. Aber es war klar, meine Eltern hatten das letzte Wort, noch. Und warum sollte ich mich ihnen widersetzen, durfte ich doch vielleicht zurück nach Hause.

Täglich überprüfte ich meinen kleinen Koffer, um sicherzustellen, dass auch all meine Habseligkeiten darin noch vorhanden waren. Er stand auf einem kleinen Hocker in dem Schlafzimmer, das wir Kinder uns teilten. Meine Wäsche wusch ich selbst von Hand, ließ sie trocknen und legte sie wieder ordentlich gefaltet, so wie ich es von Mama gelernt hatte, zurück in den Koffer.

Meine Lehrerin fragte mich regelmäßig nach dem Stand der Dinge, aber ich konnte nur ahnen, die Zeichen deuten und hoffen.

Das Leben »at home« ging seinen gewohnten Gang. Wobei, etwas sollte sich ändern. Wir erfuhren, dass wir ein neues Familienmitglied bekamen. Kein Cousin, keine Cousine, keine kleine Tante oder kleinen Onkel. Ein neues Geschwisterchen sollte im Juli 1979 das Licht der Welt erblicken. Das war spannend und ein kleines Baby in der Familie machte auch viel Freude. Dennoch hoffte ich weiterhin inständig, bald nach Hause fliegen zu können.

Die Sommerferien 1979 rückten näher und damit auch der Zeitpunkt meiner Abreise. Alle Anzeichen verdichteten sich, dass ich tatsächlich nach Hause fliegen durfte, unter Bedingungen. Die Bedingungen kannte ich inzwischen auswendig, ja, natürlich, ich komme auch sofort »home«.

In der Schule verabschiedete ich mich von meiner Klasse. Meine Klassenlehrerin sagte mir Lebewohl in der Hoffnung, dass ich das neue Schuljahr wirklich in Deutschland beginnen könne. Wir wollten in Kontakt bleiben. Erst einmal wurde aber das neue Familienmitglied geboren, ein Junge. Gemäß der Tradition hieß der Kleine die ersten vierzig Tage nur »Baby«.

Und tatsächlich, die Abreise stand nun bevor. Ich bekam viele gute Tipps mit auf den Weg, um mein Leben in der Fremde, »far away from home«, zu meistern. Dabei sah ich es genau andersherum. Ich war in der Fremde und ging zurück nach Hause. Warum verstanden das die Menschen um mich herum nicht?

Im Nachhinein denke ich, wie sollten sie. Nicht, dass sie nicht wollten, sie konnten es nicht verstehen. Dieses komische Mädchen mit seinem komischen Verhalten überforderte sie. Später erfuhr ich, dass es nicht unüblich war, seine Kinder, wenn man in Europa lebte, dort in die Obhut europäischer Pflegefamilien zu geben und die Kinder von diesen erziehen zu lassen. Holten die leiblichen Eltern die Kinder wieder zurück zu sich in die Familie, wurde daraus kein Aufheben gemacht. »Blood is thicker than water«, lautete die Devise. Was die Kinder und ihre Bezugspersonen fühlten, die mitunter jahrelang wie eine Familie zusammengelebt hatten, wurde wenig bis gar nicht bedacht.

Würde mich jemand Weißes komisch ansprechen, sollte ich antworten: »Du deutsches Schwein«, war der Tipp eines älteren Verwandten. Zum Glück hatte ich eine sehr kluge Mama, der ich nach meiner Ankunft von diesem Ratschlag berichtete. Sie sah mich liebevoll an und entgegnete ruhig: »Nein, mein Kind, so etwas sagen wir nicht.«

Der Flug sollte wieder abends starten. Ich musste einige mehr oder weniger religiöse Rituale über mich ergehen lassen. Ich aß seltsame, ungenießbare, »religiös« zubereitete Speisen, die mich auf meinem Weg begleiten und beschützen sollten. Meine Mutter war eine Anhängerin sämtlicher religiöser Glaubensgemeinschaften, die es in der Umgebung gab. Ich ertrug das alles, Hauptsache bald weg von hier. Alle hatten irgendwelche guten Ratschläge, die ich mir brav nickend anhörte. Ich wusste, die Menschen meinten es gut mit mir. Sicherlich fiel es ihnen nicht leicht zu verstehen, warum dieses Kind wegwollte, weg von seinen Eltern, weg von seiner Familie, weg aus seiner vermeintlichen Heimat.

Am Tag der Abreise bekam ich Taschen, bepackt mit Geschenken und Lebensmitteln für meine Mama, Oma und ihre Freundinnen. Das entsprach dem Brauch. Egal, wie viel oder wenig Geld man besaß, mit leeren Händen ging man nirgendwo hin und kam auch nirgendwo an. Noch heute sehe ich den genervten Gesichtsausdruck des nigerianischen Zollbeamten beim Anblick meiner Tasche vor mir. Sonderlich überrascht schien er ob des Inhalts nicht. Der Weg aus Nigeria war also nicht dramatisch. Wie jedoch würden die Beamten in Deutschland reagieren, wenn sie in die Taschen schauten?

Mit einer riesigen Entourage ging es zum Flughafen. Ich hatte den Eindruck, dass alle Verwandten, die uns vor dreieinhalb Jahren vom Flughafen abgeholt hatten, nun wieder dabei waren. Nein, es schienen eindeutig noch weit mehr zu sein. Von jedem empfing ich weitere gute Ratschläge, Tipps und Hinweise. Sie meinten es gut, sie machten sich Sorgen, das habe ich damals schon begriffen. Ich wollte jedoch nur eines, rein in das Flugzeug, Tür zu, und ab geht's. Aber es dauerte eine halbe Ewigkeit.

Wie es meinen Eltern wohl an dem Abend erging? Ich weiß es nicht. Was mögen sie gedacht haben? Ich weiß es nicht. Es ging um meine Leistungen, die ich in Deutschland zu erbringen hatte, um Zeugnisse, die ich zu schicken hätte und um Noten, die brillant zu sein hätten. Aber waren sie traurig? Wenn ich mir vorstelle, mein eigenes Kind auf eine solche Reise zu schicken – wobei, ich muss es mir nicht vorstellen, ich hätte und habe mein Kind nie weggegeben, denn es kam immer an erster Stelle.

Später sollte ich von meiner Mutter und einem meiner Brüder erfahren, sie hätten mir gegenüber immer ein schlechtes Gewissen gehabt, dass sie mich »alleine« in ein fremdes Land geschickt hatten. Verdrehte Welt, denn sie schienen nie wirklich die Realität, meine Realität, verstanden zu haben. Sie haben mich nach Hause geschickt zu der Frau, die mich liebte, und mich nicht in ein fremdes Land verstoßen. Sich sieben Jahre lang sporadisch um mich zu kümmern, das mag für manche falsch gewesen sein, für mich war es nicht schlimm. Mich mitzunehmen, damals im Februar 1976, das war aus meiner kindlichen Sicht mehr als nur falsch. Mir bei jeder Gelegenheit zu verbieten, nach Hause zu schreiben, das war mehr als nur falsch. Teile meiner Sachen zu verschenken, um sich damit bei anderen beliebt zu machen, das war mehr als nur falsch. Mich jedoch ins Flugzeug zu setzen, um mich dahin gehen zu lassen, wo meine Seele zuhause war, das war die einzig richtige Entscheidung, die meine Eltern, neben der Wahl meines ersten Vornamens, jemals getroffen haben. Letztlich stellte dieser Schritt die logische Konsequenz und Fortsetzung jener Entscheidung dar, die sie im Februar 1969 getroffen hatten.

Ich verabschiedete mich, es flossen Tränen – bei ihnen, nicht bei mir. Es erfolgte eine letzte Erinnerung, dass ich am ersten Tag der nächsten Sommerferien sofort »home« zu kommen hätte. Ich nickte gehorsam, drehte mich um und ging mit der netten Dame, die mich ins Flugzeug begleiten sollte. Endlich!

Endlich war ich im Flugzeug, als alleinreisendes Kind hatte ich das Privileg, als erstes an Bord gebracht zu werden. Gott sei Dank, ich saß auf meinem Platz, ein Stück der Heimat näher. Die anderen Passagiere kamen, dann wurde die Tür geschlossen, es konnte losgehen. Meine größte Angst war, dass etwas dazwischenkäme, es sich meine Eltern im letzten Moment anders überlegen könnten, ihrer Willkür freien Lauf ließen. Da bemerkte ich plötzlich, dass eine meiner Taschen fehlte, die große mit den Geschenken. Ich machte eine Flugbegleiterin darauf aufmerksam, hatte aber kein sonderliches Interesse, dass man nach dieser Tasche suchte. Ich brauchte sie nicht, ich wollte nur abfliegen. Die Crew war sehr nett, wollte, dass ich alles hätte, was ich für meine Reise bräuchte. Das Flugzeug wartete, man ließ die fehlende Tasche holen, was eine gefühlte Ewigkeit dauerte. Man verstaute nun auch noch das letzte Gepäckstück und dann endlich, das Flugzeug rollte los – dem Himmel sei Dank!

Das Flugzeug nahm an Geschwindigkeit zu, raste über die Startbahn und stoppte relativ abrupt. Da ich das schon einmal erlebt hatte, empfand ich es als normal, lehnte mich in meinen Sitz zurück und genoss die Situation. Dass wir gerade einen Startabbruch erlebt hatten, etwas, das bei niemandem und schon gar nicht bei der Crew ein Gefühl des Hochgenusses hervorruft, sollte ich erst Jahre später lernen. In dem Moment war ich nur glücklich, erfüllt von einem Gefühl der Freiheit. Ich durfte zurück in mein Leben. Aus Olatunde Gbolajoko Oluwadarmilare durfte, zumindest für die kommenden elf Monate, wieder Flori werden.

Wir landeten in Frankfurt am Main, ich wurde abgeholt und zum nächsten Flugzeug nach Hamburg gebracht. Ich fühlte mich wie eine routinierte kleine Jetsetterin. Am Flughafen in Hamburg wartete meine Mama. Wenn ich daran denke, verspüre ich noch heute dieses unfassbare Gefühl, endlich wieder ganz zuhause zu sein und nicht nur für vier Wochen. Ich hatte mich nie getraut, wirklich darauf zu hoffen. Natürlich sah ich fremd und exotisch aus in meiner Kleidung, fremder und exotischer als im Jahr zuvor. Man hatte mich ausstaffiert, aber das war in jenem Moment egal. Ach ja, und der Zollbeamte schaute nicht schlecht, als er meine Tasche inspizierte, sagte jedoch nichts und ließ mich ziehen.

Zuhause in Buxtehude freute ich mich auf die Wohnung, in der all meine Sachen auf mich warteten. Meine Eltern riefen an, um sich zu erkundigen, ob ich sicher angekommen wäre. Danach machte ich an jenem Punkt weiter, an dem ich im Sommer zuvor aufhören musste. Nachdem meine Koffer ausgepackt, die Geschenke verteilt und die Lebensmittel auf Brauchbarkeit überprüft worden waren, hatte ich nur noch einen Plan, ich wollte meine Puppen in meinen Puppenwagen setzen und damit spazieren fahren. Aus heutiger Sicht eine seltsame Vorstellung, ein zwölfjähriges Mädchen, das einen Puppenwagen durch die Straßen schiebt. Im

Nachhinein erfuhr ich, dass meine Umgebung dies tatsächlich etwas komisch und nicht altersgemäß fand, mich jedoch gewähren ließ, möglicherweise aus Mitleid mit dem gerade zurückgekehrten, viel zu dünnen und mangelernährt aussehenden Mädchen. Meine Mama sagte nichts, ihr war wohl bewusst, dass es Dinge gab, die es einfach nachzuholen galt.

Ich kam in die sechste Klasse einer Orientierungsstufe und traf viele Klassenkameraden meiner Grundschulzeit wieder. Die Orientierungsstufe war mein Segen, denn die Leistungen, die ich aus Nigeria mitbrachte, entsprachen, hätte ich eine weiterführende Schule besuchen müssen, eher dem Niveau einer Förderschule. So aber konnte, beziehungsweise musste ich in allen Fächern mit den untersten Niveaustufen, dem C-Kurs, beginnen, mit der Option, je nach Leistung in die höheren Stufen aufsteigen zu können.

Vieles hatte sich verändert, ich hatte mich verändert, auch wenn ich nach wie vor eher still und in mich gekehrt war und sehr froh darüber, wieder dort zu sein, wo ich nun war. Mit meinen zwölf Jahren hatte ich meine eigene Sicht auf das Leben.

Ich wunderte mich über Kinder, die ihr Pausenbrot aufklappten, um es dann verächtlich in den Müll zu werfen. Ich verstand nicht, warum nicht verdorbenes Essen weggeworfen wurde, in Nigeria war ich froh um jede Mahlzeit gewesen, die es gab und die mich satt machte. Ich holte vieles nach, auch was das Essen betraf. Ich liebte frische Brötchen mit Butter und Nussnugatcreme und freute mich in jeder Schulpause darauf. Ich hatte Hunger und aß viel. Ich verstand jedoch nicht, dass während einer Schulstunde mein Brötchenkonsum im Zusammenhang mit hungernden Kindern in Afrika thematisiert wurde. Ein Mitschüler meinte, ich möge doch weniger Brötchen essen. Das würde helfen, für die Kinder in Afrika zu sparen. Noch mehr wunderte es mich, dass die Lehrerin auf seine Bemerkung einging und ihm beipflichtete.

Was meine Brötchen mit den hungernden Kindern in Afrika zu tun hatten, konnte mir auch meine Mama nicht erklären. Schließlich aß ich sie auf und warf sie nicht weg. Warum die täglich weggeworfenen Brote der anderen Kinder niemanden interessierte, fragte ich mich umso mehr. Mit meinen zwölf Jahren, einen

Puppenwagen schiebend, spürte ich zum ersten Mal, wie heuchlerisch manche Menschen doch waren. Wie heuchlerisch dieser Junge war und noch heuchlerischer diese Lehrerin, heuchlerisch und ungerecht. War diesen Menschen an den hungernden Kindern in Afrika gelegen oder daran, sich über mich zu stellen als vermeintliche Gutmenschen? Wie kamen sie dazu, mir erzählen zu wollen, wie es den Kindern in Afrika ergeht? Kannten sie welche? Waren sie dort gewesen? War ihnen klar, dass Afrika ein Kontinent ist, in seiner Unterschiedlichkeit kaum zu überbieten? War ihnen bewusst, dass es nicht das hungernde afrikanische Kind gab? Wussten sie, dass dieser Kontinent einer der facettenreichsten ist, den man sich vorstellen kann?

Es ärgerte mich damals mit meinen zwölf Jahren, und es ärgert mich heute noch. Es war eine Beobachtung, die nicht die einzige dieser Art bleiben sollte. Menschen meinten, mich über meine vermeintliche Heimat aufklären zu müssen, ohne jemals einen Fuß auf diesen Kontinent gesetzt zu haben. Sie meinten, wenn sie etwas über Afrika wüssten, wüssten sie über jedes einzelne dieser Länder Bescheid. In ihren Augen aß man afrikanisch, sprach man afrikanisch und benahm sich afrikanisch. So einfach war das – in ihren Augen.

Noch heute glauben Menschen, mein afrikanisches Leben, meine afrikanische Biografie deuten oder gar interpretieren zu können. Meine Biografie, die mich ihrer Meinung nach so empfindlich sein lässt, muss herhalten, um Konflikte schnell zu erklären und einfach vom Tisch zu wischen. Und wie steht es mit der Selbstwahrnehmung dieser Menschen? Sich selbst in Frage zu stellen, dafür gibt es keinen Anlass.

Ich wunderte mich, dass Erwachsene es duldeten, wenn ihnen ihre Kinder, während sie sich unterhielten, ins Wort fielen, sie unterbrachen und damit versuchten, die Aufmerksamkeit auf sich zu lenken. Etwas, das in Nigeria undenkbar war. Sprachen Erwachsene, hatten sich die Kinder zurückzuhalten, still zu sein. Einfach loszuplappern, seine Meinung kundzutun, und das auch noch ungefragt, das gab es dort nicht, zumindest nicht in unserer Familie. In den dreieinhalb Jahren dort war mir dieses Verhalten in Fleisch und Blut übergegangen. Niemals hätte ich es gewagt, einfach dazwischenzureden, wenn Erwachsene sich unterhielten; eine Angewohnheit, die sich bei mir bis ins Erwachsenenalter halten und oft genug zu meinem Nachteil ausgelegt werden sollte.

Die Schulzeit war nicht einfach. Als Voraussetzung dafür, dass ich in Deutschland bleiben durfte, hatten meine Eltern eine Bedingung gestellt, ich musste das Gymnasium besuchen. Schließlich sollte ich Medizin studieren. Ich hatte, wie in allen Bereichen, auch schulisch sehr viel nachzuholen. Mehr denn je sollte deshalb das Lernen in der Schule fortan meinen Alltag bestimmen. Ich brauchte viel Unterstützung, denn mir fehlte sehr viel schulisches Wissen. Aber wie sollte ich innerhalb eines Schuljahres all das nachholen, was ich in dreieinhalb Jahren verpasst hatte? Das war auch meiner Mama bewusst und wir überlegten, wie wir es meinen Eltern erklären könnten.

Nach Abschluss der sechsten Klasse musste eine Entscheidung hinsichtlich der weiterführenden Schule gefällt werden. Wäre es nach Mama gegangen, hätte ich zunächst die Hauptschule besucht. Was auf die neunte Klasse folgte, sollte sich dann zeigen. Ich war mit dieser Entscheidung zufrieden, etwas anderes konnte ich mir selbst nicht vorstellen. Nicht, dass es mir egal war, welchen Schulabschluss ich einmal erreichte. Wichtig war mir nur, dass ich damit Flugbegleiterin werden konnte. Das sagte ich auch meiner damaligen Klassenlehrerin, die übrigens nicht die Brötchenzählerin war, und erklärte ihr, dass der Wechsel auf die nahegelegene Hauptschule in Ordnung für mich wäre, da ich ohnehin Flugbegleiterin werden wolle. Sie reagierte überrascht. Ich fragte mich, ob ich nun wieder belehrt werden sollte, dass es doch besser für meine Heimat wäre, Medizin zu studieren, denn schließlich bräuchten meine Landsleute Hilfe. Doch dieses Mal sollte ich mich täuschen.

Meine Lehrerin bestand darauf, meine Mama unverzüglich zu einem Elterngespräch in die Schule einzuladen. Mama war sehr aufgeregt vor diesem Gespräch, wusste sie doch, dass ich mich in der Schule schwertat. Stand es derart schlecht um meine Leistungen? Sollte ich nun doch eine Förderschule besuchen? Ich selbst durfte an dem Gespräch nicht teilnehmen. Dieses Gespräch sollte jedoch für uns eine weitere Überraschung darstellen. Der Lehrerin war klar, dass ich mindestens Realschulniveau hätte, mit anschließendem Besuch des Gymnasiums, um das Abitur zu machen. Den direkten Wechsel auf ein Gymnasium hätte sie sich ebenfalls vorstellen können, wollte jedoch das Risiko einer Überforderung nicht in Kauf nehmen. Alles andere, bis auf den Besuch einer Realschule, war jedoch aus ihrer Sicht verschwendetes Potenzial. Ich erinnere mich noch gut, wie stolz Mama war. An dem Nachmittag gab es Eis zum Nachtisch. Für meine Eltern war der Besuch einer Realschule indiskutabel, aber wir verkauften es ihnen als den ultimativen Erfolg.

Die Monate vergingen und trotz der Schule, die alles dominierte, genoss ich mein Leben sehr. Ich fühlte mich wieder dazugehörig, auch wenn ich das äußerlich natürlich nie war. In Nigeria, mit der gleichen Hautfarbe wie alle anderen auch, kam ich mir verloren und fremd vor. Dass ich zuhause in Buxtehude durch meine Hautfarbe überall herausstach, fiel mir selbst nicht weiter auf. Es wurde mir nur dann bewusst, wenn mich jemand auf meine Herkunft ansprach.

Ich glaube, dass andere sich mehr Gedanken über meine Hautfarbe und die damit möglicherweise verbundenen Nachteile machten als ich selbst. Manche meinten gar, mich »aufmuntern« zu müssen, indem sie mir deutlich machten, dass ich ja nichts dafürkönne, Schwarz zu sein, und ich auch gar nicht so Schwarz wäre, von daher hätte ich ja noch Glück. Ich empfand keine Nachteile, ich fühlte mich nicht schlecht. Die Phase, in der ich lieber eine weiße statt meiner braunen Hautfarbe gehabt hätte, war erstmal vorbei. Auch vermisste ich meine Eltern und Geschwister nicht. Zuhause ist dort, wo Liebe ist. Wo ich war, war Liebe, also war ich zuhause.

Komischerweise wurde ich auch hier immer wieder gefragt, ob ich nicht Medizin studieren wolle, um dann »meinen Leuten zuhause« helfen zu können. Mein Verneinen konnten nur die Wenigsten akzeptieren. Stattdessen fingen sie an mir, einer Zwölfjährigen, darzulegen, warum ich das aber zu tun hätte. Mit zunehmendem Alter begegnete ich diesen Diskussionen gelassen, ich sah zu, wie sich mein Gegenüber buchstäblich in die Thematik hineinsteigerte. Es blieb mir unbegreiflich, dass andere sich – ohne mein Zutun – derart für meine Berufswahl ereifern konnten.

Mit meinem Leben in Nigeria war ich dennoch unterbewusst verbunden und bin es bis heute. Ich spürte, wann Briefe meiner Eltern ankommen würden oder ob sie vorhatten, anzurufen. Ich konnte es immer im Voraus sagen. Es gab dafür keine sachliche Erklärung, es war einfach so, ich spürte es und so traf es auch ein. Mama fragte nicht warum, sie zweifelte mein Gespür auch nicht an. Sie akzeptierte es und wartete auf die Dinge, die eintraten. Und sie traten ein, genauso so, wie ich sie vorhergesagt hatte. Nicht, dass ich mich über einen Kontakt mit meinen Eltern freute, aber so waren wir vorgewarnt und konnten uns emotional darauf einstellen. Auch in Nigeria hatte es solche Situationen der Vorhersehung gegeben.

Wir Kinder waren wieder einmal nachts allein zu Hause, als meine Schwester das Essen auf dem Gasherd vergaß. Das Essen verkohlte, Rauchschwaden breiteten sich in Windeseile in der Wohnung aus. Rauchmelder gab es keine, wir schliefen. Auf einmal rüttelte mich jemand an der Schulter und weckte mich auf, ich sah die Rauchschwaden und meine Geschwister, die um mich herum schliefen. Wer hatte mich geweckt? Bis heute weiß ich es nicht. Jedenfalls weckte ich meine Schwester, die das Schlimmste noch verhindern konnte. Die Küche war kohlenrabenschwarz, der Kochtopf kaputt.

Als ich 1978 die Sommerferien bei meiner Mama verbrachte, erzählte ich ihr, dass ich ein Geschwisterchen bekäme. Keine Ahnung, woher ich das wusste. Meine Mutter wusste jedenfalls von dieser Schwangerschaft noch nichts, denn mein Bruder sollte erst im Juli 1979 zur Welt kommen.

Keine Ahnung, warum ich diese Dinge spürte. In unserem Alltag spielte das keine Rolle, wir hinterfragten es nicht, es gehörte dazu.

Ich hatte Freundinnen in der Nachbarschaft. Auch die Freundin meiner Mama, die damals im Februar 1969 an meinem ersten Tag mit ihrer Pflegetochter bei uns war, lebte noch immer dort.

Das Jahr verging, die Sommerferien nahten. Ich wusste, es war nicht nur der Wunsch, sondern der Wille meiner Eltern, dass ich die gesamten Sommerferien in Nigeria verbrachte. Natürlich hoffte ich sehr, dass sie das Geld für den Flug nicht auftreiben konnten und sich ihr Plan somit nicht umsetzen ließ. Doch es sollte anders kommen. Eines Vormittages fiel Mama im Eingang unseres Mehrfamilienhauses zwischen vielen Werbeprospekten ein Brief auf, der das Logo einer großen deutschen Fluggesellschaft trug. Sie war sehr verwundert, denn Post hatte dort nicht zu liegen, sondern musste vom Postboten in die Briefschlitze der Wohnungen geworfen werden. Was also machte dieser Brief im Eingangsbereich des Hauses und zudem zwischen der ganzen Werbung? Sie schaute sich den Brief genauer an und sah, dass er an uns adressiert und bereits halb geöffnet war. Heraus schaute ein Flugticket Hamburg – Lagos. Da war es also, das Ticket in die unwillkommenen Ferien. Das Ticket, von dem ich hoffte, dass es nicht gekauft werden konnte und nie ankommen würde. – Doch wo war der Rückflug?

Am Telefon erklärten mir meine Eltern, dass sie das Rückflugticket zu gegebener Zeit kaufen würden und versprachen, dass ich pünktlich zu Schulbeginn wieder zuhause, also in Buxtehude, wäre. Es ließ sich also nicht vermeiden, ich musste nach Lagos, ob ich wollte oder nicht. Natürlich klammerte ich mich an ihr Versprechen, aber ich kannte auch meine Eltern.

Was, wenn ich doch nicht wieder zurück nach Hause durfte? Was, wenn sie das Geld nicht rechtzeitig zusammenbekämen? Was, wenn alles schiefging?

Mama bereitete alles vor, kaufte Geschenke und arbeitete die Wunschliste meiner Eltern ab, die sie telefonisch durchgaben. Von Lebensmitteln bis Kopfkissen war alles dabei. Wir taten unser Bestes, die Dinge zu besorgen, und so machte ich mich im Juli 1980 wieder auf den Weg nach Lagos. Ich war tapfer, doch fiel mir die Reise schwer. Ich wollte dort nicht hin, Nigeria interessierte mich nicht.

Der Flug war ruhig, doch konnte ich ihn nicht so genießen wie vor einem Jahr auf meinem Weg zurück nach Hause. Ich wollte nicht in dieses Land, in dem ich mich nicht wohlfühlte, zu den Menschen, die ich kaum begriff und die auch mich nicht verstanden. Ich fühlte mich fremdbestimmt, musste tun, was andere wollten, ohne gefragt zu werden. Ich fühlte mich in meinem Leben gestört, hatte für den Sommer andere Pläne, wollte mit meinen Freundinnen Zeit verbringen und die Ferien genießen. Aber ich war ein Kind, ich hatte keine Wahl und keine eigene Entscheidungsfreiheit.

Wieder wurde ich von einer Flugbegleiterin hinausbegleitet. Wir standen am Zoll. Durch die geöffnete Tür sah ich bereits meine Mutter, die mich ebenfalls erblickte und anfing, laut meinen Namen zu rufen. Es war merkwürdig zu sehen, dass sie sich zu freuen schien, ich diese Freude jedoch nicht erwidern konnte. Nur durfte ich das nicht zeigen. Nicht, weil ich Angst vor Bestrafung gehabt hätte. Nein, es wäre einfach unhöflich gewesen. Mama hatte wieder viel mit mir gesprochen. Sie hatte mir erklärt, was in meinen Eltern in den vergangenen dreizehn Jahren vor sich gegangen sein mag. Sie hatte versucht, mir zu erklären, warum das Leben in Nigeria so anders war als zuhause in Buxtehude. Mama hat versucht, mir beizubringen, Verständnis für die Entscheidungen und Verhaltensweisen meiner Eltern zu entwickeln, indem sie immer positiv über sie sprach. Und dennoch merkte ich, dass es auch ihr nicht immer leichtfiel, das Handeln meiner Eltern nachzuvollziehen.

Ich ging durch den Zoll und in die Ankunftshalle. Da standen sie alle und freuten sich. Es erwarteten mich wieder viele Verwandte, auch einige, die ich bis dahin noch nie gesehen hatte. Meine Geschwister waren innerhalb dieses einen Jahres richtig groß geworden. Mein kleiner Bruder, dessen Geburt ich zwei Jahre zuvor vorausgesagt hatte, war kein zarter Säugling mehr, sondern ein niedlicher kleiner Brocken.

Und da stand ich nun wieder, in dieser anderen Welt, die mir so fremd war. Ich wurde gedrückt und herumgeschoben, alle wollten sehen, ob es mir in dem Jahr auch gut ergangen war. Auf einmal empfand auch ich Freude. Denn in spätestens sechs Wochen würde ich wieder dort stehen und mich verabschieden können. Von diesem Moment an zählte ich die Tage rückwärts.

Meine Eltern waren zwischenzeitlich umgezogen. Auf der langen Autofahrt vom Flughafen zur Wohnung erklärte mir meine Mutter die Verhältnisse der neuen Wohnumgebung. Sie beschrieb, wer in welchem Zimmer schlief und dass ich als Besuch ein Bett für mich allein haben würde. Das fand ich sehr nett. Sie stellte auch die Situation in der neuen Nachbarschaft dar. Sie gab mir genaue Anweisungen, welche Nachbarn ich grüßen durfte und welche ich tunlichst zu ignorieren hätte. Das fand ich sehr lustig. Meine Mutter schien ein großes Talent darin zu haben, sich innerhalb kürzester Zeit mit Menschen zu verfeinden, selbst wenn diese zuvor ihre besten Freundinnen gewesen waren.

In ihren Streit versuchte sie mich hineinzuziehen, sodass ein Briefing unerlässlich war. Mit meinen dreizehn Jahren vermochte ich aber nicht, alle Zusammenhänge zu durchblicken oder gar zu beurteilen. Ich fühlte mich benutzt, etwas, das ich bis heute nicht leiden kann. Ich hatte gelernt, Menschen in der Nachbarschaft zu grüßen und sie nicht absichtlich zu ignorieren. So waren mir die Anweisungen meiner Mutter egal. Ich kannte diese Menschen nicht und nahm mir vor, sie selbstverständlich zu grüßen, auch wenn das meiner Mutter missfallen sollte.

In der neuen Wohnung angekommen, packte ich die Geschenke aus und verteilte sie. Mein Vater beobachtete das Ganze sichtbar unzufrieden und kommentierte es abschließend mit den Worten: »Man sieht überhaupt nicht, dass du aus Deutschland kommst.« Diesen Satz habe ich heute noch im Ohr. Es war nie leicht, ihn zufrieden zu stellen, es war ihm wichtig, nach außen zu glänzen, egal, was sich dahinter verbarg. Natürlich bedurfte es auch einer großen Erklärungskunst, meinen Eltern zu vermitteln, warum ich nicht den Übergang auf das Gymnasium geschafft hatte. Sie machten mir klar, dass ich so schnell wie möglich die Schule zu wechseln hatte.

Die Tage in Lagos vergingen. Meine Schwester hatte den Haushalt zu bewältigen, sie war zusammen mit den Cousinen, die bei uns lebten, für alles verantwortlich. Ich mochte sie, sie hatte eine gute Seele, und sie tat mir leid. Zwölf Jahre hatte sie ohne unsere Eltern gelebt, bis diese plötzlich wieder vor ihr standen. Sie war eine lebenslustige Person und hatte sich auch in ihren jungen Jahren nie unterkriegen lassen. Ihr gilt bis heute meine größte Bewunderung. Sie ist eine erstaunliche Frau.

Ich kümmerte mich um meine zwei jüngsten Brüder, besonders der zweitjüngste war mit seinen viereinhalb Jahren sehr süß. Ein ruhiges Kind, das auch auf Bildern einen fast nachdenklichen Eindruck machte.

Meine größte Sorge galt meinem Rückflug. Wann würden sie das Ticket kaufen, wann konnte ich zurück nach Hause fliegen?

Dies anzusprechen war heikel. Schließlich wollte ich ihnen nicht allzu deutlich zu verstehen geben, dass ich so schnell wie möglich zurückwollte.

Aus heutiger Sicht kann ich es nachvollziehen, ihnen fehlte schlicht das Geld. Ich möchte nicht wissen, von wem sie es sich damals geliehen hatten und wie sie die Schulden zurückbezahlten. Es war eine Investition in ein Projekt, aus dem es nie eine Rendite geben sollte. Aber das wusste zu jenem Zeitpunkt niemand, noch nicht einmal ich selbst.

Ich kam jedenfalls nicht pünktlich in Deutschland an. Das Schuljahr hatte schon längst wieder begonnen, als ich am Hamburger Flughafen landete. Nun wusste ich, was die nächsten Jahre auf mich zukommen würde.

Eine normale Jugend

Ich kam in die siebte Klasse der Realschule Süd in Buxtehude. Das Lernen fiel mir nun etwas leichter, die großen Wissenslücken waren geschlossen. Ich musste dennoch sehr viel lernen und immer fleißig sein. Im Laufe der kommenden Jahre sollte ich feststellen, dass nicht nur meine Eltern ihre Bedingungen an meine Leistungen knüpften.

Mit meiner Mama und meiner Oma führte ich ein ganz normales Leben. Zumindest fühlte es sich für mich normal an. Wir lebten nach wie vor in der kleinen Zweizimmerwohnung. Oma lebte im Haus gegenüber, ihre Wohnung war noch kleiner, hatte kein Bad, die Toilette war auf dem Gang und musste mit dem jeweiligen Flurnachbarn geteilt werden. Mama arbeitete weiterhin als Schneiderin, hatte ihre Stammkundinnen, dennoch lebten wir von der Hand in den Mund. Meine Eltern hatten nach wie vor kein Geld, um ihr regelmäßig Pflegegeld zu überweisen. Also ernährte uns Mama von dem, was sie durch ihre Schneiderarbeit einnahm, und das war nie viel. Über das Notwendigste hinaus konnten wir uns nichts leisten. Für mich war es dennoch ein schönes Leben, denn es war kein Vergleich zu dem, was ich in Nigeria kennengelernt hatte. Ich wurde satt und war wieder da, wo ich innerlich hingehörte, das war das Wichtigste.

Solange Oma lebte, unterstützte sie uns mit ihrer kleinen Rente, dafür kümmerte sich Mama Tag und Nacht um sie. Da sie genau gegenüber wohnte, konnten wir uns gegenseitig in die Fenster schauen. Wenn immer Oma etwas brauchte, rief sie den Namen meiner Mama aus dem Fenster. Mama rannte dann zu ihr rüber, um zu schauen, was los war. Es schien nicht immer dringend, für Oma jedoch wichtig genug. Oma rief, Mama rannte, so ging es Tag aus, Tag ein. Die Nachbarn kannten dieses Ritual bereits und fragten sich, warum Mama das mitmachte. Auch ich fing an mich zu fragen, warum Oma glaubte, dass Mama stets Gewehr bei Fuße stünde. Hatte Mama kein Recht auf ein eigenes, selbstbestimmtes Leben? Ja, Oma war alt und sie brauchte unsere Hilfe, dennoch konnte sie einige Dinge noch immer selbst erledigen. Mama wehrte sich nicht, sie rannte. Immer und ständig, auch das verstand ich nicht. Sie fühlte sich ihrer Mutter verpflichtet, so war es nun mal, unser Leben richtete sich nach Oma. Manchmal machten Nachbarn eine Bemerkung. Sie rieten Mama, sich auch um ihr eigenes Leben zu kümmern, sich zu verabreden, Freundinnen zu treffen, einen Mann kennenzulernen. Aber Mama waren diese Gespräche unangenehm. Sie begründete ihre Lebensweise mit dem Zweiten Weltkrieg, den sie als Jugendliche miterleben musste. Sie berichtete vom frühen Tod ihres Bruders, wie sie und ihre Schwester gemeinsam mit den Eltern aus ihrer Heimatstadt Stettin geflohen waren und in Buxtehude landeten. Die Männer ihres Alters seien im Krieg gefallen, und sie hätte sich eben um ihre Eltern kümmern müssen, jetzt nur noch um ihre Mutter. Das Gespräch schloss sie dann meist damit, dass sie deshalb ihr eigenes Leben hintenanstelle. Und wenn jemand anmerkte, dass aber auch ich irgendwann aus dem Haus ginge und deshalb die Gefahr bestünde, dass sie einsam zurückbliebe, wiegelte sie stets ab. Sie entgegnete davon tief überzeugt: »Meine Flori verlässt mich nicht, die geht nicht wieder weg.« Die Leute schauten mich dann an und ich tat das, was ich zum damaligen Zeitpunkt am besten konnte, brav nicken. Natürlich hatte ich bereits eine ungefähre Vorstellung von einem eigenen Leben, auch wenn die altersbedingt noch nicht sehr konkret war. Und wie das funktionieren sollte, dass ich irgendwann ein selbstbestimmtes Leben führte, wo doch sie die Vorstellung hatte, dass wir für immer zusammenleben würden, war mir auch nicht klar. Aber so weit war es ja noch nicht.

    Eines Tages waren wir dann nur noch zu zweit. Oma starb. Nun zeigte sich im Alltag, dass Mama mich nur schwer loslassen konnte. Verabredete ich mich mit Freundinnen, wurde ihr die Zeit bis zu meiner Rückkehr lang. Stets wollte sie genau wissen, wann ich wiederkäme. Einerseits war sie besorgt, wie jede Mutter, andererseits fühlte sie sich allein.

Unser gemeinsames Leben war dennoch schön, auch wenn es Situationen gab, die mir deutlich machten, dass vieles bei uns anders lief als sonst in den Familien. Nach wie vor war Mama in der Kirchengemeinde sehr aktiv, und auch ich fand dort, zumindest für eine gewisse Zeit, meine geistige Heimat.

Die Freundinnen, mit denen ich hin und wieder meine Freizeit verbrachte, gingen in den Konfirmandenunterricht, um anschließend feierlich konfirmiert und reich beschenkt zu werden. Mir blieb dieser Weg aufgrund der baptistischen Glaubenszugehörigkeit meiner Eltern verschlossen. Zwar hatte Mama ein gewisses Sorgerecht, doch es stand ihr nicht zu, mich taufen und dann auch konfirmieren zu lassen. Also blieb ich außen vor.

Nach der Konfirmation besuchten die meisten Jugendlichen einen Tanzkurs. Meist wurde hierfür ein Teil des Geldes verwendet, das in den Glückwunschkarten anlässlich der Konfirmation gesteckt hatte. Ich war erstaunt, welch beträchtliche Summen da zusammenkommen konnten. Da mir mangels Konfirmation kein Geldsegen zuteilwurde und ich auch über keine Ersparnisse verfügte, war es mir also auch nicht möglich, einen Tanzkurs zu besuchen. Ich blieb abermals außen vor.

In solchen Momenten merkte ich, dass unser Leben doch anders war als das vieler. Das Problem war, dass grundsätzlich Geld fehlte. Mamas Arbeit brachte nicht genug ein.

Die Zeiten waren hart. Wir konnten uns nichts leisten und fragten oftmals beim Metzger nach Wurstabschnitten. Auch der Käse wurde hauchdünn geschnitten, um wenigstens etwas auf dem Brot zu haben. Die Not sah man uns nicht an. Aufgrund der Schneiderkunst von Mama waren wir immer sehr ordentlich gekleidet. Ich fühlte mich wie eine normale Jugendliche, wenngleich ich mich äußerlich von den anderen sehr unterschied. Und dieses Mal lag es nicht an meiner Hautfarbe. Ich trug nie Hosen, sondern ausschließlich Röcke, und was für welche. Riesige Falten, mächtige Rüschen, grelle Farben oder dunkle Töne. Gott sei Dank bekam ich später keine Tochter, der ich diesen Kleidungsstil hätte vererben können.

Ich trug nur Röcke, weil ich wie jede Jugendliche mein eigenes, spezielles Thema hatte. Jeder hat in seiner Jugend sein Thema, etwas, womit er unzufrieden ist, sei es die Figur, die Haut, die zu dicke Nase, die zu dünnen Beine, was auch immer. Ich war dünn, meine Haut war glatt, die Nase konnte ich nicht ändern, die Beine waren ebenfalls spargeldünn. Aber meine krausen Haare, die alle so niedlich fanden, während ich sie gehasst habe. Meine Haare waren trocken, kraus und machten den Anschein, als würden sie niemals wachsen. Wenn ich eines hasste, dann kurze Haare, die mich aussehen ließen wie ein Junge. Manchmal versuchte ich meine Haare mit einem Lockenstab zu glätten, mit dem Erfolg, dass sie dann vollends austrockneten und abbrachen. Sogenannte Afro Shops, wie es sie heute in nahezu jeder Stadt gibt, gab es in Buxtehude nicht. Dafür mussten wir ins knapp fünfzig Kilometer entfernte Hamburg fahren, was zu weit weg war. Und dann hieß es noch lange nicht, dass ich es verstand, die Produkte wie Pomade, Glättungscreme oder Haarspray auch richtig anzuwenden. Also band ich meine krausen Haare oder das, was von ihnen übrigblieb, hinten zusammen und steckte eine große Schleife hinein, passend zu meiner übrigen Kleidung.

Über dieses große Problem meiner, wie ich damals fand, mangelnden Schönheit vergaß ich natürlich nie mein eigentliches Problem. Die nächsten Sommerferien.

Sie standen vor der Tür und damit auch die nächste Reise nach Lagos. Meine Eltern würden sich nach dem genauen Beginn der Ferien erkundigen, denn es hieß ja, am ersten Ferientag hätte ich zu kommen. Allmählich wuchs in mir die Aggression, wenn Lagos als »mein Zuhause« bezeichnet wurde. Ich war zuhause, wann begriffen sie das endlich? Internet gab es zu dem Zeitpunkt noch nicht, also mussten sie anrufen und fragen, wann die Ferien begannen. Und sie riefen an. Natürlich wollten sie planen. Wir verstanden uns jedoch nicht und dieses Mal waren es technische Gründe. Dummerweise war die Telefonverbindung zwischen Buxtehude und Lagos furchtbar schlecht. Zumindest für mein Dafürhalten. Wir verstanden sie nicht, aber sie verstanden uns. Dennoch, es war nichts zu machen. Sie riefen mehrfach an, aber jedes Mal gab es dieses scheußliche Verbindungsproblem.

Die Ferien standen vor der Tür und oftmals waren wir telefonisch einfach nicht zu erreichen. Und so sollten die Sommerferien des Vorjahres die letzten gewesen sein, die ich fernab meines geliebten Zuhauses verbracht hatte. Wir waren erfinderisch, jedes Jahr aufs Neue. Die Vorstellung, nach Lagos fliegen zu müssen, schnürte mir die Kehle zu. Es fühlte sich an wie ein Abschied für immer. Wie ein Damoklesschwert schwebte dieses Schicksal über mir. Deshalb wurden wir von Mal zu Mal einfallsreicher in der Verhinderungstaktik. Den Boden Nigerias sollte ich nie wieder betreten.

Eine Sache jedoch erinnerte mich nach wie vor an meine nigerianische Herkunft: mein nigerianischer Pass. Einen deutschen Pass besaß ich nicht. Und so wurde jeder Ausflug in ein europäisches Nachbarland zu einem Desaster. Vor allem, wenn wir zuvor nicht die aufwendige Prozedur veranstalteten und ein Visum beantragten. Ein Ausflug in die Niederlande im Rahmen einer Butterfahrt, Mama liebte diese Fahrten. Sie kosteten nicht viel. Trotzdem musste Mama immer sehr lange sparen, bis sie das Geld für die Fahrt übrighatte. Manchmal bekam Mama etwas Geld geschenkt, um eine solche Fahrt machen zu können. Ich musste jedes Mal mit. Eine solche Fahrt endete genau so, in einem Desaster. Wir fuhren in einem Bus bis zur niederländischen Grenze. Von dort aus sollte es mit dem Schiff zurück nach Deutschland gehen. An der niederländischen Grenze war für mich jedoch Schluss. Der Grund, mein nigerianischer Pass, das fehlende Visum – ein Visum für eine Butterfahrt, das war absurd. Aus diesem Grund verzichteten wir künftig auf solche Ausflüge. Wir machten uns keine weiteren Gedanken. Innerhalb Deutschlands gab es mit diesem Pass keine Probleme.

Die Sommer kamen und gingen, inzwischen war es das Jahr 1983. Ich wurde sechzehn. Und auf einmal sollte er, der nigerianische Pass, wieder eine Rolle spielen. Mein Pass war inzwischen abgelaufen. Das registrierten wir jedoch erst, als ich von der Ausländerbehörde in Stade darauf aufmerksam gemacht wurde. Für mich war nun eine Aufenthaltsgenehmigung zu beantragen und dafür bedurfte es eines gültigen Passes. Wir standen vollkommen ahnungslos vor dieser Herausforderung, die sich plötzlich vor uns auftat.

Das Ende meiner Ankunft?

Mama war sehr ordentlich, um nicht zu sagen, pedantisch. Peinlichst genau wurden Fristen eingehalten, Termine beachtet und wichtige Unterlagen sogfältig sortiert und eingeheftet. Mama konnte auf Anhieb sagen, wo was zu finden war. Und fand sie es einmal nicht, kam dies einer Katastrophe nah. Sie suchte dann solange, bis sie es schlussendlich doch fand.

Anträge wurden stets Monate im Voraus gestellt, sodass die Gefahr, eine Frist zu verpassen, nie gegeben war. Die Pflegeerlaubnis, die sie als Pflegemutter für mich benötigte, hatte sie sich bereits von dem zuständigen Jugendamt geholt, noch lange bevor ich 1979 wieder aus Nigeria zurückkam.

Alles musste seine Ordnung haben, das war ihre Devise. Sie war so ordentlich, dass selbst Handtücher nur gebügelt in den Schrank kamen und dort eine saubere, gerade Kante bildeten. Es könnte ja passieren, dass jemand Fremdes in den Kleiderschrank schaute. Welchen Eindruck würde dann die Unordnung durch ein nicht gebügeltes Handtuch hinterlassen? Mama war stolz auf diese Tugend, die sie, wie sie sagte, von ihrem Vater geerbt hatte. Ihr Vater, mein Opa, hätte es gut gefunden, dass sie ein Schwarzes Kind aufgenommen hatte, so sagte sie. Ihr Vater war Postbeamter, etwas, worauf die ganze Familie stolz war. Eine Arbeit bei der Post und dann noch in der Position eines Beamten stellte in den Augen der Familie eine doppelte wirtschaftliche Sicherheit dar. Von ihm also hatte sie diese penible Genauigkeit. Sie vergaß selten etwas. Im Gegenteil, sie war es, die von anderen gefragt wurde, wenn es darum ging, sich an wichtige Dinge zu erinnern.

Mama war es wichtig, von anderen als zuverlässig, ordentlich und gewissenhaft wahrgenommen zu werden. Besonders Ämter und Behörden sollten nicht denken, dass wir schludrig seien, so ihre Ausdrucksweise. »Flori, was denken die Leute«, war ein Satz, den ich oft von ihr hörte. Stets unauffällig, angepasst, fleißig und höflich zu sein, war ein wichtiges Lebensmotto von ihr. Wir fielen auf, das wusste sie. Also mussten wir uns benehmen, um nicht negativ aufzufallen.

Neben der Pflegeerlaubnis war mein Pass das zweite wichtige Dokument, das wir brauchten. Als Ausländerin nachweisen zu können, aus welchem Land man kam, wann eine Einreise stattgefunden hatte und welchen Bleibestatus man besaß, war ausschlaggebend für den weiteren Aufenthalt. Mein nigerianischer Pass lag, wie alle Dokumente, fein säuberlich in einer Schublade. Dass nun dieser Pass einfach so abgelaufen war und wir dies nicht schon Wochen zuvor bemerkt hatten – schlimmer noch, dass wir gar nicht in Betracht gezogen hatten, dass dieser Pass einmal ablaufen könnte – stellte für Mama eine absolute Niederlage dar. Wie nur konnte uns so etwas passieren? Und was war nun zu tun?

Zum Glück gab es in der Kirchengemeinde Menschen, die uns immer wieder zur Seite standen. Sie konnten wir auch in diesem Fall fragen. Und tatsächlich gab es einen Beamten, der uns weiterhalf. Es wurden unzählige Telefonate geführt, außerdem Schriftwechsel, um dann gemeinsam nach Hamburg zu fahren und das nigerianische Konsulat aufzusuchen.

Dort wurden wir darüber in Kenntnis gesetzt, dass eine Verlängerung nur in der nigerianischen Botschaft in Bonn zu erwirken wäre. Ich musste also nach Bonn fahren, allein, Mama kam nicht mit.

Überhaupt unternahm sie seltener Behördengänge und überließ diese bereits in jungen Jahren mir. Ob Anträge für Wohn- oder Kohlegeld, ich holte die Formulare ab, wir füllten sie zu Hause aus, ich brachte die Unterlagen wieder zurück. Man kannte mich bereits auf den verschiedenen Ämtern und staunte regelmäßig, wenn ich dort auftauchte, das Schwarze Mädchen, das perfekt Deutsch sprach und sich benahm wie eine Erwachsene. Mit der Zeit kannte ich mich aus, wusste, welche Unterlagen für welchen Antrag nötig waren und konnte mich vor Ort behaupten.

Mama war sehr stolz darauf und wurde nie müde zu betonen, dass ihre Flori alle Behördengänge selbstständig erledigen konnte.

Ich selbst war weniger stolz und hatte darauf auch keine Lust. In meinen Augen waren das Aufgaben, die von Eltern und nicht von Kindern zu erledigen waren. Dennoch übernahm ich sie klaglos. Ich merkte, Mama fielen diese Gänge zunehmend schwerer, und ich fühlte mich dafür verantwortlich, dass es ihr gut ging. »Als du in Nigeria warst, war deine Mama ein Schatten ihrer selbst«, sagte man oft zu mir nach meiner Rückkehr, so sehr habe sie mich vermisst. Also unterstützte ich sie jetzt, wo es nur möglich war, in der Hoffnung, dass es ihr dadurch besserging.

Mit dem Zug fuhr ich allein von Buxtehude nach Bonn, mietete mich in einem Hotel in Bad Godesberg ein und ging am Tag darauf gleich morgens früh zu Beginn der Öffnungszeiten in die Botschaft. Da mir Behördengänge nicht fremd waren, rechnete ich mir aus, dass ich nach höchstens zwei Stunden mit der Verlängerung des Passes in der Tasche meine Heimreise antreten könnte. Was sollte an einem Stempel nebst Datum schon lange dauern? Das Wartezimmer war kaum besetzt, meine Zeitrechnung sah ich somit bestätigt. Doch sollte ich im Laufe der kommenden Stunden eines Besseren belehrt werden.

Von einer Mitarbeiterin wurde ich eines Interviews unterzogen; ich hatte nicht gewusst, dass es dieses überhaupt geben würde. Beeindruckt hat mich vor allem das herrschaftliche Büro. Die Tatsache, dass ich in Deutschland lebte, war für diese Dame keine Selbstverständlichkeit. Warum ich in Deutschland war und ob dieser Aufenthalt freiwilliger Natur war, waren zwei wenig komplizierte Fragen. Wie freiwillig mein Aufenthalt war, konnte ich gar nicht deutlich genug machen. Die Dame mir gegenüber schien zunächst skeptisch, meine Geschichte überzeugte sie nicht. Nun, ich begriff ihre Fragen, war es doch eher ungewöhnlich, dass ein Kind freiwillig ohne Eltern fernab im Ausland weilte.

Sie fragte, wo genau in Lagos wir gelebt hätten, die Gegend, die Straße. Fragen über Fragen, mit denen ich niemals gerechnet hätte. Meinen Zeitplan konnte ich abhaken. Mal sollte ich vor dem Büro warten, dann drang lautes Stimmengewirr nach draußen. Anschließend sollte ich wieder reinkommen und eine andere Dame stellte mir Fragen, von denen ich glaubte, sie bereits beantwortet zu haben. Dass die Konversation auf Englisch ablief, war das geringste Problem. Der Eindruck jedoch, dass man meiner Geschichte nicht glaubte, nervte gewaltig. Ich bemühte mich wohl auch nicht sonderlich, dies zu verbergen. Zwischendurch unterhielten sich die Mitarbeiter und Mitarbeiterinnen auf Yoruba über mich. Ihre Gestik und Mimik verrieten sie. Ich kam mir vor wie in Nigeria. Sie dachten, ich könnte ihren Gesprächen nicht folgen, aber mir gelang es durchaus, alles Wichtige zu verstehen.

Was mir weiterhalf, war mein gutes Gedächtnis. Ich konnte ihnen die Informationen geben, die sie wollten. Mein Großvater, der Vater meines Vaters, lebte in Lagos Surulere, Ibadanstreet. Ich nannte Orte wie Apapa und Maryland, ich wusste, wo meine Deutsche Schule lag, konnte beschreiben, wo meine Mutter gearbeitet hatte und den Namen des damaligen Präsidenten nennen. Die nigerianischen Namen meiner Geschwister und natürlich mein eigener wurden ebenfalls abgefragt. Eine gefühlte Ewigkeit, viele Fragen und die komplette Rekapitulation der vergangenen sechzehn Jahre meines Lebens sowie viele kritisch prüfende Blicke später nahm man meinen Pass mit in ein Nebenzimmer. Wieder sollte ich außerhalb des herrschaftlichen Büros warten und wieder verging viel Zeit.

Hätte mir im Vorfeld jemand gesagt, dass ich einen ganzen Tag in dieser Botschaft verbringen würde, lediglich um einen Pass verlängern zu lassen, ich hätte es nicht geglaubt. Und dann auf einmal sollte es ganz schnell gehen. Eine weitere Dame brachte mir den Pass, ich musste ein paar Unterschriften leisten und das war es dann. Unspektakulär ging diese Aktion zu Ende. Ich hatte tatsächlich die Verlängerung meines Passes erhalten. Meine Geschichte musste irgendwie überzeugt haben.

Die Passverlängerung war schon ein Brocken gewesen, die Aufenthaltsgenehmigung jedoch sollte zu einem nahezu unüberwindbaren Felsen werden. Behörden und Ämter wechselten sich ab, die Themen wurden hin und her gewälzt, auch von Ausweisung war kurzzeitig die Rede. Mama musste Beweise vorlegen, dass sie mich ernähren konnte und ich dem deutschen Staat nicht auf der Tasche lag. Zwar konnte sie mich ernähren, wir wurden ja auch bislang satt, dennoch war jedem klar, dass mit ihrer Schneidertätigkeit keine Reichtümer zu erwirtschaften waren. Und wieder war es die Kirchengemeinde, die uns unterstützend zur Seite stand. Der Kirchenvorstand war bereit, eine Bürgschaft für mich zu übernehmen.

Eine Bürgschaft, das bedeutete, sollten wir in finanzielle Schwierigkeiten geraten, würde der Vorstand der Kirchengemeinde einspringen. Einerseits war es erleichternd, dass damit die Behörden zufriedenzustellen waren. Andererseits war mir dieser Umstand furchtbar unangenehm und peinlich. Jeder wusste, dass wir kein Geld hatten. Zum Teil wussten auch die Kinder, dass ihre Eltern sich für diese Bürgschaft zur Verfügung gestellt hatten. Nicht nur das, wir erhielten immer mal eine Spende in Form eines Geldbetrages. Natürlich konnten wir dieses Geld gut gebrauchen. Dennoch empfand ich große Scham. Ich mochte es nicht, mich von anderen abhängig zu fühlen.

Dankbar zu sein, war mir nicht fremd, doch wie weit musste das Zeigen von Dankbarkeit gehen, um sich nicht mehr in der Schuld zu fühlen? Welche Gegenleistungen wurden für die Spenden erwartet? War es tatsächlich nötig, dass Mama die Gemeindebriefe austragen musste? Sie hatte große Angst zu fallen, stolperte oft, besonders in der dunklen Jahreszeit. Bedeutete dieser Austrägerdienst für sie nicht zusätzlichen Stress? War es deshalb meine Aufgabe, ihn zu übernehmen?

War es tatsächlich notwendig, dass Mama dem Küster helfen sollte, die große Kirche zu fegen? Sie hatte Probleme mit dem Rücken, überließ solche Aufgaben im Haushalt deshalb mir. Ohnehin übernahm ich vieles im Haushalt, um sie zu entlasten. Bedeutete das Fegen nicht eine zusätzliche Belastung ihrer Gesundheit? Sollte ich an einer Ferienfreizeit teilnehmen und sie zumindest bei der Betreuung der Kinder unterstützen? Galt es also die Bürgschaft und die Spenden abzuarbeiten, da bloße Dankbarkeit nicht reichte?

Die Demütigung, die Mama empfand, konnte ich ihrem Gesicht ablesen. Mama war sehr engagiert in der Kirche, nahezu ihr Leben lang. Der Sinn, warum von einer sechzigjährigen Frau erwartet wurde, für eine finanzielle Unterstützung die Gemeindebriefe auszutragen und die Kirche zu reinigen, erschloss sich mir nicht. Zweifellos verspürten wir Dankbarkeit für die Unterstützung und wollten dies auch zeigen. So fegte Mama die Kirche, um anschließend, wie sie es auszudrücken pflegte, ihren Rücken nicht mehr zu spüren. Wir trugen bei Wind und Wetter die Gemeindeblätter aus. Ich übernahm für den Sohn eines Spenders die Sommervertretung für das Zeitungaustragen und legte täglich mit meinem kaputten Fahrrad, beladen mit einer Unmenge von schweren Zeitungen, bis zu zwanzig Kilometer zurück, das Fahrrad mehr schiebend als fahrend. Als es dann komplett kaputtging, kam ich freudestrahlend nach Hause, um zu verkünden, dass ich diesen Job nun nicht mehr machen könne. Mit dem Satz: »Was man angefangen hat, bringt man auch zu Ende«, war das Thema für Mama erledigt. Wieder so eine Tugend ihres Vaters. Natürlich hatte sie Recht, kein Geld zu haben war keine Schande, für Geld nicht arbeiten zu wollen jedoch schon. Aus diesem Grund suchte sich Mama neben ihrer Schneidertätigkeit weitere Arbeit. Sie ging zusätzlich putzen.

Ich konnte nicht jobben gehen. Zwar sollte ich eine Aufenthaltsgenehmigung erhalten, eine Arbeitserlaubnis war damit jedoch nicht verbunden, und damit fiel die Suche nach einem Job für mich flach. Es galt, sich an Auflagen zu halten. Eine Ausbildung durfte ich ebenfalls nicht anstreben, denn dann hätte ich einem deutschen Jugendlichen einen Platz weggenommen. Das Abitur zu machen und ein Studium aufzunehmen, war der einzige Weg. Mein Berufswunsch, Flugbegleiterin werden zu wollen, hatte keine überzeugende Wirkung auf den Herrn der Ausländerbehörde. Sein Tipp, eine Heirat mit einem Deutschen könne die Erteilung einer Aufenthaltsgenehmigung beschleunigen, hatte hingegen keine überzeugende Wirkung auf mich.

Nach einer langen Zeit der Ungewissheit erteilte mir das Ausländeramt einen Aufenthaltstitel für einen überschaubaren Zeitraum. Man mag der Kirche nahestehen oder nicht, ihr Bekenntnis für sein eigenes Leben als wichtig empfinden oder nicht, die Vertreter der Kirchengemeinde in Buxtehude waren unsere größte Unterstützung. Ohne sie wäre dieser Aufenthaltstitel niemals erteilt worden. Wir waren dankbar, und mit unserer Scham lernten wir umzugehen.

Der Druck auf meine schulischen Leistungen wurde dadurch sehr groß, im Vergleich dazu gerieten die Bedingungen meiner Eltern in den Hintergrund.

Der Aufenthaltstitel wurde immer wieder für nur einen kurzen Zeitraum verlängert, jedes Mal verbunden mit einem Gefühl der Erleichterung, gepaart mit der Angst, wie das nächste Mal die Entscheidung ausfallen würde. Denn die finale Entscheidung war noch nicht getroffen, somit war stets nach der Entscheidung vor der Entscheidung. Die Frage, ob und wann es zu einer Ausweisung kommen könnte, stand weiterhin im Raum.

Keine ganz normale Jugend

Da war sie wieder, diese Angst mein Zuhause zu verlieren. Eine Angst, die sich nicht verändert hatte, die ich nur zu gut kannte und die mich begleitete.

Und noch etwas begleitete mich seit einiger Zeit. Doch war es keine Angst, es war eine Empfindung, die langsam zur Gewohnheit wurde, erst schleichend, subtil, dann stärker und bewusster. Ich begann meine Umgebung neu wahrzunehmen, wieder einmal. Je öfter ich innehielt, desto mehr stellte ich fest, dass die Umgebung nicht mehr so war, wie ich sie bislang wahrgenommen hatte. Sie hatte sich verändert oder ich hatte mich verändert. So ganz konnte ich das noch nicht einschätzen. Ich bemerkte, dass diese Umgebung nicht für mich gemacht schien. Zumindest nicht für einen Menschen, der so aussah wie ich.

Es verwirrte mich, ich versuchte, mir darüber klar zu werden. Was konnte ein Mensch für eine Äußerlichkeit, die für jeden sichtbar war und die er nicht ändern konnte, eine Äußerlichkeit, die gottgegeben war? Wenngleich mich diese Wahrnehmung nicht täglich beschäftigte, so war sie doch immer da. Mit der Zeit fing sie an, sich in den Vordergrund zu drängen, sie veränderte sich, wurde unangenehm. Ich gewann den Eindruck, dass mein Äußeres, mein sichtbares Anderssein, für meine Umgebung mühevoll wurde. Mühevoll, weil sie durch mich dazu gezwungen wurden, sich damit auseinanderzusetzen, dass es Menschen gab, die anders aussahen, sich anders benahmen, die aber dennoch selbstverständlich an ihrem Leben teilhaben wollten. Mühevoll, weil sich dadurch ihr Weltbild und auch ihr Alltag zwanglaüfig veränderten. Mühevoll, weil diese anders aussehenden Menschen in ihrer Mitte etwas zu beanspruchen schienen, das eigentlich ihnen gehörte, nämlich ihr selbstverständliches weißes Leben. Ihr weißes Leben, dass durch diese anders aussehenden Menschen jedoch nicht weiß bleiben konnte, sondern farbig wurde, bunter eben.

Ich wollte jedoch keine Person sein, die mühevoll war. Ich wollte keine Person sein, die anderen Mühe machte. Es wurde mir peinlich, für meine Umgebung mühevoll und vielleicht sogar anstrengend zu sein. Es wäre mir lieber gewesen, gar nicht aufzufallen. Und so begann ich eine Art zu entwickeln, unauffällig zu werden, um dadurch so wenig mühevoll wie nur irgend möglich zu sein, am besten gar nicht. Ich begann mir einen inneren Gaststatus aufzuerlegen und fing an, mich so zu verhalten, wie es sich meiner Meinung nach für einen Gast gehörte: zurückhaltend, abwartend, dankbar, niemals fordernd oder aufdringlich. Es entstand in mir ein Gefühl, das mir sagte, dass das, was für meine weißen Mitmenschen normal war, mir nicht zustünde. Hätte ich benennen sollen, was genau es war, das mir nicht zustand, es wäre mir kaum möglich gewesen. Es war ein Gefühl, wenig greifbar und dennoch sehr präsent. Forderungen zu stellen empfand ich generell als nicht richtig, in meinem Fall sogar als ungehörig. Es gehörte sich meinem Empfinden nach für mich nicht, Ansprüche zu haben, egal welcher Art. Und so war ich stets bescheiden, hielt mich im Hintergrund.

Benahm sich mir gegenüber jemand auf eine Weise, die mir nicht gefiel, verbot ich es mir, auf dieses Verhalten hinzuweisen oder es gar abstellen zu wollen. Ich übte mich darin, nichts zu erwarten und dankbar zu sein für das Wenige, das ich bekam. Ich dachte, dankbar sein zu müssen dafür, dass mein Gegenüber überhaupt mit mir umging. Selbst wenn mir dieser Umgang nicht gefiel, wäre es doch besser, als jemand zu sein, mit dem man gar nicht umgehen wollte. So etwa waren meine Gedanken damals. Ich setzte mich so gut wie gar nicht zur Wehr, sondern versuchte, mit noch besserem Benehmen, mit noch besseren Leistungen mein Gegenüber davon zu überzeugen, dass ich es wert wäre, auch gut, nämlich weiß behandelt zu werden. Dabei glaubte ich, dass mir jeglicher Anspruch aufgrund meines Äußeren ohnehin verwehrt wäre. Dass ich es aufgrund meines Äußeren gar nicht schaffen könne, weiß und damit normal behandelt zu werden. Es fühlte sich kompliziert an.

Ich spürte, dass das Leben tatsächlich komplizierter wurde, wie die Dinge um mich herum immer weniger zu mir passten. Ich spürte, dass Dinge, die für meine Altersgenossen selbstverständlich waren, es für mich nicht waren. Diese Dinge entfernten sich immer weiter von mir. Es verfestigte sich der Eindruck, innerlich wie äußerlich keinen Anspruch auf für mich passende Dinge zu haben. Keinen Anspruch zu haben und mit dem zufrieden sein zu müssen, was da war. Ich gab daran jedoch nicht meiner weißen Umgebung die Schuld. Die Umgebung konnte nichts dafür, dass es nur wenige Dinge gab, die für mich passten. Es war nicht ihre Schuld, dass es mich in ihrer Mitte gab, nicht sie mussten sich anpassen, ihr Leben verändern, sodass ich hineinpasste. Mein Anderssein war nicht ihr Problem, es war mein Problem.

In der Schule wurde ein Spiel gespielt, die Schüler wurden in zwei Gruppen aufgeteilt, von der einen Gruppe stellten sich welche hinter einen Vorhang aus Stoff, um durch die dafür vorgesehenen Löcher einen Arm oder die Nase zu strecken, während die andere Gruppe vor dem Vorhang stand und den Mitschüler oder die Mitschülerin anhand des gezeigten Körperteils erkennen sollte. Ich sollte mitspielen, man wollte mich einbeziehen, nicht ausgrenzen. Aber das funktionierte nicht, auch nicht mit der Kreide, die man mir letztlich über die Nase strich.

Die Lehrkräfte waren nett, sie bemühten sich, damit ich Teil der Gruppe sein konnte. Dennoch, so sehr sie sich auch bemühten, dieses Spiel passte nicht für mich, nicht mit diesem Umfeld. Aber ich machte ihnen keinen Vorwurf. Es tat mir leid, ihnen Mühe bereitet zu haben. Es war mir peinlich, dass dieses Spiel mein Anderssein erst in den Fokus rückte. Es war nicht ihre Schuld, dass ich an diesem Spiel eigentlich nicht hätte teilnehmen dürfen. Ich merkte, dass es auch ihnen peinlich war. Ich denke, dass nicht ich ihnen unangenehm war. Es war die Tatsache, dass sie sich bemühen wollten, offen und integrativ zu sein, es ihnen aber nicht gelungen war. Zumindest nicht bei diesem Spiel.

Ich begann mit meiner Kleidung zu experimentieren. Es gefiel mir, wenn Frauen zu ihren Kleidern und Röcken Seidenstrumpfhosen trugen. Diese Strumpfhosen waren nahezu unsichtbar und dennoch zauberten sie einen Hauch von Eleganz auf die Beine. Solche Strumpfhosen wollte ich mir kaufen und sie an besonderen Tagen und zu besonderen Anlässen tragen. Auch ich wollte diesen

Hauch von Eleganz. Also ging ich in ein großes Bekleidungsgeschäft in der festen Überzeugung, dort in der Damenabteilung entsprechende Strumpfhosen für mich zu finden. Die Verkäuferin war sehr nett, sie bot mir hautfarbene Strumpfhosen an. Ja, das waren diese Strumpfhosen, aber passend zu ihrer Hautfarbe, nicht zu meiner. Sie war weiß, ich war braun. Sie sprach es jedoch nicht an. Dass es ihr unangenehm war, sah ich an ihrem Blick. Ein Blick, der auch verriet, dass sie mich bemitleidete, dafür, in einer Umgebung zu leben, die nicht für mich gemacht war, die nichts für mich bereithielt.

Die Mädchen in meinem Alter waren sehr nett, genauso wie ihre Eltern, nett, gläubig, tolerant, weltoffen. Sie luden mich zu sich nach Hause ein, wir waren ganz normal befreundet.

Die Jungs in meinem Alter waren sehr nett, ihre Eltern schienen auch nett zu sein, nett, gläubig, tolerant, weltoffen. Jedoch luden sie mich nicht zu sich nach Hause ein, wir waren nicht normal befreundet. Sie waren nett, gläubig, tolerant und weltoffen, bis zu jenem Zeitpunkt, an dem sich mit meinem Namen ein Gesicht verband. Dann verschwand die Nettigkeit, die Toleranz, der Glaube pausierte, ebenso die Weltoffenheit. Nicht, dass mich dieses Verhalten überrascht hätte. Selbstverständlich waren sie nett, gläubig, tolerant und weltoffen, nur an der eigenen Haustür sollte der Anlass für diese Haltung nicht klopfen, dann schienen sie überfordert, diese Menschen.

Es war mir unangenehm, ihnen Mühe zu machen. Ich merkte, wie sich etwas zu wiederholen begann. Ich spürte diese Situationen, noch bevor sie eintraten, ich erkannte sie an ihren Blicken. Blicke, die sich blitzartig verschlossen, wie sich ihre Haustüren verschlossen, aus Angst, etwas Ungebetenes könne Einlass begehren. Blicke, die sich verfinsterten wie Wolken, die sich vor die strahlende Sonne schoben. Natürlich verursachten diese Situationen Stiche, aber ich bewahrte Haltung, ließ mir nichts anmerken. Was hätte ich auch sagen sollen? Mit wem hätte ich darüber reden sollen? Wer hätte es verstanden? Für wen wären diese Gedanken nicht mühevoll gewesen? Und wieder war sie da, die innere Sprachlosigkeit. Das Gefühl, in meiner Situation gefangen zu sein, sie nicht ändern zu können und auch kein Recht auf Änderung zu haben. Meine Gefühle behielt ich für mich, teilte sie mit niemanden. Ich hörte auf zu sprechen, wieder einmal.

Abitur, und dann?

In der Regel werden Jugendliche gefragt, was sie beruflich gern einmal machen möchten. Es wird geschaut, über welche Begabungen und Kompetenzen sie verfügen und natürlich auch, welcher Bereich die besten Zukunftschancen bietet. Ein Studium ist schön, aber kein Muss. Nicht jeder Mensch muss studieren, um ein sicheres, erfolgreiches und zufriedenes Leben führen zu können. »Sie sollen es einmal besser haben als wir selbst«, war auch damals eine gängige Devise von Eltern.

Mama hat in den 1930er-Jahren eine sogenannte Volksschule besucht, anschließend eine Schneiderlehre absolviert. Ihre Urkunde als Schneidermeisterin war ihr ganzer Stolz und hing im vorderen Zimmer an der Wand. Die Tatsache, dass ich die Realschule besuchte, war für sie bereits ein Zeichen, dass ich es beruflich einmal weiterbrächte.

Mein Berufswunsch stand seit langer Zeit fest. An ihm gab es keinen Zweifel, auch nicht an dem Tag, an dem wir in Stade im Ausländeramt saßen. Flugbegleiterin, Hauptsache Fliegen, andere Länder sehen. Ich hatte nichts gegen den Gedanken, das Abitur zu machen. Das war in Ordnung. Alle waren zufrieden, ich auch. Und ja, für diesen Beruf benötigte ich eine Aufenthaltsgenehmigung, eine Aufenthaltsberechtigung, befristet, unbefristet, eine unbegrenzte Arbeitserlaubnis. Und es musste mir möglich sein, mit meinem nigerianischen Pass in jedes Land reisen zu können, in das ich reisen sollte. Wie auch immer, bezüglich meines späteren Berufs hatte ich bereits genaue Vorstellungen. Ich sah mich schon in meiner feinen Uniform, top geschminkt und gut frisiert, mein Köfferchen hinter mir herziehend, durch die Flughäfen dieser Welt laufen. Bezüglich meiner Frisur, einem Dauerthema, machte ich mir sehr viele Gedanken. Ich grübelte nächtelang darüber nach, wie es die Sängerinnen meiner Lieblingsgruppe erreichten, solche Wahnsinnsfrisuren hinzubekommen.

Meine damaligen Vorbilder waren Boney M., allen voran Liz Mitchell. Ich wusste alles über sie. Und hatte ich etwas Geld übrig, gönnte ich mir eine Bravo, wenn in der Ausgabe etwas über meine Lieblingsband stand. Dass ich alle ihre Langspielplatten besaß, war selbstverständlich. Ich wünschte sie mir zu Weihnachten, zum Geburtstag oder zu anderen Gelegenheiten oder sparte lange, um mir eine Platte kaufen zu können. Ich kannte sämtliche Lieder auswendig, ich wusste alle Geschichten.

Von daher schien für mich hinsichtlich meines Berufsziels alles in trockenen Tüchern. Ich war sprachlich fit, die Kleidung war vorgeschrieben, Flugangst kannte ich nicht, Menschen zu bedienen war für mich kein Problem. Die Frisurenfrage löste ich mit Liz. Wie ich mich zu schminken hätte, würde ich sicher noch lernen, ansonsten schaute ich bei Liz. Dieser Beruf schien mir auch die einzige Möglichkeit, um herauszukommen aus der Umgebung, die nicht für mich geschaffen war. Dieser Beruf erschien mir als die Chance, in Umgebungen eintauchen zu können, in denen mein Sein möglich war.

Nach dem Unterricht besorgte ich mir aus der Stadtbücherei Bücher über Flugzeuge, lernte alles über die unterschiedlichen Flugzeugtypen auswendig. Auch über die verschiedenen Airlines informierte ich mich, dabei wusste ich schon früh, für welche deutsche Fluggesellschaft ich einmal arbeiten wollte. Ich hatte das Glück, dass Buxtehude nicht weit von Hamburg entfernt lag. Flugzeuge, die den Flughafen Fuhlsbüttel anflogen, waren bei klarem Himmel über Buxtehude wunderbar zu sehen. Es war eine meiner täglichen Übungen, die unterschiedlichen Fluglinien zu erkennen. In Gedanken flog ich bereits mit.

Genug Geld würde ich dann auch verdienen, um Mama finanziell zu unterstützen.

Der zuständige Sachbearbeiter der Ausländerbehörde in Stade hörte sich meine Pläne und Vorstellungen genau an. Sein Blick wurde immer skeptischer. Es war nicht zu übersehen, irgendetwas passte ihm nicht. Passte dieser Beruf seiner Meinung nach nicht zu mir? Daran, dass es ein Beruf war, der der weißen Welt vorbehalten war, konnte es nicht liegen, gab es doch auch Flugbegleiterinnen mit meiner Hautfarbe. Ich war es leid, stets kritische Blicke ertragen zu müssen.

Und schnell wurde auch hier klar, ich war nicht einfach eine Jugendliche, die ihrem Berufswunsch folgen konnte. Ich war eine Ausländerin, bei der überlegt wurde, ob es sich lohne, sie in Deutschland zu belassen. Ob es aus wirtschaftlicher Sicht nicht besser sei, sie wieder dort hinzuschicken, wo sie hergekommen war. Ich war eine Ausländerin, deren Eltern entschieden hatten, sie wieder in das Land zu schicken, in dem sie zur Welt gekommen war, ohne jedoch zu fragen, ob dieses Land die Rückkehr dieser Ausländerin überhaupt wollte. Ich war eine Ausländerin, bei der es keine Rolle spielte, dass sie in diesem Land geboren worden war. Sie hatte eine andere Staatsbürgerschaft, deshalb besaß sie nicht automatisch ein Bleiberecht. Sie besaß schlichtweg nicht die Rechte, die eine ganz normale Jugendliche mit einem deutschen Pass besaß. Deshalb konnte sie sich auch nicht benehmen wie eine ganz normale Jugendliche, die einen deutschen Pass besaß. Und schon gar nicht konnte sie sich Freiheiten herausnehmen. Ich fühlte mich fremd und merkte, dass meine Existenz in diesem Land gerade in jenen Momenten weder eine Selbstverständlichkeit war noch als gegeben hingenommen werden konnte. Und einklagen konnte ich dies schon gar nicht. Die Existenz in meiner vermeintlichen Heimat hing nicht nur von der einen oder anderen Unterschrift ab, sondern zudem von sehr viel Wohlwollen. Wohlwollen, auf das wir keinen Einfluss nehmen konnten, auf das wir nur hoffen durften.

Eine Aufenthaltsgenehmigung und eine Arbeitserlaubnis zu erhalten, um Flugbegleiterin werden zu können, war schlichtweg undenkbar. Ein inniger Wunsch, ein langgehegter Traum wurde mit einem Handstreich vom Tisch gefegt – weg, nächstes Thema. Das war hart, sehr hart. Aber ich war nicht dumm. Das Leben, wenn auch erst 16 Jahre alt, hatte mir beigebracht, dass es Dinge gibt, die keiner weiteren Diskussion bedürfen. Für mich gab es nur einen Weg, das Abitur zu machen und anschließend zu studieren. Und das möglichst in einem Bereich, der nicht überlaufen war und gute berufliche Chancen bot. Arbeitslos zu werden, finanzielle

Unterstützung vom Staat zu erwarten, war für mich nicht möglich. Der Sachbearbeiter wurde nicht müde zu wiederholen, dass es nicht leicht sein würde, eine Arbeitserlaubnis zu erhalten, und dass ich niemandem einen Job wegnehmen dürfe.

Meinen Berufswunsch aufzugeben, weil ich ansonsten Deutschland wieder hätte verlassen müssen, war eine der größten Enttäuschungen. Sicher, wenn es nach meinen Eltern ginge, hätte ich ohnehin Ärztin zu werden. Aber spätestens nach meinem letzten Besuch in Nigeria 1980 und den seitdem erfolgreich vereitelten Versuchen, mich in den Sommerferien dorthin zurückzubeordern, wurde es mir zunehmend gleichgültiger, was sie wollten. Mein Entschluss stand fest, bis zu jenem Tag im Ausländeramt von Stade, im April 1983. Ab da war mir klar, die Regeln, die für mich gelten, werden von anderen aufgestellt. Wie lange das so bleiben sollte, war nicht abzusehen.

Nun, Mama galt als feine, zurückhaltende Frau. Ihre Aussagen waren nachdrücklich und bedacht zugleich. Ich hoffte auf ihre Unterstützung, was meinen Berufswunsch betraf. Doch sie sagte: »Flori, wenn du in Deutschland bleiben willst, dann machst du Abitur. Und mit Abitur wirst du nicht Kellnerin in der Luft, sondern studierst.« Natürlich kämpfte Mama für mich, und wie. Sie wollte verhindern, dass ich ausreisen musste in ein Land, in dem ich mich zu keinem Zeitpunkt zuhause gefühlt hatte. Sie wollte verhindern, dass mein Leben eine Wendung nahm, die für mich nicht gut gewesen wäre.

Es galt, mich von meinem Traum zu verabschieden. Mein Traum, die Welt zu erkunden, zu reisen, aber nicht auf der Route, die meine Eltern mir vorschrieben. Ich verspürte Fernweh und konnte mir nicht vorstellen, wie ich es stillen sollte. Was jedoch noch schlimmer war, war das Gefühl der Orientierungslosigkeit, der Ziellosigkeit. Nicht mehr zu wissen, wofür ich in der Schule lernte. Keine Idee mehr davon zu haben, womit ich später mein Geld verdiente. Die Schule war sehr schwer, dennoch musste ich gut sein. Schlechte Noten oder gar die Wiederholung einer Klasse konnte und durfte ich mir nicht leisten. Der schulische Erfolg und mein Bleiberecht waren unmittelbar miteinander verbunden, ich musste das Abitur schaffen und dann studieren.

Aber ein Studium von was? Ich kannte keine weiteren Berufe, die in meiner Vorstellung zu mir passten. Was konnte ich denn schon? Tanzen? Ich liebte es zu tanzen, bereits als kleines Mädchen. Ein Tanzstudium? Wohl kaum. Ich liebte es, mit Menschen zu tun zu haben, für sie da zu sein, dafür zu sorgen, dass es ihnen gutging. Aber konnte man so etwas studieren? Ich fiel in ein Loch, sozusagen in ein Selbstfindungsloch. Ich musste mir einen Beruf überlegen, der ein Studium voraussetzte. Ich mochte auch Kinder, nun gut. Dennoch, so richtig gelang es mir nicht, eine neue berufliche Vorstellung für mich zu entwickeln. Klar, ich hatte noch einige Jahre Zeit. Es wäre aber schöner gewesen zu wissen, wozu der tägliche Gang in die Schule diente. Die Bedeutung meines schulischen Erfolges war mir nur zu bewusst. Und so wurde die Angst, zu irgendeinem Zeitpunkt zu scheitern und damit keine Bleibeperspektive mehr zu haben, zu meinem ständigen Begleiter. Verhaute ich mal eine Arbeit, kam das einer Katastrophe gleich, zumindest für Mama und mich. Das Gefühl, eine Art Damoklesschwert über mir zu haben, war mir vertraut. Nur hing es diesmal nicht an meinen Eltern, sondern an gesetzlichen Regelungen. Anspannung wurde zu einem Teil meines Lebens, doch auch daran gewöhnte ich mich.

Neben der Schule galt es Mama zu unterstützen, sei es im Haushalt oder bei ihren Nebenjobs. Mama half in mehreren Haushalten. Es war nicht viel, was sie in einer Stunde verdiente, aber wir brauchten jeden Pfenning. Aufgrund der finanziellen Situation wurde Mama zunehmend niedergeschlagener und kraftloser. Die Schneidertätigkeit brachte nicht genug ein, der Job als Haushaltshilfe war zu anstrengend und nicht das, wofür sie sich ihre Urkunde an die Wand gehängt hatte. Dass sie noch im Bett lag und nicht aufstand, wenn ich von der Schule kam, häufte sich. Die wenigen Kundinnen, die bei ihr etwas schneidern oder ändern lassen wollten, mussten immer länger warten. Manchmal standen sie zum vereinbarten Abholtermin sogar umsonst an der Tür.

Nun war es nicht mehr nur die Schule, die meine Energie forderte, sondern auch die häusliche Situation. Ich war es nicht gewohnt, dass Mama mental durchhing und unmotiviert war. Ich hatte sie bis dahin nur entschlossen und energiegeladen erlebt. Eine Mama, die an meinem Bett saß, als ich Keuchhusten hatte.

Eine Mama, die sich die Zeit nahm, mit mir zu spielen, wenn wieder mal kein anderes Kind da war. Eine Mama, die zupackte, die schwere Möbel rückte und tapezierte. Eine Mama, die jedes Hindernis hinter sich ließ. Ich wollte, dass sie weiterhin als diese Frau angesehen wurde. Ich wollte nicht, dass andere meine Mama in einem Zustand erlebten, der traurig und ihrer nicht würdig war. Riefen die Kundinnen an, erzählte ich etwas von Krankheit und dass Mama sich bald bei ihnen melden würde. Es war mir peinlich, hatte sie mir doch Zuverlässigkeit und Disziplin beigebracht.

Manchmal gab es Situationen, in denen ich das, was sie sagte oder tat, nicht mit der Mama in Verbindung bringen konnte, die ich seit meinem zweiten Lebensjahr kannte. Ich machte mir große Sorgen. Wie nur konnte ihr geholfen werden, ich wusste es nicht. Mamas Devise war stets, dass das, was innerhalb der eigenen vier Wände passierte, niemals nach außen getragen werden dürfe. Man habe stets Haltung zu bewahren und die Fassade aufrecht zu halten.

Das tat ich, so gut es eben ging. Ihr zu helfen, sie zu motivieren, ihr Mut zuzusprechen, gelang mir jedoch immer weniger. Was ich tun konnte, tat ich. Ich half im Haushalt, kaufte ein, übernahm nach wie vor die Behördengänge. Ich begleitete sie zum Arzt. Ging es Mama wieder besser, kam ich nach Hause und sie war wieder die alte. Die Mama, die mir vertraut war. Dann war ich froh und hoffte, dass dieser Zustand eine Weile anhielt. Trotzdem blieb die Angst, nach Hause zu kommen und ihr im Gesicht anzusehen, dass etwas nicht stimmte. Das war traurig, sehr traurig. In diesen Momenten tat mir Mama unendlich leid. Zugleich fühlte ich mich aber auch überfordert.

Umso schöner war es dann, wenn die Energie, die Motivation und der Tatendrang bei ihr zurückkehrten. Zu sehen, dass die Gardine offen war, dass Mama dem Leben erlaubte, in die Wohnung einzukehren. Beim Hereinkommen die Nähmaschine surren zu hören, ein Zeichen, dass sie ihre Arbeit wieder aufnahm. Von einem warmen Essensduft empfangen zu werden, ein Zeichen, dass es Mama wieder wichtig war, Verantwortung zu übernehmen. Das bedeutete Freude und Erleichterung zugleich.

So verging die Zeit, es gab Aufs und Abs, Höhen und Tiefen, manchmal Untiefen, die ich aber für mich behielt.

Die Frage, welches Berufsziel ich anstreben sollte, plagte mich nach wie vor. Zwar las ich weiterhin meine Flugzeugbücher, blickte weiterhin sehnsüchtig gen Himmel und übte mich darin, Flugzeuge zu erkennen. Aber ich war schon damals eine Realistin. Ich wusste sehr genau, was ging und was nicht. Und ich wusste, dass ich mir ein anderes Berufsziel suchen musste.

Mit Mama ging ich nach wie vor jeden Sonntag in die Kirche. Mittlerweile sang ich auch im Kirchenchor. Als Kind hatte ich an den Kindergottesdiensten teilgenommen, als Jugendliche durfte ich diese mitgestalten. Zwar gab es Menschen, die sich darüber beschwerten, denn ich war weder getauft noch konfirmiert und damit in ihren Augen keine richtige Gläubige. Die verantwortlichen Pfarrer jedoch setzten sich über diese Beschwerden hinweg. Mir machte es Freude, mich mit den Kindern zu beschäftigen, ihnen Geschichten zu erzählen und von ihnen zu erfahren, was in ihrer Welt so vor sich ging. Die Kinder waren unbekümmert, fragten nach, wenn sie etwas nicht verstanden und waren erfrischend ehrlich.

Überhaupt gefiel es mir, die Welt mit Kinderaugen betrachtet zu sehen. War diese Welt doch noch gar nicht so weit von meiner entfernt, und doch unterschied sie sich bereits gewaltig.

Ich fragte mich, ob vielleicht das kirchliche Umfeld mir eine berufliche Perspektive bieten könnte. Ein Umfeld, in dem ich zwar eine Exotin war, aber immerhin kannte man mich dort. Es war ein Umfeld, in dem man es nicht komisch fand, eine Schwarze unter sich zu haben. Ich war davon überzeugt, dass die Kirche, die Kirchengemeinde und Menschen, die dem christlichen Glauben folgten, offen und wertfrei mit Menschen anderer Hautfarbe umgingen, zumindest so lange ich mich von ihren Familien fernhielt. Ich hatte zwar Fernweh, doch ich konnte mir ernsthaft vorstellen, in der Kirchengemeinde zu arbeiten. Wollte ich Buxtehude nicht verlassen, Mama zuliebe? Oder war mir damals schon bewusst, dass es an anderen Orten ebenfalls Menschen gab, die es nicht akzeptierten, wenn jemand nicht so aussah wie sie? Menschen, die schlichtweg nicht damit umgehen konnten? Möglich. Aber eigentlich war ich schon damals mutig, ließ mich nicht abschrecken und ging meinen Weg.

Pfarrerin wollte ich allerdings nicht werden, das stand fest. Gern wollte ich mit Kindern zu tun haben. Und so entstand der Gedanke, mein erstes Berufspraktikum in einer Kirchengemeinde zu machen. Der Praktikumsplatz in unserer Gemeinde war bereits belegt, ich erhielt jedoch einen Platz bei einer anderen Buxtehuder Gemeinde. Das bedeutete, raus aus der Komfortzone, rein ins Unbekannte. Dabei erhielt ich Einblicke in diverse Bereiche. Ich liebte diese Wochen des Praktikums, jeden Morgen zur »Arbeit« zu gehen und einen ganz anderen Ablauf zu haben als in der Schule. Aufgabenbereiche zu haben, wenn auch überschaubar kleine, für die ich verantwortlich war. Das hat mir gefallen, es fühlte sich ein bisschen wichtig an.

Die Leute, mit denen ich zu tun hatte, waren mir vom Namen her bekannt. Sie kannten mich ebenfalls. Sie kannten das Mädchen, das immer nur Röcke trug, immer höflich grüßte und freundlich lächelte, waren die an sie gerichteten Bemerkungen auch noch so dumm. Das Mädchen, das nie aufmüpfig wurde oder gar frech. Dem man in der Schule bedenkenlos die Klassenkasse und das Klassenbuch anvertraute, weil es stets zuverlässig, gewissenhaft und ehrlich war. Das war mein Image. Mama legte großen Wert darauf, mich nervte es zuweilen. Schon damals dachte ich, dass nett sein allein nicht immer ausreiche. Man musste auch mal klar seine Meinung sagen dürfen, vor allem dann, wenn mir Dummheit entgegenschlug. Aber ich wusste, dass ich meine Hautfarbe durch besonders gutes und zuvorkommendes Verhalten kompensieren musste. So hatte ich es gelernt und mir antrainiert, und das legte ich so schnell nicht wieder ab. Es war eine Bürde, die mir oftmals gegen den Strich ging.

Auch während des Praktikums war ich brav, pünktlich, zuverlässig. Das gehörte sich so und ich wurde gut aufgenommen. Irgendwie hatte ich das Gefühl, dass meine Hautfarbe kein Thema war. Es war nichts Außergewöhnliches, nichts, was die Umgebung zwang, darüber nachzudenken, ob es denn ginge, einen solchen Menschen in ihrer Mitte zu haben. Man behandelte mich auch nicht extra freundlich, um bloß den Eindruck zu vermeiden, man könne etwas gegen mich haben.

Diese übertriebene Freundlichkeit begegnete mir im Alltag ab und an. Ich fand sie lästig, merkte ich doch die Absicht. Bemerkungen, die mir zu verstehen gaben, dass ich froh sein könne, nicht »so« Schwarz zu sein, empfand ich als äußerst peinlich. Nicht, dass es mir peinlich war, Schwarz zu sein. Es war mehr ein Fremdschämen für mein Gegenüber, derart dumm zu sein. Und da ich mein Gegenüber mit seiner eigenen Dummheit nicht konfrontieren wollte, überging ich Bemerkungen dieser Art immer möglichst schnell. Dabei bekam ich sie oft zu hören. Auch wurde mein aufrechter Gang dem Umstand zugeschrieben, dass Schwarze stolze Menschen seien und deshalb so gerade und mit erhobenem Haupt gingen. Manchmal hieß es auch, es sei arrogant, ich sei arrogant. Nun ja, das passte zwar nicht zu dem Ruf eines braven, netten und freundlichen Mädchens, aber mit der Zeit war es mir egal. Ich schaute mir an, von wem es kam und hatte schon damals das Gefühl, dass man sich Neid erarbeiten musste. Es war dann sogar so, je öfter ich es hörte, umso stolzer wurde ich.

Das Praktikum jedenfalls tat mir gut. Ich beendete es mit dem festen Entschluss, Religionspädagogik zu studieren und hoffte damit dann in einem Umfeld arbeiten zu können, in dem ich mich nicht zu rechtfertigen brauchte. Dafür, dass ich zwar Schwarz, aber »zum Glück« nicht ganz so Schwarz sei, aber aufrecht ging und stolz war. Mir war klar, dass ein entsprechendes Arbeitsumfeld nicht überall der Fall sein würde. Wahrscheinlich suchte ich auch nach einem Schutzraum.

Mein Entschluss war ganz in Mamas Sinne. Alles, was mit Kirche zu tun hatte, war in ihrem Sinne. Und die Vorstellung, dass ihre Tochter für eine Kirchengemeinde arbeitete, erfreute sie sehr. Da auch sie nahezu ihr ganzes Leben in den Diensten der Kirche verbracht hatte, sah sie darin eine Fortsetzung dieser Tradition. Und ich kannte einfach noch nichts anderes, konnte mir andere Berufe für mich nicht so richtig vorstellen. Vielleicht lag es an mangelnder Fantasie und daran, dass ich noch gar nicht wusste, was mir lag und über welche Kompetenzen ich verfügte. Jedenfalls wusste ich nun, worauf ich hinzielte, dass ich in Hamburg studieren und weiterhin in Buxtehude leben würde. Auch das war ganz in Mamas Sinne. Nach wie vor war sie der festen Überzeugung, dass ich diesen Ort und sie niemals verlassen würde.

Noch war ich weit weg vom Abitur, weit weg von dem, was einmal kommen würde.

1984 beendete ich die Realschule, um dann nahtlos auf das einzige Gymnasium der Stadt zu wechseln, das die Möglichkeit des Abiturs anbot. Dieser Zeitpunkt markiert eine Kehrtwende in meinem Leben.

Noch immer musste ich regelmäßig meine Aufenthaltsgenehmigung beantragen. Ich lebte nun schon lange genug in Deutschland, die Aussicht, Abitur und ein Studium zu absolvieren, war groß. Aus diesem Grund erhielt ich dann eines Tages eine unbefristete Aufenthaltsberechtigung, verbunden mit einer Arbeitserlaubnis. Das bedeutete, keine Anträge mehr, keine Angst mehr vor den Konsequenzen eines Scheiterns. Das erste Mal ein Gefühl von Sicherheit.

Die befürchteten Sommerferien in Nigeria sollten bald ebenfalls Geschichte sein. Aber zunächst galt es, sich darüber zu freuen, die zehnte Klasse erfolgreich abgeschlossen zu haben. Floris letzter Tag in der Realschule. Ich nahm Abschied von der Schule, von den Lehrkräften, von einem Großteil der Mitschülerinnen und Mitschüler – und ich nahm Abschied von Flori und ihren Röcken.

Es war ein Sommer der Transformation, der Veränderung, der inneren und äußeren Emanzipation. Es war eine Art Befreiung, zumindest, was einen Teil meines Ichs betraf. An der neuen Schule kannten mich die Lehrkräfte noch nicht. Sie wussten nichts von mir und meiner Geschichte. Dort war ich eine von vielen Schülerinnen und Schülern, die neu von außerhalb dazukamen. In der Klasse machte es sehr schnell keinen Unterschied, aus welchem Ort und von welcher Schule man kam. Es schien, als wären es zu viele Schülerinnen und Schüler, um sich merken zu können, wer von wo mit welchen Noten an diese Schule gewechselt war.

Der Klassenlehrer rief jeden einzelnen auf, bei dem Namen Florence herrschte erst einmal Stille. Bis mir siedend heiß einfiel, dass ja nur ich gemeint sein könnte. Nach siebzehn Jahren auf Flori zu hören und sich auch wie eine solche zu fühlen, war wohl Rechtfertigung genug, um mit einer gewissen Verzögerung auf diesen für mich ungewohnten Namen zu reagieren. Auf einmal wurde aus der kleinen Flori die erwachsene Florence. Es dauerte eine Weile, bis ich realisierte, dass ich gemeint war.

Als Florence hatte ich allmählich keine Lust mehr auf Rüschenkleider und Faltenröcke. Ich änderte meinen Kleidungsstil so gut es ging, soweit es unsere Finanzen zuließen und es von Mama geduldet wurde. Ich sparte das bisschen Geld, das ich mir durch diverse Nachhilfestunden dazuverdiente. Aufgrund meiner Arbeitserlaubnis waren mir solche Tätigkeiten inzwischen erlaubt.

Mama fand zwar noch immer, dass ich wegen meiner kurzen Haare mehr wie ein Junge aussah und mir deshalb Röcke besser standen, ich jedoch war der Röcke überdrüssig. Ich erinnere mich noch gut an meine erste, meinen Möglichkeiten entsprechend, stylische Hose, kombiniert mit einem Pulli und Stiefeletten. Ich fand mich großartig, fand, dass ich super aussah. Auch meine Freundinnen waren von diesem neuen Style positiv überrascht. Für Mama war es ungewohnt, sie trauerte ihrer kleinen Flori nach. Natürlich konnte ich nicht meinen kompletten Kleiderschrank auf einmal ausmisten, auch wenn ich das nur zu gern getan hätte. So musste ich auch immer wieder die alten Sachen tragen, was mir zunehmend peinlich wurde. Deshalb sah auch Florence immer mal wieder wie Flori aus.

Drei Jahre waren es noch bis zum Abitur. Diese Jahre sollten die arbeitsreichsten meiner Schulzeit werden. Schule war wahrlich noch immer nicht mein Ding, aber eine Alternative gab es nicht. Am liebsten hätte ich die Schule nach der zwölften Klasse mit der Fachhochschulreife beendet, zumal für meine angestrebte Berufsrichtung dieser Abschluss gereicht hätte. Doch Mama hielt an ihrem Prinzip fest: »Was man anfängt, bringt man auch zu Ende.«

Zum Glück, denn nach den drei Jahren sollte ich tatsächlich zur Überraschung vieler mit dem bestandenen Abitur in der Tasche das Gymnasium verlassen. Warum einige mir das Erreichen dieses Ziels nicht zugetraut hatten, lag aus meiner Sicht vor allem daran, dass ich nicht aus begüterten Verhältnissen kam, was für viele gleichbedeutend damit war, auch bildungstechnisch begrenzt zu sein. In den folgenden Jahren sollte noch manch weitere Überraschung auf sie zukommen, zu meiner Genugtuung und zum Stolz von Mama.

Für mich war es schon damals ein großer Ansporn, den Leuten das Gegenteil zu beweisen. Das funktionierte gut und ich liebte die überraschten Gesichter, wenn sie mit einem unerwarteten Ergebnis konfrontiert wurden. Die Opportunisten unter ihnen waren dann voll des Lobes. Diese »super, habe ich es doch schon immer gewusst«-Personen sollten mir noch oft im Leben begegnen. Schon damals verabscheute ich ihre Scheinheiligkeit.

Am Ende des ersten Jahres auf dem Gymnasium unternahmen wir eine Klassenfahrt, die für mich eine willkommene Abwechslung war. Endlich mal raus von Zuhause, mal ohne mütterliche Aufsicht. Es war meine zweite Klassenfahrt während meiner gesamten Schulzeit und entgegen meiner Gewohnheit verspürte ich keinerlei Heimweh. Diese Klassenfahrt war entspannter und unbekümmerter als die erste.

Mit einem nigerianischen Pass für eine Woche nach Berlin zu reisen, war in den 1980er-Jahren ein spannendes Unterfangen. Ich liebte diese Stadt, schnell wurde sie zu meiner Lieblingsstadt, die ich künftig noch oft besuchen sollte. Da war es wieder, mein Fernweh, meine Neugier auf andere Länder, Städte und Menschen. Ich erinnere mich noch gut daran, wie sehr ich mich auf den Ausflug nach Ostberlin freute und auf die Stunden, die wir in kleinen Gruppen allein unterwegs sein durften. Die Grenzkontrolle war ein kleines Abenteuer. Ich sehe noch heute das besorgte Gesicht meiner damaligen Klassenlehrerin vor mir. Doch nichts sollte schiefgehen mit ihrer Schülerin und ihrem »afrikanischen« Pass. Die Beamten an der Zollstation sahen sehr streng aus und ich fragte mich, warum sie nicht wenigstens ein kleines bisschen lächelten. Ich war gelöst, hätte am liebsten einen Witz gemacht, aber natürlich war ich nicht so ungeschickt und verkniff ihn mir, denn wer weiß, was sonst passiert wäre. Auch wollte ich nicht riskieren, dass meiner Lehrerin das Herz stehen blieb. Ich glaube, sie rechnete ohnehin damit, mit mir an der Grenzkontrolle wieder kehrtmachen zu müssen. Da die DDR jedoch damals ein Abkommen mit Nigeria hatte, war die Gefahr von Einreiseschwierigkeiten wohl geringer.

Doch es lief reibungslos. Ostberlin war eine andere Welt für mich. Mit dem getauschten Geld fühlte ich mich an diesem Tag so reich wie nie zuvor und vielleicht auch nie danach. In einem Warenhaus kaufte ich ein, jede Menge Blöcke und Stifte, am Ende hatte ich noch immer Geld übrig. Danach wollten wir zu zweit Ostberlin erkunden, mit der Straßenbahn fahren, durch die Straßen laufen. Alle durften allein gehen, nur meine Freundin und ich nicht. Meine Klassenlehrerin ließ mich nicht aus den Augen, zu sehr befürchtete sie, mir könne in Ostberlin aufgrund meiner Hautfarbe etwas passieren. Und so verbrachten wir den Nachmittag zu dritt. Trotzdem fand ich es auch nett, dass sie diese Fürsorge mir gegenüber walten ließ. Diese Klassenfahrt hinterließ bei mir ein schönes Gefühl der Freiheit. Ich liebte Berlin, die Menschen, die Atmosphäre, die Sehenswürdigkeiten. Auf jeden Fall wollte ich noch oft wiederkommen.

Die letzten zwei Schuljahre erforderten sehr viel Disziplin. Ich hatte meine Lieblingsfächer, Sport gehörte definitiv nicht dazu. Ich war diejenige, die beim Gruppenballspielen als letzte in die Gruppe gewählt wurde. Nicht, weil man mich aufgrund meiner Hautfarbe nicht wollte. Nein, ich hätte mich selbst auch nicht gewählt. Ich war schlichtweg unsportlich, wenn es um Ballspiele ging. Meine Abneigung gegen Ballspiele, aber vor allem meine komplette Talentfreiheit in dieser Hinsicht waren nicht zu übersehen.

Nur ein Lehrer schien Erbarmen oder irgendeine Art von Mitleid mit mir zu haben. Während der gesamten Sportstunde, in der es Noten geben sollte, bei meinem Lieblingsthema – Ballsportarten – saß ich auf der Bank neben ihm. Nacheinander rief er Schülerinnen und Schüler auf. Die einen sollten das Spielfeld verlassen, die anderen es betreten, um benotet zu werden. Die Sportstunde näherte sich dem Ende und zu meiner großen Freude wurde mein Name nicht ein einziges Mal aufgerufen. Die Peinlichkeit des Vorturnens schien mir, ganz zu meiner Zufriedenheit, erspart zu bleiben. Ich fragte mich, ob der Lehrer mich vergessen hätte. Aber wie sollte er, wo ich doch neben ihm saß. Die Begründung des Lehrers am Ende der Stunde war so absurd wie unglaublich zugleich. Er meinte tatsächlich, da Schwarze Ballsportarten ohnehin nicht beherrschten, sei es nicht nötig, dass ich mich abquälte. Ich bekam Gnadenpunkte und war damit gut bedient. Von Fairness den anderen oder mir gegenüber – oder gar Racial Profiling, ein Begriff, den man damals noch nicht verwendete – mal ganz zu schweigen. Abgesehen auch von den vielen Schwarzen Spitzentalenten im Ballsport, die damals schon von sich reden machten. Aber egal, sein Nachteil war mein Vorteil, ich hatte meine Ruhe. Natürlich war es ein vermeintlicher Vorteil, der sich manchmal auch in sein Gegenteil umkehrte.

Aufgrund meines französisch klingenden Vornamens glaubte die Französischlehrerin eine waschechte Französin vor sich zu haben und parlierte in der ersten Stunde mit mir drauflos. Wie enttäuscht sie dann war, als sie merkte, dass bloß ein Buxtehuder Mädchen vor ihr saß.

Schwarze Menschen hätten von Natur aus gute Stimmen, und dass Tanzen ihnen im Blut läge, schien jedem klar. Ich diskutierte nur selten mit meinem Gegenüber, zum Teil, weil mich peinlich berührte, welche Vorurteile da geäußert wurden, zum Teil aber auch aus Berechnung, wusste ich ja nie, wann ich diese Meinung einmal für mich nutzen könnte.

Im Biologieunterricht diente ich als lebendes Beispiel dafür, dass auch dunkelhäutige Menschen im Sommer dunkler würden. Dies hielt jeder zunächst für vollkommen ausgeschlossen. Man versuchte mir zu erklären, dass das völlig unmöglich sei. Eine absurde Vorstellung. Kurzum, ich nahm meine Uhr vom Handgelenk und zeigte die hellere Stelle. Der Biologielehrer staunte nicht schlecht. Und dass ich mir bei der letzten längeren Fahrradtour einen Sonnenbrand auf der Nase geholt hatte, brachte nicht nur ihn, sondern auch die Apothekerin, bei der ich eine Creme kaufen wollte, vollends aus der Fassung. Dunkelhäutige Menschen hatten keinen Sonnenband zu kriegen, fertig aus. Warum nur versuchten weiße Menschen mir zu erklären, wie was bei mir zu sein hatte? War es Unwissenheit oder Ignoranz?

Nicht, dass die Menschen unserer Umgebung unfreundlich gewesen wären. Das waren sie nicht, aber sie hatten ihre Schubladen, was auch menschlich ist. Dennoch gefielen mir die Schubladen, in die ich gesteckt wurde, nicht. Es gefiel mir nicht, etwas zugeschrieben zu bekommen, das nichts mit mir zu tun hatte. Ich wollte mir selbst aussuchen, wer ich war und wie ich lebte.

Unsere finanzielle Situation und die damit verbundene Abhängigkeit von der Gnade anderer waren peinlich und herabwürdigend genug. Ich verspürte für Mama und mich große Scham, es war gegen meinen Stolz, gegen mein Selbstwertgefühl, von der Gnade anderer abhängig zu sein, von ihren Almosen. Und doch wusste ich, dass wir anders nicht zurechtkamen. Ich wollte nicht als Sozialprojekt der Mitglieder der Kirchengemeinde gelten und hatte unterschwellig immer das Gefühl, als müssten wir für alles, was wir taten, indirekt Rechenschaft ablegen. Stand es uns eigentlich zu, eine eigene, vielleicht abweichende Meinung zu haben? Oder galt es, aus reiner Dankbarkeit stets angepasst, höflich und freundlich zu sein? Die Menschen um uns herum waren überwiegend freundlich, ja herzlich. Dennoch gab es auch welche, die die Grenze überschritten. Zwar war Mama bekannt dafür, auch deutliche Worte zu finden, doch selbst sie wurde mit der Zeit immer zurückhaltender. Und ich hatte den Eindruck, mich nicht wehren zu dürfen, obwohl ich es das eine oder andere Mal sehr gern getan hätte. Ich hätte gerne ausgesprochen, wie unverschämt manches Verhalten war. Doch hatte ich das Gefühl, eine eigene Meinung darf die Person nicht haben, die auf finanzielle Unterstützung anderer angewiesen ist. Ich fragte mich, ob Abhängigkeit gleichermaßen Unterwerfung bedeutete. Ich fragte mich, ob dies die Haltung derer war, von denen ich mich abhängig fühlte. Oder ob es lediglich meine Meinung war, von der ich annahm, dass andere sie teilten.

Widerspruch war für mich gleichbedeutend mit Undankbarkeit, undankbar wollte ich nicht sein. Mit meinen achtzehn, neunzehn Jahren merkte ich, dass ich mein Leben zu sehr nach der vermeintlichen Meinung anderer ausrichtete. Der Leitsatz: »Flori, was denken die Leute«, bestimmte mein Leben. Das Gefühl, froh sein zu müssen, überhaupt da sein zu dürfen, begleitete mich täglich. Meine finanzielle Unabhängigkeit, meine Eigenständigkeit und damit der Besitz der eigenen Stimme wurden zu meinen größten Leitzielen.

Mit Nachhilfestunden in Englisch verdiente ich mir etwas Geld dazu. Gut erinnere ich mich noch an die ersten selbst verdienten zehn Mark. Ich freute mich riesig, ging nach Hause und gab Mama die Hälfte davon für den Haushalt. Dass sie für dieses Geld nicht putzen gehen musste, ich es selbst verdient und nicht geschenkt bekommen hatte, beruhigte mich sehr und erfüllte mich mit Zufriedenheit und Stolz.

Das Abitur zu machen, um anschließend zu studieren, es damit nicht nur den anderen, sondern auch mir selbst zu beweisen, war nun meine größte Motivation. Der Alltag bestand aus Lernen – Lernen in der Schule, nach der Schule, zuhause. Spontane Verabredungen wurden wieder abgesagt, weil ich lernen musste. Es ging auf das Endziel zu, auf die Prüfungen.

Nach einigem Bangen und einer fulminanten mündlichen Prüfung hatte ich es geschafft, ich hatte mein Abitur. Ich blickte nach vorn. Ich wollte die Schulzeit geistig hinter mir lassen. Vor allem wollte ich nicht an unfaire, voreingenommene Lehrkräfte, die ich leider während der letzten zwei Jahre auch hatte, zurückdenken. Offiziell beschwert hatte ich mich nie. Dennoch, die Vorfälle waren bekannt, auch bei der Schulleitung. Ich war mir sicher, dass ich diese Menschen nie wiedersehen würde. Also was brachte es, sich gedanklich weiter mit ihnen zu befassen.

Damals hielt ich diese Einstellung für richtig. Aber war sie nicht eher bequem oder gar egoistisch? Was würde aus den Schülerinnen oder Schülern werden, die sich von diesen Lehrkräften ebenfalls so behandeln lassen mussten? Was, wenn niemand je etwas sagte, nur um keinen Ärger zu haben? Was wäre, wenn alle so dächten wie ich? Was, wenn alle zu feige wären, Menschen, die ihre Macht ausnutzten, offen entgegenzutreten? Dann können sich diese Menschen weiterhin so benehmen und alle anderen müssen sie weiterhin ertragen.

Es war Juli 1989, ich kehrte der Schule für immer den Rücken zu. Ich muss immer schmunzeln, wenn es heißt, Schule sei die schönste Zeit im Leben. Schon damals schaute ich ungläubig jene an, die noch während der letzten Wochen damit beschäftigt waren, das nächste Treffen des Jahrgangs zu organisieren. Manche machten den Eindruck, als bedeute das Ende der Schulzeit die größte Trennung ihres Lebens. Adressen und Telefonnummern wurden getauscht, in Poesiealben geschrieben und sich versichert, sich auf jeden Fall bald wiederzusehen. Für mich galt damals schon die Devise, dass alles seine Zeit hat und es auch immer wieder eine Zeit des Abschiedes gibt.

Ich blickte nach vorn und wollte mich nun auf das Studium der Religionspädagogik konzentrieren. Ich war mir sicher, dass ich im Hamburger Rauhen Haus, der Fachhochschule, mein Studium aufnehmen würde. Die entsprechenden Unterlagen lagen bereits zuhause. Die Voraussetzung für das Studium war ein halbjähriges sozialpädagogisches Vorpraktikum in einer entsprechenden Einrichtung. Bei der Stadt Buxtehude gab es Stellen, die dafür infrage kamen. Ich mochte Kinder und freute mich auf die Zeit in einem städtischen Kindergarten. Bisher hatte ich zwar noch nicht mit ganz Kleinen gearbeitet, aber natürlich war mir der Umgang mit ihnen nicht fremd. Die Arbeit stellte ich mir schön vor. Mir war auch bewusst, dass vielleicht nicht alles niedlich wäre. Je nachdem, wie alt die Kinder waren, mussten bestimmt auch mal Windeln gewechselt, Nasen geputzt und Essensreste weggewischt werden. Die hohen Stimmchen würden bestimmt auch irgendwann in den Ohren schmerzen, aber sicherlich gäbe es Mittagspausen, in denen die Kleinen schliefen. Die Arbeitszeiten waren überschaubar, sodass ich weiterhin Nachhilfestunden würde geben können.

Ich schickte meine Bewerbung ab und die Antwort ließ nicht lange auf sich warten. Zu meiner großen Überraschung war das Bewerbungsverfahren eine Massenangelegenheit, offensichtlich suchte nicht nur ich einen Platz für ein Praktikum. Ob ich eine realistische Chance hätte? Es waren vornehmlich Mädchen, die Erzieherinnen werden wollten. Neben den zahlreichen Plätzen in den örtlichen Kindergärten gab es auch einen Platz in dem einzigen Jugendzentrum vor Ort.

Ich kannte es nicht, wusste nur, wo es war. Es war bekannt, dass sich hier vor allem Jugendliche aufhielten, die eine Anlaufstelle suchten. Wie es hieß, Kinder und Jugendliche aus sozial herausfordernden Verhältnissen. Ich konnte mir wenig darunter vorstellen und verband damit eher Kinder und Jugendliche mit schlechtem Benehmen, die einfach nicht erzogen waren. Kinder und Jugendliche, die rauchten und tranken und auch sonst nicht wussten, was sie mit sich und ihrer Freizeit anfangen sollten. Warum sonst sollte man freiwillig seine Zeit in einer solchen Einrichtung verbringen? Für mich war das schier unbegreiflich. Es war zwar interessant zu lesen, was diese Einrichtung alles anbot, aber da ich mich nicht dorthin beworben hatte, erlosch mein Interesse schnell wieder. Schließlich gab es genug Kindertagesstätten, um alle Bewerbungen zu berücksichtigen. Ich war inzwischen über 18 Jahre alt und galt in Deutschland als volljährig. Leider hatte ich nicht das Geld für einen Führerschein und für ein Auto erst recht nicht. So hoffte ich, dass ich nicht jeden Tag einmal durch ganz Buxtehude spazieren müsste, um an meinen Arbeitsplatz zu gelangen. Für öffentliche Verkehrsmittel wollte ich kein Geld ausgeben und meine sportliche Abneigung bezog sich auch auf das Fahrradfahren.

Das Praktikum sollte ein Jahr dauern und die Praktikanten erhielten eine kleine monatliche Aufwandsentschädigung, was mich sehr freute. Zum einen konnte ich etwas Geld für mein Studium zur Seite legen, zum anderen konnte ich Mama noch mehr für den Haushalt abgeben. Das Leben wurde für sie damit leichter. Jede Mark von mir bedeutete weniger zusätzliche Arbeit für sie. Weniger zusätzliche Arbeit für sie bedeutete, dass es ihr auch körperlich besser ging. Ich freute mich also auf meine neue Tätigkeit und die Arbeit mit den Kleinen. Sie machten so viel Freude, waren noch so unbekümmert und offen. Das liebte ich. Und ich wusste, dass sie mit meiner Hautfarbe kein Problem hätten. Vielleicht würden sie im ersten Moment etwas erstaunt gucken oder auch mit ihren kleinen Fingern über meine Haut fahren, aber das war ich bereits gewohnt. Sie würden prüfen wollen, ob die Haut echt wäre oder abfärbte.

So wie der vielleicht siebenjährige Junge an einer Buxtehuder Ampel. Er stand mit seiner Großmutter neben mir und fragte sie verwundert, ob die braune Farbe echt wäre. Seine Großmutter bejahte, doch der Junge wollte es nicht glauben. Seine Großmutter fragte mich freundlich, ob der Kleine mich einmal anfassen dürfe. Wie heißt es in der Obst- und Gemüseabteilung so schön? »Bitte nicht anfassen.«

Nun stand ich mitten in der Buxtehuder Innenstadt an einer Ampel, vor mir ein Junge mit großen, fragenden Augen und einer Großmutter, die sich für ihr Enkelkind einsetzte. Würde sie auch eine Frau, deren Frisur einer Perücke ähnelte oder einen Mann, dessen Toupet schief auf dem Kopf saß, fragen, ob ihr Enkel einmal anfassen dürfe? Sollte ich sie in die Schranken verweisen? Sollte ich ihr freundlich, aber deutlich zu verstehen geben, dass sie es hier mit einem Menschen und nicht einem Objekt zu tun hatte? Sollte der Junge nach Hause gehen und seinen Eltern berichten, dass Oma von einer Schwarzen Frau ausgeschimpft wurde, weil er nicht wusste, ob die braune Farbe auf der Haut echt war? Hieß es nicht immer, Kinder müssten begreifen lernen?

Also streckte ich dem Kleinen meine Hand hin und er staunte nicht schlecht, dass die Farbe hielt. Noch mehr staunte er, nein, er sah eher erschreckt aus, als er feststellen musste, dass die Handinnenfläche weiß war. Noch gut erinnere ich mich an sein Strahlen und das dankbare Lächeln der Großmutter. Wie viele Ampelphasen diese Begebenheit dauerte, kann ich nicht sagen. Wir verabschiedeten uns freundlich. Ich war zufrieden mit meiner Entscheidung, dazu beigetragen zu haben, dass dieser Junge für den Rest seines Lebens wusste, dass meine braune Haut echt war und es erlaubt war, Fragen zu stellen.

Ich konnte mir also gut vorstellen, dass die Kleinen in der Kindertagesstätte ebenfalls Fragen stellen würden oder zumindest begreifen wollten, was sie sahen.

Im Rathaus wurden wir einzeln aufgerufen, um unsere Einsatzorte zu erfahren. Ein Praktikumsplatz in einer Kindertagesstätte nach dem anderen wurde vergeben. Dann war ich an der Reihe. »Freizeitheim Buxtehude«. Wie bitte, diese komische Einrichtung mit den unerzogenen Kindern und Jugendlichen? Niemals, da musste definitiv ein Fehler vorliegen. Bestimmt und es nicht an Selbstbewusstsein mangeln lassend erläuterte ich dem freundlichen Herrn, der die Stellen vergab, dass ich mich für eine Praktikumsstelle in einem Kindergarten beworben hatte. Deshalb möge er doch nochmals nachschauen, da läge sicherlich ein Fehler vor. Freundlich, aber nicht weniger bestimmt, erläuterte mir der verantwortliche Herr, dass ich die einzige Bewerberin wäre, die ein der Sozialpädagogik nahes Studium beginnen wolle und ich deshalb mein Praktikum in einem sozialpädagogischen Bereich absolvieren müsse, zumindest, wenn ich dies in Buxtehude machen wollte.

Freizeitheim Buxtehude, nicht wirklich! Ich unterschrieb zwar den Vertrag, was blieb mir auch in dem Moment anderes übrig. Doch überlegte ich mir auf dem Weg nach Hause bereits Alternativen. Denn ich war mir hundertprozentig sicher, in diese Einrichtung würde ich niemals einen Fuß setzen.

Willkommen im richtigen Leben

Verärgert überlegte ich, wie ich eine andere Praktikumsstelle bekommen könnte. Was sollte ich mit Jugendlichen anfangen, die irgendwelche Probleme mit sich herumschleppten? Wer wusste schon, wie die auf mich reagieren würden? Als Kind habe ich bereits um alle, die irgendwie komisch waren, einen großen Bogen gemacht. Es war mir zu anstrengend, mich mit Jugendlichen auseinanderzusetzen, die sich nicht so benahmen wie ich und aus einer anderen Welt kamen. Ich hatte keine Ahnung, was in diesem Jugendzentrum vor sich ging. Ich wusste es nicht und wollte es auch nicht wissen. Ich wollte Religionspädagogik studieren, Kindern nette Geschichten aus der Bibel erzählen, Kindergottesdienste organisieren und Konfirmandenfreizeiten betreuen. Auf jeden Fall wollte ich mich mit kirchlichen und nicht mit weltlichen Dingen beschäftigen und das in einer Umgebung, in der alle christlich, nett und freundlich zueinander waren. Natürlich wollte ich noch vieles erleben und die Welt entdecken, aber ganz bestimmt nicht die dieser Jugendlichen. Wenn früher solche Kinder meinen Weg kreuzten, sagte Mama immer: »Flori, komm hoch, mit solchen Kindern spielst du nicht.« Mama glaubte fest an die Nächstenliebe, aber die hatte auch Grenzen.

Ich hatte meine äußere Auffälligkeit mit meiner anerzogenen Unauffälligkeit in Einklang zu bringen. Offener Widerspruch, aufzubegehren, das gab es nicht, das kannte ich nicht. Niemals hätte ich mir zugestanden, aufmüpfig oder gar frech zu sein. Schimpfwörter zu benutzen oder anderes ungehöriges Verhalten waren mir fremd und kamen in meinem unmittelbaren Umfeld nicht vor. Ich wuchs behütet auf und mir fehlte im Umgang mit solchem Verhalten einfach die Übung. Was also sollte ich in diesem Freizeitheim? Allerdings fiel mir auf die Schnelle keine Alternative ein. Dass der Vertrag unterschrieben war, störte mich weniger, den würde ich kündigen.

Zuhause erzählte ich von meinem Elend in der Hoffnung, dass meine Mama eine Lösung wüsste. Aber auch ihr fiel nichts ein. Und so kam es, wie es kommen musste. Mir schien nichts anderes übrig zu bleiben, als tatsächlich am ersten Arbeitstag dort anzutreten. Zum Glück hatte ich mich inzwischen von meinen Röcken verabschiedet und erschien pünktlich in Jeanshemd und Hose an meiner neuen Wirkungsstätte. Der Chef war sehr nett, ebenso die Kolleginnen und Kollegen. Man duzte sich gleich, was für mich ungewohnt war, aber mir nicht schwerfiel.

Das Freizeitheim hatte noch Sommerpause. Deshalb galt es zunächst, die Räumlichkeiten so herzurichten, dass sie wieder ansprechend aussahen. Gemeinsam mit einem Kollegen sollte ich Wandbilder auffrischen. Nun gut, Arbeiten und Anpacken war ich gewohnt, von daher fiel mir diese Tätigkeit nicht schwer. Jedoch war mein Kollege von meiner Arbeitskleidung geradezu entsetzt. Ich lernte meine erste Lektion. Das, was ich als leger empfand, galt in diesem Umfeld bereits als schick, viel zu schick. Das Jeanshemd ging durch, aber ansonsten musste ich meine Arbeitskleidung neu zusammenstellen.

Der erste Tag nach der Sommerpause nahte, und dann kamen sie: Jungs und Mädchen im Alter von etwa zwölf bis deutlich über 18 Jahren. Damals war das Rauchen in geschlossenen Räumen noch erlaubt. Die Mitarbeiter und Mitarbeiterinnen rauchten, die Jungs und Mädchen rauchten, das Entsetzen war mir ins Gesicht geschrieben. Ich stand da wie Falschgeld, ich, das Mauerblümchen, unter lauter rauchenden, komisch redenden Jugendlichen. Zunächst verkroch ich mich im Büro und suchte nach irgendeiner sinnvollen Tätigkeit. Die Jugendlichen, davon war ich überzeugt, konnten sich selbst beschäftigen. Ich sah es nicht als meine Aufgabe an, sie zu bespaßen. Möglichkeiten zur Freizeitgestaltung wie Tischfußball, Backgammon, Dart und andere Spiele gab es genügend. Wenn sie schon nicht dort waren, wo sie meiner Meinung nach eigentlich hingehörten, nach Hause an den Mittagstisch und an die Hausaufgaben, würden sie ja wohl wenigstens selbst etwas mit sich anzufangen wissen.

Ich hatte kein großes Interesse, von ihnen angesprochen zu werden. Ehrlich gesagt, hatten wir uns auch nicht wirklich etwas zu sagen. Ihre Themen, ihre Sprache, ihr Benehmen, dazu hatte ich keinerlei Bezug, das war für mich wie von einem anderen Stern. Ich staunte, dass die Mitarbeiter und Mitarbeiterinnen sich mit diesen Jugendlichen überhaupt verständigen konnten. Es war mir unbegreiflich, wie man sich als Erwachsener auf eine derart kumpelhafte Ebene herablassen konnte.

Der erste Tag zog sich wie Kaugummi, er wollte einfach nicht enden. Diese Jugendlichen thematisierten alles, meine Hautfarbe, meinen Namen, was ich machte, wie ich mich bewegte. Nach diesem Tag stand mein Entschluss fest. In dieser Einrichtung würde ich keine Sekunde länger als nötig bleiben. Wenn es sein musste, sechs Monate und keinen Tag länger. Ich ging nach Hause und teilte meiner Mama meinen Entschluss mit. »Was man anfängt, bringt man auch zu Ende«, war mir in dem Moment vollkommen egal, denn in dieses Umfeld, und daran gab es keinen Zweifel, passte ich nun wirklich nicht.

Jeden Tag von neuem quälte ich mich in diese, in meinen Augen, Unterwelt. Wenigstens waren die Kollegen und Kolleginnen nett. Sie merkten, dass es mir schwerfiel, mich an die Gegebenheiten zu gewöhnen, dass ich Berührungsängste hatte. Das Haus öffnete meist am frühen Nachmittag. Die Kids standen immer schon lange vor der Öffnungszeit vor der Tür. Einmal kam mir ein Jugendlicher entgegen und grüßte mich mit den Worten: »Hi Fotze«. Obwohl ich mich mit meinem Namen vorgestellt hatte, hatten die Kids entschieden, mich Flo zu nennen, was ich, nach etwas Überwindung, akzeptierte. »Fotze« war neu für mich, und ich muss zugeben, dass ich zu diesem Zeitpunkt noch nicht wusste, was es bedeutete.

Mit meinen Kollegen und Kolleginnen sprach ich nicht darüber. Ich selbst nannte die Kids bei ihren richtigen Namen, wobei auch das nicht immer erwünscht war. Viele hatten Spitznamen und es galt als Vertrauensbeweis, wenn man diese benutzen durfte. Aber »Fotze«, war das etwa auch ein Spitzname? Wieder zuhause, erzählte ich Mama von dieser Begegnung und fragte sie allen Ernstes, was dieser Name bedeute. Mama wusste es auch nicht. Von

Google waren wir noch Lichtjahre entfernt, also holten wir den Duden hervor. Ich glaube, Mama vergaß kurz Luft zu holen, ich selbst konnte nicht glauben, was ich da las.

Als meine erste Amtshandlung am nächsten Morgen reichte ich eine Beschwerde bei dem Heimleiter ein, bei meinem Vorgesetzten. So locker und kumpelhaft es in dieser Einrichtung auch zugehen mochte, es gab Regeln, und an die hatten sich alle zu halten. Taten die Jugendlichen das nicht, gab es Sanktionen, wie beispielsweise temporäre Hausverbote. Ich erwartete, dass dieser Junge zurechtgewiesen würde, ein temporäres Hausverbot wäre mir ebenfalls nicht unrecht gewesen. Wie kam er dazu, mich derart zu beleidigen? Ich hatte ihm nichts getan, ihn freundlich gegrüßt. Es gab keine Veranlassung, mir so zu begegnen. Dass das N-Wort ein absolutes No-Go war, hatten sie inzwischen begriffen, nun mussten weitere Begriffe in die Verbotsliste aufgenommen werden.

Der Heimleiter hörte sich meine Beschwerde an. Ich war stinksauer, etwas, das selten bei mir vorkam. Seine Antwort führte bei mir zu Entsetzen und Unverständnis, stimmte mich jedoch auch nachdenklich. »Sei froh«, sagte er trocken und im vollen Ernst, »dass er dich überhaupt gegrüßt hat. Denn das ist die Art, wie er dir zeigt, dass er dich cool findet.« Wow, das hatte ich nicht erwartet und es beschäftigte mich. Um mir zu zeigen, dass er mich cool fand, benutzte er eine Beleidigung, die für ihn angeblich gar keine war. Ich müsste lernen, lockerer zu werden, die Dinge nicht so ernst zu nehmen und mich auf die Welt der Kids einzulassen. Etwas, das ich aber überhaupt nicht vorhatte. Oder besser gesagt, ich wusste gar nicht, wie das gehen sollte, denn wir hatten nichts, aber auch gar nichts Verbindendes.

Die Vormittage vor den regulären Öffnungszeiten waren weiterhin angenehm. Es gab Verwaltungsaufgaben zu erledigen und die Räumlichkeiten für den nachmittäglichen Betrieb vorzubereiten. Auch den Thekendienst mochte ich sehr, Küchenarbeit war einfach mein Ding. Wenn das alles erledigt war, gab es, so zumindest mein Gefühl, für mich nichts weiter zu tun. Nicht, dass ich mich langweilte, aber ich wusste nicht recht, worin dann meine Arbeit bestehen sollte. Von der Heimleitung wurde ich aufgeklärt, dass ich mit den Jugendlichen spielen könne. Ich verstand nicht recht. Schließlich wurde ich dafür bezahlt, in dem Heim zu arbeiten und nicht zu spielen. Man klärte mich auf, dass genau darin unsere Arbeit bestünde. Vormittags müsse die Verwaltungsarbeit erledigt werden, und sobald das Heim geöffnet sei, wären die Mitarbeiter und Mitarbeiterinnen dafür da, mit den Jugendlichen zu spielen. Konkret bedeutete das, ich sollte Backgammon, Darts, Tischkicker, Billard spielen, alles Dinge, die ich nicht kannte. Das jedoch sei der Weg, Zugang zu den Jugendlichen zu erhalten, indem wir uns mit ihnen beschäftigten.

Es kam mir vor, als sollten wir das tun, was ihnen zuhause fehlte. Was genau suchten sie bei uns? Was genau fehlte ihnen zuhause? Wirklich verstehen konnte ich diese Welt immer noch nicht. Ich bemerkte jedoch, dass die Jugendlichen eine offene Art hatten, und ich fing an, diese zu bewundern. Sie waren nicht ablehnend oder feindselig. Sie waren neugierig, stellten sehr direkte Fragen bezüglich allem, was sie wissen wollten, auch was mich betraf. Und mir war klar, wenn ich selbst nur ein halbes Jahr in diesem Heim überstehen wollte, musste ich irgendwie meine Berührungsängste überwinden.

Es fiel mir schwer, ihr Verhalten einzuschätzen. Ihre Sprache klang in meinen Ohren vor allem nach Aggression. Ihr Benehmen war in meinen Augen geprägt von schlechter Erziehung. Ihre Kleidung war nach meinem Geschmack unpassend und stillos. Doch sie kamen jeden Tag in dieses Heim und gingen erst kurz vor Schließung. Gab es denn niemanden in ihrem Umfeld, der wollte, dass sie pünktlich zum Abendessen zuhause waren? Auch meine Mama konnte mir diese Fragen nicht beantworten, für sie eine undenkbare Vorstellung, dass ich abends nicht nach Hause käme.

Mein erstes Spiel war Backgammon. Doch wie sollte ich mit irgendeinem Jugendlichen ein Spiel spielen, das ich nicht kannte? Und als Mitarbeiterin konnte ich schlecht zugeben, dass ich etwas nicht kannte, das war zumindest meine Vorstellung. Ich wollte schließlich nicht dümmer als diese Jugendlichen erscheinen. Sollte ich tatsächlich sagen: »Hey, hast du Bock auf ein Spiel? Ich habe aber keine Ahnung, wie es geht. Kannst du es mir zeigen?«

Doch ich überwand mich und gab mir diese Blöße, und genau das brachte das Eis zum Schmelzen. Mein Gegenüber hatte Bock.

Vor mir saß ein sehr geduldiger »Lehrer«, dem es sichtlich Freude bereitete, mir etwas zu zeigen, von dem ich keine Ahnung hatte. Und mir machte es Freude zu sehen, wie er sich freute und wie unkompliziert sich diese erste Kontaktaufnahme gestaltete.

Mit der Zeit wurde ich eine Meisterin in Backgammon, versenkte Kickerbälle, als ob ich noch nie etwas anderes gemacht hätte, warf Dartpfeile, als müsste ich meinen Weltmeistertitel verteidigen. Die Jugendlichen fanden das großartig und allmählich wuchs ihr Vertrauen. Letztlich ging es gar nicht darum, wer wie gut bei welchen Spielen war, es ging um den Kontakt, die Gespräche, das sich stabilisierende Vertrauen. Es ging darum, dass ihnen jemand zuhörte, Interesse an ihren Belangen zeigte und ihnen ohne Vorbehalte entgegentrat.

Allmählich lernte ich ihre Sprache. Das bedeutete nicht, dass ich sie mir angewöhnte oder guthieß. Aber ich lernte, was sie mit bestimmten Ausdrücken sagen wollten. Ich verstand, dass es nicht notwendig war, jedes ihrer Worte auf die Goldwaage zu legen. Nach und nach gelang es mir, mich in ihren Kommunikationsstil, ihren Humor und ihr Lebensumfeld hineinzudenken. Umgekehrt waren sie neugierig, was mich betraf. Aus welchem Land ich stammte, was es mit meinen Eltern und Geschwistern auf sich hatte und warum ich bei einer deutschen Frau lebte, die doch gar nicht meine Mutter war. Ihre Fragen waren anders als die, die mir sonst gestellt wurden. Sie fragten mit echter Neugier, ohne Unverständnis vorzuschieben. Bei einigen hatte ich den Eindruck, als wären ihnen meine Antworten und Erklärungen gar nicht so fremd. Manche hatten ebenfalls einen Migrationshintergrund, lebten in Elternhäusern, die nicht mehr ihre ursprüngliche Konstellation hatten oder in denen es von Beginn an nur einen Elternteil gab. Die Jungs und Mädchen, die täglich in das Freizeitheim kamen, hatten gute Gründe dorthin zu kommen, dort zu Mittag zu essen und dort ihre Nachmittage zu verbringen, Freizeitangebote wahrzunehmen und sich mit ihren Altersgenossen auszutauschen. Sie waren unverstellt in ihrer Art und schätzten es, dass es diesen Ort für sie gab.

Langsam gewöhnte ich mich daran, dass Backgammon spielen, Dartpfeile werfen und Kickerbälle versenken das war, wofür ich bezahlt wurde. Und genau diese Arbeit begann mir Spaß zu machen. Wobei Spaß oder Freude es nicht richtig trifft. Ich begann einen Sinn in dem zu sehen, was ich dort tat. Ich verstand die Existenzberechtigung dieser Einrichtung. Jugendlichen eine Art zweites Zuhause zu geben, in dem sie Jugendliche sein konnten, ohne sich verleugnen oder rechtfertigen zu müssen.

Die sechs Monate, die ich für mein Praktikum benötigte, neigten sich dem Ende zu. Jetzt hätte ich kündigen können, aber dieser Gedanke lag mir inzwischen fern. Ich war angekommen, ging gern meiner Arbeit nach und war entschlossen, das Jahr komplett zu machen. Diese Einrichtung tat nicht nur den Kids gut, sie wirkte sich auch positiv auf meine eigene Entwicklung aus. Wenn man wie ich vor mancher Hürde und manchem Stolperstein bewahrt aufwächst, weiß man vielleicht, dass es auch andere Lebensformen gibt. Aber man kennt sie nicht. Mir fehlten bis dahin jegliche Erfahrungen im Umgang damit. In dieser Umgebung lernte ich sie kennen und wurde lockerer. Sicherlich war ich dem ein oder anderen immer noch nicht locker genug, aber man attestierte mir eine deutliche Besserung. Vielleicht kann ich sogar sagen, dass es mir gelang, eine gewisse Spießigkeit abzulegen. Statt wie zuvor beleidigt zu sein, konnte ich bei dem Spruch eines Jugendlichen wie: »Guck mal, der Kakao sieht ja aus wie Muttermilch von Flo« nun selbst lachen. Auf so einen Spruch musste man ja erst mal kommen.

Manchmal blieb es nicht bei Sprüchen, dann ging es hoch her. Da flogen Aschenbecher, es brannten Blumentöpfe, Pizza klebte an der Wand, es gab unter den Jugendlichen auch heftige Auseinandersetzungen, die dann zu Hausverboten führten. Dennoch lernte ich, mich mit der richtigen Sprache und dem richtigen Verhalten durchzusetzen. Vor allem aber lernte ich, ihnen ihr Verhalten nicht übelzunehmen oder es ihnen nachzutragen, sondern jeden Tag neu auf sie zuzugehen. Ich lernte, dass auch sie jeden Tag neu auf meine Kolleginnen, Kollegen und auf mich zugingen, das erleichterte den Umgang sehr.

Die Entscheidung meiner Studienwahl stand vor der Tür. War Religionspädagogik tatsächlich noch mein bevorzugtes Fach? Sah ich noch einen Sinn darin, Kindern biblische Geschichten vorzulesen und mich im Umfeld der Kirche zu bewegen? War das nicht eher eine Blase innerhalb der Gesellschaft, die möglicherweise solche Jugendlichen wie jene, mit denen ich es gerade zu tun hatte, gar nicht erreichte? Da ich mich in beiden Welten aufhielt, konnte ich nun auch beide Welten miteinander vergleichen. Die eine Welt kam mir mit der Zeit künstlich, aufgesetzt und irreal vor. In der anderen Welt spielte sich aus meiner Sicht das wahre Leben ab. Ich fragte mich, wem meine Arbeit wohl mehr helfen würde, den Kindern und Jugendlichen im Kindergottesdienst oder denen meines aktuellen Arbeitsplatzes. Sicherlich war das eine sehr verkürzte Sicht auf die Dinge und dennoch ließ sie mich an meiner Berufswahl zweifeln.

In Gesprächen mit meinen Kolleginnen und Kollegen wollte ich herausfinden, was sie bewegt hatte, Sozialpädagogik zu studieren und ihre Arbeit in diesem Umfeld zu suchen. Auch durfte ich die Erwartungen der Ämter bezüglich meiner Berufswahl nicht vergessen. Laut Ausländeramt hieß es noch immer, ich dürfe keinen Berufsweg einschlagen, der dazu führe, dass ich einem Deutschen die Arbeit wegnähme. Obwohl ich inzwischen über eine unbegrenzte Aufenthaltsberechtigung verfügte, hatte ich noch nicht die unbegrenzte Arbeitserlaubnis. Mein Traumjob Flugbegleiterin war ad acta gelegt, ein Studium stand fest. Von daher war ich hinsichtlich der Ausländerbehörde auf der sicheren Seite. Was meine Eltern anging, hatte ich mich mittlerweile befreit. Das Damoklesschwert schwebte nicht mehr über mir. Ich fing an, eigene Entscheidungen zu treffen, unabhängig davon, was meine Eltern dachten oder die Leute sagten.

Die Arbeit mit den Jugendlichen gefiel mir zunehmend besser. Ich mochte es, dass nicht alle so brav und »wohlerzogen« und damit fast schon langweilig waren. Ich fand es gut, dass die Jugendlichen frei aussprachen, was sie dachten. Bei ihnen wusste man, woran man war. Sie waren echt, ehrlich, ungekünstelt und nicht aufgesetzt. Inzwischen war mir ein:»Du Arsch« lieber als ein verlogenes »Ach, wie nett.« Mit ihnen kam ich nun gut zurecht, ich verstand sie und sie verstanden mich.

Nach reiflicher Überlegung war Religionspädagogik für mich keine Option mehr. Es war mir nicht handfest, nicht real genug. Nicht, dass ich Religion an sich ablehnte. Ich war zweifellos ein gläubiger Mensch. Aber als Berufsumfeld kam es für mich nicht mehr in Frage. Deshalb entschloss ich mich zu einem Studium der Sozialpädagogik, was der Arbeit während des Praktikums entsprach. Ich konnte mir allerdings nicht vorstellen, die nächsten vierzig Jahre meiner Berufstätigkeit mit Spielen zu verbringen, egal, wie gut ich diese beherrschte. Irgendetwas fehlte mir noch. Es musste doch noch eine weitere Verbindung zu diesen Jugendlichen geben, die über Backgammon und Tischkicker hinausging. Mir fehlte eine Struktur, ein roter Faden. Danach suchte ich noch. Eines jedoch war klar, ich wollte eine Arbeit, die mich, was den sozialen Kontakt anging, auf dieser Ebene herausforderte.

Die Grippe hatte mich erwischt und ich lag krank auf dem Sofa, ich wusste aber, dass ich mich um die Unterlagen kümmern musste, die es brauchte, um sich zum Wintersemester 1988/89 einzuschreiben. Denn es musste nach dem Praktikum unmittelbar weitergehen. Nichts zu tun – neudeutsch, ein Gap Year einzulegen – kam in unserer Situation nicht in Frage. Einfach nichts tun hätte allerdings meine Mama auch niemals akzeptiert. Ich stieß auf die Pädagogische Hochschule Lüneburg, nah genug für ein tägliches Pendeln. Abgesehen vom Geld war die Vorstellung, zuhause auszuziehen, völlig indiskutabel. Der Satz: »Meine Flori verlässt mich nicht wieder«, klang noch immer in den Ohren nach und hatte noch immer seine Gültigkeit, zumindest für Mama.

Ich lag also auf dem Sofa und las die Unterlagen durch, um zu sehen, welche Fachrichtungen im Bereich Sozialpädagogik mir zusagen könnten. Ich blätterte hin und her in dem Verzeichnis aller Studiengänge, die an dieser Hochschule möglich waren. Im Grunde wusste ich ja, was ich studieren wollte. Zumindest dachte ich das, bis ich auf einer Seite hängenblieb, sie überflog, ebenso die nächsten. Da war er, der Beruf, nach dem ich gesucht hatte und für den ich die nächsten Jahrzehnte brennen wollte. Ich würde Lehrerin werden. Und zwar Lehrerin für Grund- und Hauptschule, mit dem Schwerpunkt Hauptschule. Von den Jugendlichen des Freizeitheimes hatte ich erfahren, dass viele von ihnen, vielleicht sogar die meisten, eine Hauptschule besuchten. Wenn sie von der Schule berichteten, dann nur von den Lehrkräften, von denen sie sich verstanden fühlten. Ich stellte mir vor, dass meine neue Offenheit ihnen gegenüber die Jugendlichen dazu bringen könnte, gerne oder zumindest lieber die Schule zu besuchen.

Fragte man mich in den kommenden Wochen, warum ich gerade das Lehramt für Grund- und Hauptschule mit dem Schwerpunkt Hauptschule gewählt hatte, antwortete ich stets: »Weil ich der Meinung bin, dass auch Hauptschüler und Hauptschülerinnen Lehrkräfte haben sollten, die mit Lust in dieser Schulart arbeiten.«

Als Fächer wählte ich Deutsch, evangelische Religion und Englisch. Der rote Faden war gefunden, in jeder Hinsicht. Die Religion war nicht gänzlich verbannt, die Sozialpädagogik sicherlich sehr vonnöten.

Dem Freizeitheim, dem ich ursprünglich nach sechs Monaten wieder den Rücken hatte kehren wollen, sollte ich für weitere zwei Jahre erhalten bleiben. Oder besser gesagt, es blieb mir erhalten. Ich arbeitete dort an den Wochenenden und konnte so einen Teil meines Studiums finanzieren. Ich liebte diesen Ort, wollte die Erfahrungen, die ich dort gesammelt hatte, nicht missen, sie bildeten den Grundstein für meine spätere berufliche Arbeit.

Was es jedoch bedeutete, sich als Schwarze auf eine Lehrerstelle an einer deutschen öffentlichen Schule zu bewerben, um als Schwarze Lehrerin die Kinder weißer Eltern zu unterrichten und sich in der Kultusverwaltung eines Bundeslandes hocharbeiten zu wollen, ahnte ich damals noch nicht. Zum Glück, sonst hätte ich es mir vielleicht nochmal anders überlegt.

Throwback

Sie hatte Mut bewiesen. Sie hatte sich eingemischt. Sie ist über ihre beruflichen Grenzen hinausgegangen. Mehr noch, sie hatte diese weit überschritten. Die Gefahr, dass sie ihr nicht zuhörten, sie in ihre Schranken zurückwiesen, war groß gewesen.

Aber sie war erfolgreich. Sie haben ihr zugehört, mehr noch, sie haben sie erhört. Sie haben über ihre Worte nachgedacht, auch wenn sie vielleicht nicht zu ihren Vorstellungen passten. Denn sie hatten ja Pläne, große Pläne, und die wollten sie sich von niemandem nehmen lassen.

Was war wohl aus ihr geworden, aus der Frau, die diesen Mut bewiesen hatte? Der Frau, der ich es zu verdanken hatte, nun an einer deutschen Hochschule studieren zu können.

Lange hielten wir Briefkontakt, doch wurde er immer weniger, bis er endgültig einschlief. Mit einigen Menschen geht man gemeinsam ein Stück des Weges, dann verliert man sich, manchmal begegnet man sich wieder, manchmal nicht. Manchmal macht sich einer auch auf die Suche nach dem Anderen. Mit Glück gibt es ein Wiedersehen, zuweilen haben sich die Spuren auch verwischt. Ich entschloss mich, mich auf die Suche zu machen nach der Frau, der ich mein Leben hier zu verdanken hatte, meiner Lehrerin aus Nigeria.

Ich erinnerte mich, dass sie relativ bald nach mir Nigeria verlassen hatte, dass ihr Mann bei einer großen deutschen Baufirma beschäftigt war. Demnach konnte sie nun überall auf der Welt leben. Es war 1989. Wie sollte eine Suche im digitalen Vorzeitalter funktionieren? Ein Blick ins Telefonbuch, eine Anzeige in der Zeitung? Doch es kam anders.

Mama liebte ihre abendlichen Fernsehsendungen. Von Volksmusik über Quizsendungen, volkstümliche Theaterstücke, you name it, she had it. In unserer kleinen Wohnung blieb mir nichts anderes übrig, als mit fernzuschauen. Nicht, dass mir nichts Besseres eingefallen wäre, aber Mama liebte es, wenn ich ihr Gesellschaft leistete. Und so lernte ich Karl Moik kennen, Dalli Dalli, Dieter Thomas Heck, Heidi Kabel und viele weitere. Mit der Zeit kannte ich sie alle. Mama gefiel es, die Abende so zu verbringen, und mir gefiel es, dass es ihr gefiel, also mochten wir es beide.

Diese Fernsehshows waren nie meins, doch eine Sendung fand selbst ich damals spannend. Da trafen Menschen aufeinander, die sich aus den Augen verloren und den innigen Wunsch hatten, sich wiederzusehen. Manchmal klappte die Suche jedoch auch nicht, sodass der Moderator Dieter Thomas Heck auf seine ihm eigene charmante Art jene Menschen, die sich durch die Geschichte angesprochen fühlten, aufforderte, sich doch bitte zu melden.

Mit Interesse verfolgte ich diese Sendung und beschloss, sie als meine Chance zu nutzen. Ich schrieb meine Geschichte auf und schickte sie an den Sender. Ganz nach dem Motto: »Erwarte nichts und freue dich über das Wenige, das kommt!« Ehrlich gesagt, erwartete ich bei der Vielzahl von Einsendungen kaum eine Reaktion. Gespannt war ich dennoch, bereits damals war mein Glas schon immer halb voll.

Im Zeitalter der Briefpost gab es keinen Mail-Account, in den man halbstündig hätte nachschauen können. Es hieß, Geduld zu haben und nach Wochen zu hoffen, dass der Briefträger etwas für mich dabeihatte. Aber es tat sich nichts, anscheinend hatte meine Geschichte kein Interesse geweckt.

Ich war ohnehin beschäftigt. Das Studium war kein Spaziergang und ich wollte nicht unbedingt mehr Semester studieren als vorgesehen. Die Regelstudienzeit zu überschreiten konnte und wollte ich mir nicht leisten.

Unser Telefon stand in dem kleinen Flur. Ein graues altertümliches Teil mit Wählscheibe und Schnur. Wenn es klingelte, ging meistens ich dran in der Hoffnung, dass jemand Interessantes anrief. Wie auch an jenem Nachmittag, an dem es schrillte und ein Mann am anderen Ende nach mir fragte. Zu meiner großen Überraschung erklärte er mir, dass er für das ZDF arbeite, meinen Brief vor sich habe und man mich einladen wolle.

Hatte man tatsächlich meine damalige Lehrerin gefunden? So groß die Euphorie zunächst war, so schnell verflog sie wieder. Nein, sagte der freundliche Herr, gefunden habe man sie nicht. Aber man fände meine Geschichte derart anrührend, dass man sich erhoffte, durch ihre Veröffentlichung diese Lehrerin zu finden. Aber auch da wollte er mir keine große Hoffnung machen. Die Welt sei schließlich groß und man habe bereits keine Mühen gescheut, um diese Dame ausfindig zu machen. Dennoch bat er mich, in die Sendung zu kommen. Man könne nie wissen und vielleicht hätte man doch noch Glück.

Zur Vorbereitung der Sendung kündigte er mir den Besuch einer Mitarbeiterin der Redaktion von »Melodien für Millionen« an, die mit Mama und mir ein ausführliches Gespräch führen würde. Er wünschte mir noch einen schönen Tag und legte auf. Mama glaubte mir zunächst nicht, denn mit allem hatte sie gerechnet, aber nicht damit, dass sich diese Redaktion tatsächlich für unsere Geschichte interessieren könnte. Und die Tatsache, dass sie Dieter Thomas Heck persönlich begegnen würde, verschlug ihr vollkommen die Sprache.

Zunächst stand also der Besuch der ZDF-Mitarbeiterin an. Wenn Besuch kam, war Mama immer sehr nervös, kamen doch selten Menschen zu uns und schon gar keine fremden. Bis spät in die Nacht erzählten wir unsere Geschichte, die Dame hörte zu, fragte nach und schrieb mit. Ich war überrascht, wie sehr sie sich für alle möglichen Details dieser Geschichte interessierte. Wie ich überrascht war, dass sich überhaupt ein Fernsehsender für diese Geschichte interessierte. Und ich stellte mir vor, wie es dann wäre, wenn diese Geschichte in die Öffentlichkeit käme. Die Menschen würden Dinge aus meinem privaten Leben erfahren. Vielleicht würden sie darüber urteilen, würden viele Dinge überhaupt nicht verstehen. Möglicherweise würden uns Menschen auf der Straße ansprechen. Aber warum sollten sich Menschen eigentlich dafür interessieren?

Dass ich in der Hochschule angesprochen werden würde, befürchtete ich weniger. Denn von meinen Mitstudierenden würde wohl kaum jemand diese Sendung schauen. Wenn überhaupt, erwartete ich eher, von ihnen ausgelacht zu werden. In den vergangenen Jahren hatte ich jedoch trainiert, es nicht wichtig zu finden, was »die Leute« sagten, meinten oder auch dachten. Dennoch fragte ich mich, ob ich mein Leben der Öffentlichkeit preisgeben wollte. Zumal die Pointe, das Zusammentreffen mit der Lehrerin, ohnehin ausfiel. Dennoch war das Ganze aufregend.

Mit dem Zug fuhren wir nach Duisburg, wo die Aufzeichnung der Sendung stattfinden sollte. Die Reise, der Weg zum Hotel, das Ankommen dort, wir bewegten uns in einer für uns unbekannten Welt und fühlten uns großartig. Besonders für Mama sollten diese drei Tage zu einem unvergessenen Erlebnis werden.

Nachdem wir unsere Zimmer bezogen hatten, lernten wir weitere Mitarbeitende der Redaktion und Fernsehcrew, die anderen Gäste, einige Prominente und auch ihn persönlich kennen, Dieter Thomas Heck. Mama erkannte ihn sofort an der Stimme und war absolut begeistert. Mit allem hätte sie gerechnet, aber nicht, dass sie Teil einer Fernsehsendung sein und einen der bekanntesten deutschen Moderatoren persönlich kennenlernen würde.

Die Vorbereitungen für die Show und damit der Blick hinter die Kulissen waren spannend. In einer großen Halle erfolgten die Generalprobe und die Kameraeinstellungen. Unglaublich, wie viele Menschen an der Produktion einer solchen Sendung beteiligt waren.

Wir probten unseren Text, wie man am besten in die richtige Kamera schaute, dabei möglichst nicht ganz so unbeholfen wirkte, nicht zu laut, aber auch nicht zu leise sprach und möglichst alles um sich herum vergaß. Wir erhielten Hinweise, wie mit der Aufregung am Abend der Sendung am besten umzugehen sei. Im Gegensatz zur zum Zeitpunkt der Generalprobe mehr oder weniger leeren Halle wäre diese am Abend komplett mit Zuschauern gefüllt. Der Tipp, wir sollten uns all diese Menschen am besten in Unterhosen vorstellen, blieb unvergessen.

Ob man bei der Suche nach den vermissten Personen bei den anderen Gästen ebenfalls erfolglos war, konnte ich nicht herausfinden. Es schien aber der Fall, denn alle mussten in irgendeiner Form einen Aufruf nach der Person starten, die sie suchten. Dass es keine Sendung voller Aufrufe sein würde, war selbst mir klar. Dennoch hielt ich die Wahrscheinlichkeit, eine Person zu finden, die in Nigeria gelebt hatte und nun überall auf der Welt sein konnte, für sehr gering.

Ich übte also, meine Geschichte zu erzählen, Mama berichtete ihren Teil, und am Ende folgte der Aufruf. Zwischendrin kamen mir Zweifel, ob meine Lehrerin überhaupt eine solche Sendung anschaute, was bedeutete, dass sie möglicherweise gar nicht mitbekäme, dass nach ihr gesucht wurde. Es könnte aber auch sein, dass andere Menschen, die sie kannten, von dem Aufruf erführen und sie darauf ansprächen. Ob das Ganze Erfolg versprechend war, konnte ich jedoch nicht einschätzen.

Am dritten Tag war es dann soweit, die Sendung sollte aufgezeichnet werden. Nachmittags ging es mit Bussen in die Halle. Es wurde geschminkt, gepudert, gezupft, Haare auf Lockenwickler gedreht, und in Windeseile verwandelten sich alle Gäste und Prominente in die schönste Version ihrer selbst. Diese Fernsehwelt gefiel mir. Sie war so anders als die Welt, aus der ich kam und die ich bisher kennengelernt hatte. Diese Welt war bunt, schillernd, lebendig, aufregend.

Ich war furchtbar nervös vor der Sendung. Allerdings wusste ich auch, dass das dazu gehörte. Kein Lampenfieber zu haben, schien mir gleichbedeutend damit, die Sache nicht ernst zu nehmen. Und ich nahm die Sache ernst, sehr ernst sogar. Ich nahm mir vor, einen richtig guten Aufruf zu starten, kurz und knackig, in der Hoffnung, dass er in irgendeiner Weise zum Erfolg führte.

Und dann war der Moment da, wir trugen unsere Geschichte vor, wie wir sie eingeübt hatten. Nun der Aufruf. Ich setzte an und wurde von dem sonst so charmanten Dieter Thomas Heck jäh unterbrochen. Er forderte mich auf, in die Richtung zu schauen, aus der die Künstler kamen, um auf die Bühne zu gehen. Dort würde jemand auf mich warten. Sollte es möglich sein? Sollten sie die Lehrerin tatsächlich gefunden haben? Natürlich war mir klar, dass sie mir das zuvor nicht erzählt hätten, weil der Kern der Sendung das Überraschungsmoment war. Dass dies aber nun bei mir funktioniert haben sollte, überraschte mich dann doch sehr.

Ich erkannte sie sofort, hatte das Gefühl, als hätte ich mich erst am Tag zuvor von ihr verabschiedet. Sie hatte sich kaum verändert und war noch immer so liebenswürdig und zugewandt wie vor acht Jahren. Auch sie erzählte unsere Geschichte, ihre Geschichte, und das Ganze aus ihrer Sicht. Sie berichtete von dem Kennenlernen meiner Eltern, von dem Entschluss, mit ihnen zu sprechen, ihnen ins Gewissen zu reden, sich einzumischen.

Es war interessant und seltsam zugleich, nach so vielen Jahren erneut die Geschichte zu hören. Zu hören, welchen Eindruck dieses kleine Mädchen damals auf sie gemacht hatte, in sich gekehrt, traurig, ärmlich, unterernährt, voller Heimweh, regelrecht verkümmert, wie sie sagte. Ein Throwback – die alten Gefühle kamen wieder hoch. Ich durchlebte sie erneut, ich fragte mich, wie ich diese dreieinhalb Jahre damals in Nigeria überlebt hatte. Ich fragte mich, wie mein Leben wohl inzwischen aussehen würde, hätte es diese Lehrerin nicht gegeben. Eine Frage, die ich mir auch später manchmal stellte, doch die Fantasie reichte aus, um sie ausreichend beantworten zu können.

Gemeinsam verfolgten wir den Rest der Sendung, lauschten den weiteren Geschichten, die allesamt nicht weniger ergreifend waren, jede auf ihre Weise.

Nach der Aufzeichnung der Sendung gab es eine Aftershowparty, bei der es nun genug Zeit gab, die Erinnerungen ausführlich lebendig werden zu lassen. Besonders für Mama war es interessant, jene Frau persönlich kennenzulernen, von der sie bislang nur gehört und mit der sie zwar auch in einem kurzen Briefkontakt gestanden hatte, mit der sie aber bis zu jenem Abend nie gesprochen hatte. Nun hatte sie die Gelegenheit, aus einer anderen Perspektive zu hören, wie es ihrer Flori während des dreieinhalbjährigen Aufenthalts in Nigeria ergangen war. Und sie verglich diese Erzählung mit meiner. Sie stellte fest, dass sie sich ähnelten. Und auch sie erlebte die Gefühle von damals erneut, die Traurigkeit, das Vermissen des Kindes, das sieben Jahre bei ihr gelebt hatte, als wäre es ihr eigenes. Wie gerne hätte sie dem Kind diese Erlebnisse während der dreieinhalb Jahre erspart.

An diesem Abend saßen wir noch lange zusammen, berichteten über Vergangenes, auch darüber, wie die Lehrerin die Suchaktion erlebt hatte. Dass sie seit ihrer Rückkehr aus Nigeria in Hamburg lebte, wir gewissermaßen eine Autostunde voneinander entfernt wohnten. Darüber, dass sie sich überlegt hatte, wie sie am besten reagierte, wenn ich selbst die Suche nach ihr aufnähme und sie auf einmal anriefe. Dass ich auf diese Idee damals nicht gekommen war, lag schlicht und ergreifend daran, dass ich sie nicht in Deutschland wähnte.

Wir versprachen uns, von nun an den Kontakt zu halten. Wenige Wochen später erfolgte ein erstes Wiedersehen, nämlich an jenem Abend, an dem die Sendung im ZDF ausgestrahlt wurde. Ich erinnere mich noch gut, dass ich mir in dem Moment ein Kissen vor das Gesicht hielt, als ich mich sah und hörte. Sich selbst zu sehen war witzig, sich selbst zu hören noch viel witziger.

Es hinterließ ein gutes Gefühl, den Kontakt zu dieser Lehrerin, den Kontakt zu einem Teil der Vergangenheit aufgenommen zu haben. Diesen Teil nochmals bewusst erleben zu dürfen, Fragen zu stellen, die bislang offengeblieben waren, beantwortet zu bekommen, zu hören, dass viele Eindrücke nicht auf Einbildung beruhen, sondern auf Tatsachen, all das war gut.

All das half mir, mit einem Teil dieser dreieinhalb Jahre Frieden zu schließen. Die Dankbarkeit dieser Lehrerin gegenüber nicht nur zu spüren, sondern sie zum ersten Mal auch persönlich ausdrücken zu können.

Wachsende Flügel

Wir blieben im Kontakt, schrieben Briefe, tauschten uns aus. Es war für mich schön, mit einer Person in Kontakt zu stehen, die mich zwar als kleine Flori kennengelernt hatte, nun aber auch bereit war, in mir die erwachsene Florence zu sehen. Sie behandelte mich wie eine Erwachsene, ging davon aus, dass ich bald flügge würde. Das gefiel Mama nicht so gut, auch wenn sie der Lehrerin gegenüber dankbar war. Ich spürte ihre Angst, jemand könnte mich ihr wegnehmen, mich auf den Gedanken bringen, selbstständig zu werden.

Das Leben zuhause ging weiter, das kurze Eintauchen in die Medienwelt hallte jedoch in mir angenehm nach. Es machte mir Spaß, dass mich Menschen auf der Straße erkannten und tuschelten, und dass die ortsansässige Zeitung um ein ausführliches Interview mit Foto bat. Ich merkte, dass mir diese kleine Medienpräsenz gefiel. Wenn schon anders, warum nicht auch öffentlich anders. Warum nicht einen vermeintlichen Nachteil zum Vorteil wenden und ihn nutzen. Natürlich war Mama bei dem Interview dabei, wurde befragt und ebenfalls fotografiert. Auch ihr gefiel das Leben in diesem bescheidenen Rampenlicht. Wäre sie nicht gewesen, hätte es mich so nicht gegeben. Und doch war es letztlich meine Geschichte, die die Menschen hören wollten.

Inzwischen hatte sich auch unser Familienstatus verändert. Zwar besaß ich einen unbegrenzten Aufenthaltsstatus, durfte arbeiten, dennoch stellte sich mein nigerianischer Pass bei vielen Dingen als hinderlich heraus. Die Arbeit als Lehrerin in einer Schule war zudem mit dem Eintritt in den Staatsdienst verbunden. Mit meinem Pass würde mir das jedoch verwehrt bleiben.

Ich hatte das 21. Lebensjahr erreicht und war nun auch nach nigerianischem Recht volljährig. Das bedeutete für mich, Entscheidungen treffen zu können und nicht mehr von einer offiziellen Zustimmung, die ich mir ohnehin nicht mehr geholt hatte, meiner Eltern abhängig zu sein. Und so entschieden wir uns zu einem Schritt, der für meine Mama und mich emotional schon lange überfällig war, wir beantragten eine Erwachsenenadoption. Das war möglich, wenn ein Elternteil die deutsche Staatsbürgerschaft besaß. Das Verfahren war etwas aufwendig, aber nicht sehr langwierig. Wir erhielten erneut die Unterstützung von Mitgliedern unserer Kirchengemeinde, die sich in juristischen Belangen auskannten. Die Adoption wurde vor dem Amtsgericht Buxtehude vollzogen. Meine Herzensmama war nun auch offiziell meine Mama. Ich erhielt nicht nur eine neue Geburtsurkunde, sondern mit ihr auch einen neuen wohlklingenden, doppelten Nachnamen. Nicht, dass mir der Name meiner Mama, den ich in Nigeria als meinen Nachnamen, zum Leidwesen meiner Eltern und mit Strafen verbunden, bereits geübt hatte, nicht ausgereicht hätte. Die Richterin war jedoch der Meinung, dass ich einen Namen, mit dem ich mich 21 Jahre lang identifiziert hätte, nicht so einfach ablegen müsste. Einen Doppelnamen sah man als angemessen an.

Offiziell die Tochter meiner Mama zu sein, fühlte sich nach all den Jahren, die teilweise durch Fremdbestimmung geprägt waren, wie eine Befreiung an. Ich hatte das Gefühl, meine Flügel, die von Geburt an zusammengebunden waren, endlich frei schwingen zu können. Eine Kleinigkeit fehlte mir noch zur vollständigen Freiheit: mein deutscher Pass. So beantragte ich die deutsche Staatbürgerschaft, was nun problemlos möglich war. Bei der Abholung der Einbürgerungsurkunde in Stade verzichtete die nette junge Richterin auf den Nachweis der deutschen Sprachkompetenz mit dem Hinweis: »Ich glaube, Sie sprechen besser Deutsch als ich.« Meine Flügel weiteten sich nun zu ihrer ganzen Breite aus und ich machte mich auf den Weg in ein neues Leben.

Nun war ich offiziell eine Deutsche, eine Deutsche mit Schwarzer Hautfarbe, eine Afro-Deutsche, wie es schon damals hieß. Ich hätte mich gerne mit jemandem unterhalten, dem es ähnlich erging, aber ich kannte niemanden. Gab es in Deutschland keine Schwarzen Menschen mit einer ähnlichen Biografie? Dieser Frage ging ich nach, während ich viel Zeit in Buchhandlungen verbrachte.

Ich suchte nach Büchern, die diese Thematik behandelten, wenn schon nicht in Deutschland, dann vielleicht Beispiele aus anderen Ländern. Und tatsächlich fand ich ein Buch, das von Frauen erzählte, die in irgendeiner Weise etwas mit der afrikanischen Kultur zu tun hatten. Frauen, die zumeist ein afrikanisches Elternteil hatten. Und zu meiner Überraschung lebten diese Frauen alle in Deutschland. Sie schilderten ihre Geschichten, ihre Erlebnisse und bekannten sich zu ihrer Farbe. Das Buch »Farbe bekennen« wurde fortan zu meiner Identitätsbibel, da ich mich in vielen Teilen wiederfand. Dass ich eine dieser Frauen einmal persönlich kennenlernen sollte, wusste ich zu dem Zeitpunkt noch nicht.

Mein Lehramtsstudium beschäftigte mich, wenngleich mich einige Bereiche nicht wirklich ausfüllten. Das Leben als Studentin an der Pädagogischen Hochschule Lüneburg machte die Welt schon etwas größer und ich lernte mit der Zeit weitere neue Kommilitoninnen und Kommilitonen kennen. Dennoch merkte ich auch an diesem Ort, wie es war, zwar nicht die einzige Ausländerin, aber die einzige Schwarze unter Hellhäutigen zu sein. Die Reaktionen, eine Mischung aus positiv interessierten Fragen und gleichgültigen bis neugierigen Blicken, waren mir von der Schule her nicht fremd. Nun kam jedoch noch eine gewisse Stutenbissigkeit hinzu. Dieses Verhalten war mir neu und lästig zugleich. Ich fragte mich, was die eine oder andere Mitstudentin meinte, von mir befürchten zu müssen. Meine bloße Anwesenheit schien einige derart zu provozieren, dass sie ihre Wut mir gegenüber kaum zügeln konnten. Mich belustigte das eher, als dass es mich ärgerte. Ich fragte mich bloß, wie sich solche Frauen wohl als Lehrerin Kindern und Jugendlichen gegenüber benehmen würden. Dass Fremdheit Unsicherheit und auch Angst hervorrufen kann, konnte ich verstehen, dass sie jedoch Aggressivität hervorruft, war mir unbegreiflich.

Mein Verhalten unterschied sich von dem der anderen. Man wunderte sich, warum ich nie mit anderen Studierenden auf Partys ging, sondern im Gegenteil sofort nach Beendigung der letzten Vorlesung zum Bahnhof lief. In Lüneburg zu wohnen konnte ich mir nicht leisten, die Zugfahrkarte hingegen schon. Zudem war ich pingelig, was die Sauberkeit betraf. Die Vorstellung, in einem Studentenwohnheim mit Flurgemeinschaft zu wohnen, war mir zutiefst zuwider. Die Idee, ein kleines Apartment zu bewohnen, mit eigener Küche, eigenem Bad, mit Dingen, die ich mit niemandem teilen musste, fand ich hingegen sehr reizvoll. Abgesehen von der finanziellen Lage war da jedoch die Situation mit Mama, die in Buxtehude nicht allein leben wollte. Diese Vorstellung war für sie nahezu unerträglich. Schon während der Stunden, die ich tagsüber nicht zuhause war, fühlte sie sich einsam. Sollte ich für den Rest meines Lebens mit ihr zusammenleben? Wollte ich für den Rest meines Lebens in Buxtehude leben? Sollte das alles sein, wohin mich meine wachsenden Flügel brachten?

Ich pendelte zunächst weiter. Und man wunderte sich weiterhin, warum ich stets zum Bahnhof hetzte. Es wurde mir zunehmend gleichgültiger, was über mich gesprochen wurde. Schon lange zuvor hatte ich für mich die Entscheidung getroffen, mein Schwarzes Leben allein unter Weißen leben zu wollen, und ich wusste, dass dafür ein dickes Fell überlebensnotwendig war. Das hatte ich mir zugelegt, es wurde von Tag zu Tag, von Jahr zu Jahr undurchlässiger. Ich war halt die, die von manchen bemitleidet wurde, weil sie immer zum Bahnhof lief. Insgeheim beneidete ich schon jene, die nach der letzten Vorlesung machen konnten, worauf sie Lust hatten.

Die Studienordnung sah vor, ein Wirtschaftspraktikum zu absolvieren. Für mich eine willkommene Abwechslung vom Studienalltag und dem Leben in Buxtehude. Aufgrund meiner langjährigen Tätigkeit in dem Freizeitheim hätte mir das Wirtschaftspraktikum zwar erlassen werden können, doch ich wollte mir diese willkommene Gelegenheit in Richtung Freiheit nicht entgehen lassen. Mama sagte ich, dass dieses Praktikum Pflicht wäre.

Raus von zuhause, nicht den ganzen Sommer mit dem traditionellen Wohnungsputz zu verbringen, nicht von morgens bis abends mit Mama auf engsten Raum sein zu müssen, sondern den eigenen Horizont zu erweitern, mich weiter entwickeln zu können, lockte mich sehr. Ich wollte endlich meine Flügel benutzen, Freiheit spüren.

Tragende Schwingen

Wohin, wenn nicht zu einem Flughafen, hätten mich diese Flügel tragen können?

Und so ging ich, wie konnte es auch anders sein, zum Hamburger Flughafen. Dort stellte ich mich bei einer Firma vor, die für die Passagierabfertigung verantwortlich war. Ich war sehr unsicher. Würden sie mich nehmen? Oder würde es mir so ergehen, wie vor einiger Zeit bei dem Versuch, einen Aushilfsjob zu bekommen?

Im Schaufenster eines Geschäftes an meinem Wohnort sah ich das Schild »Aushilfe gesucht«. Als ich hineinging, um mich nach dem Job zu erkundigen, sagte die Dame dort betont freundlich: »Oh, es tut mir leid, wir haben vergessen, das Schild abzuhängen, die Stelle ist schon weg.«

Die Situation kam mir äußerst seltsam vor. War das Schild wirklich vergessen worden oder war es nur der Versuch, mich abzuwimmeln? Ich ging nach Hause und rief in dem Geschäft an. Im Schaufenster hinge ein Schild, dem zufolge ein Aushilfsjob zu vergeben sei, dafür würde ich mich sehr interessieren, erklärte ich der Dame am anderen Ende. Sie freute sich über mein Interesse und fragte, wann ich zu einem Vorstellungsgespräch vorbeikommen könne. Ich war gleichermaßen fassungslos und enttäuscht. Meine Befürchtung, zuvor abgewimmelt worden zu sein, wurde tatsächlich bestätigt.

Ich bedankte mich höflich und erläuterte der Dame, dass ich bereits in ihrem Geschäft gewesen sei, der Job jedoch angeblich schon vergeben wäre. An ihrem Zögern bemerkte ich, dass sie dieselbe war, mit der ich es zuvor zu tun gehabt hatte. Und so half ich ihr etwas auf die Sprünge, indem ich ihr kurz mein Äußeres beschrieb. Nachdem sie sich von der Schrecksekunde erholt hatte, antwortete sie ohne Umschweife: »Ach so, nein, dann lassen wir das lieber.«

Fassungslos, handlungsunfähig und verärgert legte ich den Hörer auf. Was sollte ich tun? Ich sah keinerlei Möglichkeit, mich zu wehren. Mir blieb nur, die Situation abzuhaken. Die Erinnerung jedoch dauerte an.

Und so blieb ich verunsichert. Würde es mir nun wieder so ergehen? Im Zug auf dem Weg zum Flughafen merkte ich, wie sehr ich dieser Situationen überdrüssig war, wie mühsam sie sich anfühlten, wie wütend, aber auch gelähmt sie mich zurückließen. Ich hatte gelernt, immer höflich zu sein. Aber höflich sein um jeden Preis? Manchmal wünschte ich mir, ich hätte auch gelernt, mein Gegenüber so richtig in die Schranken zu weisen, ihm den Schneid abzukaufen. Und dennoch wusste ich auch, dass ich niemanden zwingen konnte, mich einzustellen. Wäre ich unhöflich geworden, fühlten sie sich möglicherweise noch bestätigt. Ich empfand es als Teufelskreis und es war nicht leicht, ihm zu entrinnen.

Aber wie immer ließ ich mich auch dieses Mal nicht entmutigen. Mein Glas blieb auch jetzt wieder halbvoll. So meldete ich mich im Vorzimmer des Leiters der Flughafenfirma an. Der Empfang war freundlich, das Gespräch sehr nett, meine Bewerbung erfolgreich. Man hatte mich tatsächlich für dieses Praktikum angenommen und das, obwohl ich weder blond noch blauäugig war. Meine Euphorie war so riesig, dass ich gar nicht auf die Idee kam, nach einer firmeneigenen Uniform zu fragen. Ich kaufte mir für meinen ersten Arbeitstag ein auf die Firmenuniform abgestimmtes blaues Kostüm. Nun war ich bereit für die große weite Welt, die sich mir auf dem Hamburger Flughafen für die nächsten Wochen zu Füßen legen sollte.

Crews unterschiedlicher Airlines kreuzten elegant und stolz meinen Weg. Passagiere von überall her, manche gemütlich und mit Zeit, andere hektisch und in Eile. Manche wirkten freudig und erwartungsvoll, andere geschafft und müde. Manche glücklich und zufrieden, andere bedrückt und traurig. Die einen sehr elegant, zum Teil europäisch, zum Teil in Trachten und Gewändern, andere leger im Freizeitlook.

Ich liebte diese unterschiedlichen Eindrücke und fragte mich jedes Mal, welche Geschichte sich wohl mit jeder Person verband. Welche Welt hatten diese Menschen wohl gerade verlassen und welche würde nun auf sie warten? Wie lange blieben die einen und wann kämen die anderen zurück? Fragen, auf die es natürlich keine Antworten gab, zumindest nicht in jenen Momenten. Dennoch regte die Atmosphäre die Fantasie an und es machte Freude, dort zu sein. Es waren Eindrücke, die mich überwältigten. Auch wenn es nur ein Flughafen war, es kam mir vor, als wäre ich am Nabel der Welt angekommen.

Meine Fremdsprachenkenntnisse waren nun für etwas gut und kamen endlich zum Einsatz. Die Vorgesetzten, die Mitarbeiter und Mitarbeiterinnen waren sehr freundlich und offen. Meine Hautfarbe und die Tatsache, »so gut Deutsch zu sprechen«, waren an diesem Ort kein Thema. Im Gegenteil, es hatte den Anschein, je multikultureller, desto besser. Denn was hätte man an einem Ort wie diesem, an dem die Kunden nicht internationaler hätten sein können, mit nur deutschsprechenden Mitarbeitenden machen sollen? Nebenbei bemerkt war ich auch nicht die einzige dunkelhäutige Person in der Firma, was ich wahnsinnig spannend fand und was mir noch ungeahnte Möglichkeiten bieten sollte. Die allgemeine Stimmung war also nicht nur freundlich und offen, sondern ausgesprochen herzlich. Am liebsten wäre ich immer an diesem Ort geblieben, war ich nun doch meinem eigentlichen Berufswunsch so nah wie nie zuvor.

Die Schichtleitenden zeigten mir die Abläufe, die notwendig waren, damit die richtigen Fluggäste mit den richtigen Gepäckstücken, die natürlich ein bestimmtes Gewicht nicht überschreiten durften, in den richtigen Maschinen saßen. Schon damals war es mir ein absolutes Rätsel, wie ein Koffer tatsächlich an demselben Ort wie sein Besitzer ankommen konnte. Dass es nicht noch mehr Gepäckstücke in die Lost-and-found-Abteilung schafften, war wirklich bewundernswert.

Ich lernte Sicherheitsabläufe kennen, erfuhr, welche administrativen Vorgänge notwendig waren, um einen kompletten Check-in-Prozess abzuschließen.

Und ich begriff schnell, was selbst für Flughafenpersonal vor Ort erlaubt und verboten war.

Das Assistieren beim Einchecken der Fluggäste gefiel mir gut. Ich liebte den Kontakt zu den Reisenden. Die meisten waren gut gelaunt und entspannt. Jenen Personen, die ihre gute Laune in der Eile zuhause vergessen hatten, begegneten wir dennoch stets zuvorkommend und höflich. Das hatte zwar nicht immer, aber manchmal einen positiven Effekt. Schnell war ich eingearbeitet und durfte den einen oder anderen Ablauf selbstständig durchführen. Es galt, die korrekten Label an die Gepäckstücke zu heften, Sitzplatzwünsche zu berücksichtigen, fehlende Passagiere auszurufen oder per Lautsprecher zum Boarding zu bitten. Die Reihenfolge beim Flugzeugeinstieg der Passagiere musste ebenso beachtet werden, wie sie zu zählen und die Anzahl mit den vergebenen Sitzplätzen abzugleichen. Verspätungen waren möglichst diplomatisch anzukündigen, Unterlagen zu richten und an Ort und Stelle zu bringen. Alleinreisenden Kindern galt es, die gleiche Aufmerksamkeit zu schenken wie Reisenden, die aufgrund von motorischen Einschränkungen einer besonderen Unterstützung bedurften. Nicht alle Tätigkeiten traute ich mir von Anfang an eigenständig zu.

Besonders gefiel es mir, die Rolle des Rotkäppchens zu übernehmen, also alleinreisende Kinder zu begleiten. Der Gang in die Flugzeuge war immer ein absolutes Highlight, Smalltalk mit den Cockpit- und Kabinencrews, das besondere Flair. Nichts Besonderes schien auch in diesem Umfeld meine Hautfarbe zu sein, nie wurde sie thematisiert, nie die Frage nach der Herkunft gestellt.

Kam ich abends nach Hause, berichtete ich Mama überschwänglich von den Erlebnissen des Tages. Natürlich kannte sie den Hamburger Flughafen, hatte sie mich doch einige Male dort hingebracht und wieder abgeholt. Trotzdem ging ich jeden Morgen mit einem schlechten Gefühl aus dem Haus. Es bedrückte mich, Mama in ihrer Welt, die sich auf knapp dreißig Quadratmetern abspielte, zurückzulassen. Wusste ich doch, dass auch sie ihr nur zu gerne entflohen wäre. Ich fühlte mich auch für sie verantwortlich. Und ich fühlte mich in gewisser Weise schuldig dafür, dass ich es jeden Morgen kaum abwarten konnte, diese kleine Welt zu verlassen.

Irgendwie dachte ich, es stünde mir nicht zu, etwas zu erleben, was so gar nicht für mich vorgesehen schien. Die Vorfreude auf die neuen Erlebnisse des Tages vermischte sich also mit einem tiefen Gefühl der Schuld und einem schlechten Gewissen meiner Mama gegenüber. Und dennoch freute ich mich, da ich merkte, dass meine Flügel sich bewegten, sie wollten schwingen und trugen mich stabiler von Tag zu Tag, ohne Gefahr zu laufen, mich ins Nichts abheben zu lassen.

Neben all den interessanten Eindrücken schloss ich mit der ebenfalls dunkelhäutigen Kollegin Freundschaft; dass sie aus der Karibik und keinem afrikanischen Land kam, störte uns nicht. Wir hatten eines gemeinsam, und das war die Farbe unserer Haut. Jedoch hatte sie etwas, das ich nicht hatte, und das war eine wahre Haarpracht. Da war es wieder, mein Thema, mein selbstauferlegter Makel, mein empfundener Nachteil. Da ich wusste, dass ich die nächsten Wochen viele Arbeitsstunden mit ihr verbringen würde, nahm ich mir fest vor, das Geheimnis der Haarpracht zu ergründen.

Meine Flügel waren ausgebreitet und zu einem guten Flug gehörte definitiv auch eine neue Frisur. Sie weihte mich ein in das Geheimnis der unterschiedlichen Flechtfrisuren und -muster von kleinen Zöpfen – Braids, open und nicht open. Der Cornrows in unterschiedlichen Mustern. Sie berichtete mir von Frisuren, deren Entstehen einen ganzen Tag in Anspruch nahm. Von der Möglichkeit, das Wachstum der Haare zu beschleunigen, von neuen Glättungscremes und Pomaden, von Bettmützen. Und überhaupt beschrieb sie die Möglichkeit, wie man einen komplett anderen Menschen aus mir machen könnte. Es war an der Zeit, etwas Neues auszuprobieren. Sie selbst trug open Braids, die sehr schön aussahen, und sie verriet, dass sie sich ihre Frisuren selbst machte. Ich stellte mir vor, wie mir die Variante der ganz normalen Braids wohl stehen würde und berichtete Mama davon. Flügel hin oder her, eine solche Entscheidung ohne das Einverständnis meiner Mama war schier undenkbar. Es war so, als müsste sie mir die Absolution dafür erteilen, dass ich mich äußerlich verändern durfte. Also versuchte ich, ihr meine Wunschfrisur zu erklären. Wie, andere Haare? Wie, ihre Flori, sie nannte mich noch immer so, sah dann nicht mehr so aus wie immer? Ihre Flori wollte sich verändern? Warum das denn? Und überhaupt war ihr das alles zu neu und zu fremd.

Dann fiel mir ein, dass es eine Band gab, bei der zumindest einer der Sänger genauso eine geflochtene Frisur, also Braids trug:

die Jungs von Milli Vanilli. Das war keine gute Idee. Nun gut, jeder Mensch macht Fehler und das jeden Tag. Hatte ich vielleicht an jenem Tag noch keinen Fehler begangen, reichte dieser für Wochen. Eine Frisur wie diese Jungs? Nein, auf gar keinen Fall. Was würden dann bloß die Leute sagen? Und wie das aussähe? Nein, das war zu viel an Veränderung für ihre Flori. Aber genau diese Veränderung wünschte ich mir sehnlich. Nicht mehr so auszusehen wie immer. Nicht mehr die zu sein, von der alle dachten, sie zu kennen. Mal komplett aus der Reihe zu tanzen.

»Lass doch die Leute gucken, das tun sie doch ohnehin. Lass doch die Leute reden, dann sind sie wenigstens beschäftigt.« So redete ich auf Mama ein und versuchte sie davon zu überzeugen, dass meine Braids natürlich normal und auf keinen Fall wild aussähen. Sie würden fast gar nicht auffallen, man würde sie fast gar nicht bemerken. Und überhaupt könnte ich sie ja auch zusammenbinden. Und sollten sie ganz schrecklich aussehen, könnte ich sie danach sofort wieder aufmachen. Ich hörte mir selbst zu. Was für ein Unsinn, zusammenbinden, aufmachen. Egal, wahre Überzeugungsarbeit brauchte eben Mittel und Wege und diese sollten ihre Wirkung nicht verfehlen.

Das Praktikum neigte sich dem Ende zu und mit ihm auch die neuen Eindrücke. Ich wollte sie nicht missen, nahm sie mit nach Hause und spürte ihre Bedeutung.

Mit meiner neu gewonnenen Freundin hielt ich Kontakt. Und so kam ich eines Abends mit einer neuen Frisur nach Hause. Ein neues Ich war geboren.

Abflug!

Ich fühlte mich wie neu. Die dunklen langen Zöpfe wirkten interessant und besonders, und genauso fühlte ich mich. Sie bescherten mir eine wahnsinnige Aufmerksamkeit, mit der ich nicht gerechnet hatte. Egal, wo ich hinkam, die Leute drehten sich um, schauten mich an. Sie schauten, aber ihr Schauen war anders als sonst. Von einem Tag auf den anderen hatten sich ihre Blicke verändert. Sie blickten interessiert, so wie Menschen eben hinsahen, wenn sie etwas Unerwartetes, etwas Interessantes, etwas Neues entdeckten. Sie schauten nicht nur, sie fassten auch an, sie fassten mir in die Haare, sie wollten die Veränderung begreifen. Sie fragten mich nicht, sie taten es einfach.

In der Mensa drehten sich auf einmal die Köpfe um. Es wurde getuschelt, gefragt. Das war nett, das Interesse erschien ehrlich. Das gefiel mir. Auch zuhause schauten sie. Natürlich, sie hatten schon immer geschaut, nur anders, eher mitleidig, bedauernd. Das bieder wirkende Schwarze Mädchen, das mit seiner Mama in einer kleinen Wohnung lebte, für die man Spenden sammeln musste, weil sie so arm waren. Zumindest nahm ich an, dass sie das dächten, wenn sie so schauten. Ich mochte es nicht, wenn sie so schauten. Nun aber, von einem Tag auf den anderen, schauten auch sie anders. Oder der Pfarrer in der Kirche, der mir aus dem Nichts zu meiner neuen Frisur gratulierte.

Menschen, die mich haben aufwachsen sehen, die mir noch wenige Jahre zuvor meinten sagen zu müssen, dass ich doch gar nicht so Schwarz sei. Menschen, die mir rieten, wenn ich nur lange genug von oben nach unten über meine Nase streichen und diese dabei zusammendrücken würde, würde sie schmaler und nicht mehr so breit aussehen. Sie sagten nicht, dass meine Nase hässlich sei, sie sagten nur, was ich tun könne, damit sie nicht mehr so breit sei, sondern so schmal wie ihre. Menschen, die mir rieten, ich solle doch darauf achten, meine Lippen immer schön einzuziehen, dann verlören sie an Wulstigkeit. Sie sagten nicht, dass meine Lippen hässlich seien, sie sagten nur, was ich tun könne, um sie schmaler zu machen, so wie ihre.

Damals dachte ich, als Mensch sei ich nur dann in Ordnung, wenn das ein oder andere Merkmal ihren weißen, deutschen, ihren biodeutschen Vorstellungen entspräche. Damals empfand ich diese Hinweise als unangenehm, als peinlich, weil sie genau das ansprachen, was ich irgendwie als Makel empfand, nämlich afrikanisch auszusehen. Ich war umgeben von deutschen, weißen Schönheitsmerkmalen, die natürlich nicht zu mir gehörten. So gut es ging, versuchte ich unsichtbar zu sein. Und dann sprachen sie es auch noch an, das, was ich eigentlich gehofft hatte, dass sie es übersähen, sie machten es sichtbar. Und nun, Jahre später, waren es die gleichen Menschen, die mir sagten, wie gut es wäre, dass ich nun endlich zu meinen Wurzeln stünde und dass meine neue Frisur dies deutlich unterstreiche. »Euch steht das einfach«, hieß es dann, »wir können sowas nicht tragen.«

Ein Kompliment sollte das sein. Ein Kompliment, das unterschied, zwischen euch und wir, zwischen inner and outer circle. Ein Kompliment, das mir abermals deutlich machte, dass ich zwar irgendwie dazugehörte, in letzter Konsequenz aber keine von ihnen war – euch und wir, sie und ich. Auf den Gedanken, dass es einfach nur eine Frisur war, die zu mir passte, ohne eine ethnische Erklärung dafür bemühen zu müssen, kamen sie nicht. Vielleicht lag es aber auch an dem fortgeschrittenen Alter dieser Menschen. Wussten oder konnten sie es nicht besser? Oder wollten sie es vielleicht auch nicht besser?

Alle fanden meine neue Frisur jedenfalls interessant. Die einen einfach so, weil es cool aussah. Die anderen, weil ich mich nun angeblich endlich zu meiner afrikanischen Herkunft bekannte.

Egal, welche Gründe mir unterstellt wurden, ich verspürte ein neues Lebensgefühl. Es fühlte sich an, als ströme jeder einzelne Zopf Energie aus. Eine Energie, die mein Selbstwertgefühl stärkte. Eine Energie, von der ich spürte, dass ihre Quelle einzigartig war und nur mir gehörte. Eine Quelle, zu der niemand aus meiner Umgebung Zugang hatte, die man mir nicht streitig machen konnte. Die kein Almosen war.

Und dennoch begann meine Umgebung mich wieder nach meinem Heimatland zu befragen, nach meinen Eltern und meiner Familie. Sie fragten, wann ich denn wieder nach Hause ginge oder zumindest zu Besuch hinführe. Sie fragten, ob ich sie denn nicht vermissen würde, diese Familie, diese Heimat. Schließlich seien es meine Mutter, mein Vater, meine Geschwister, mein Land. Auf einmal, nach all den Jahren, fingen sie wieder an zu fragen. Warum nur? Ich hatte inzwischen die deutsche Staatsbürgerschaft, ich hatte mein Studium begonnen und dachte, diese Thematik hätte sich längst erledigt. Nun jedoch wurde erneut gefragt, und das aufgrund von 150 Zöpfen. Hörte das denn nie auf?

Meine Flügel – sie schlugen sanft, aber spürbar. Sie sorgten für kleine Luftsprünge, für ein gelegentliches Schweben, für kurze Flüge. Nahmen die Gespräche jedoch diesen Lauf, erlahmten die Flügel. Das störte mich und gleichzeitig spornte es mich an. Ich wollte endlich fliegen, an einen neuen Ort, mit neuen Menschen, neuen Eindrücken, weniger Fragen. Es keimte zart der Gedanke auf, mein Mutterhaus zu verlassen und mich an einen anderen Ort zu begeben. Natürlich wollte ich regelmäßig zurückkehren, auch mein Studium wollte ich natürlich fortführen. Daran sollte sich nichts ändern. Wenn mir eines sehr früh klar war, dann, dass ich für meine finanzielle Unabhängigkeit sorgen und damit aufhören wollte, mich als limitiert anzusehen. Limitiert darin, stets weniger zu sein als die Menschen meiner Umgebung und nie in der Lage zu sein, das erreichen zu können, was sie erreichen konnten. Ich wollte keine Abhängigkeit mehr von anderen, weder für mich noch für Mama.

Langsam, sehr langsam begann ich es mir zuzutrauen, mich innerlich zu lösen. Als erstes verließ ich den Kirchenchor, was der Chorleiter auch nicht wirklich bedauerte. Verließen andere Chormitglieder nach jahrelanger Zugehörigkeit den Chor, wurden sie herzlich verabschiedet. Mein Ausscheiden wurde nach zehnjähriger Zugehörigkeit mit einem angedeuteten Nicken zur Kenntnis genommen. Man machte Unterschiede, das war deutlich. Wie auch immer, es war für mich der Beweis, dass meine Entscheidung, diesen Ort zu verlassen, richtig war. Und es stärkte meine Bereitschaft, meine innere und äußere Reise fortzusetzen. Eine Reise, die selbstbestimmt war hinsichtlich Zeit und Ort. Oder sollte ich diesen Ort aufgrund meiner Geschichte nie verlassen dürfen? Sollte ich tatsächlich aus Dankbarkeit auch für die nächsten Jahrzehnte hierbleiben müssen? Nein, das wollte ich nicht. Aber wo sollte ich hingehen? Wo würde ich nicht so auffallen wie bisher? Wo könnte ich mich wohl fühlen? Als Kind litt ich immer sehr unter Heimweh. Wäre es wohl nun genauso, wenn ich Buxtehude erneut verließe? Oder erging es mir einfach wie jeder anderen Studierenden auch, die die Welt entdecken wollte?

Zunächst überlegte ich, welcher Ort in Deutschland mir gefallen und wo ich mein Studium fortsetzen könnte. Ich kannte zwar ein paar Leute, dennoch galt es, gut zu überlegen. Ich begann mich zu organisieren und Mama davon zu überzeugen, dass ich zwar Buxtehude verlassen würde, aber damit nicht sie. Ich versprach ihr, regelmäßig nach Hause zu kommen, um ihr weiterhin bei vielem zu helfen. Ich versprach ihr, sie auch in der Ferne nicht allein zu lassen. Es machte mich traurig, sie so deprimiert zu sehen und zu wissen, dass dieses Mal ich daran Schuld war. Das schlechte Gewissen plagte mich und dennoch spürte ich stärker denn je, dass ich mit meinen 21 Jahren meine Heimatstadt verlassen musste. Und so entschied ich mich, in eine Stadt zu ziehen, die ich bereits von ein paar Kurzbesuchen her kannte, in der die Studienmöglichkeiten hervorragend, die Atmosphäre jung, international und sehr lebendig war. Eine Stadt, in der bereits viele Menschen ihr Herz verloren hatten.

Ich begann den Leuten meiner Umgebung von meinen Plänen zu berichten. Sie waren überrascht, verwundert. »Was, Flori verlässt Buxtehude? Flori verlässt ihre Mama? Nein, das kann nicht sein«, sagten die einen.

»Was, du ziehst weg, studierst woanders? Das ist super, ja, mach das«, sagten die anderen. Und Mama? Sie war unglücklich, sehr unglücklich, wie wohl alle Mütter und Väter, die früher oder später unter dem Empty-Nest-Syndrom leiden. Mama fiel es doppelt schwer, hatte sie mich doch schon einmal gehen lassen müssen, ohne zu wissen, ob und wann ich wiederkäme. Nur dieses Mal sollte es anders sein, ich ging aus freien Stücken und würde regelmäßig wiederkommen.

Angekommen?

Heidelberg, ein Café in der Fußgängerzone. Ich genieße den lauen Spätsommerabend, schaue mich um, betrachte die Menschen, manche hastig unterwegs, andere gemütlich schlendernd, manche offenbar von hier, andere offensichtlich zu Gast.

Meine Gedanken wandern, hängen der Zeit nach. So vieles hat sich verändert, sieht nicht mehr ganz so aus wie damals. Dieses Café jedoch, zum Glück, gibt es noch immer. Gemütlich und schön wie eh und je. Ich genieße meinen Tee mit Milch und Zucker. Auch das hat sich nicht verändert, Milch muss in den Tee und Zucker. Ein Stück Kuchen dazu, am liebsten Schwarzwälder Kirschtorte oder Apfelkuchen mit Sahne. Meinen Lieblingsbutterkuchen esse ich nur, wenn ich in meiner alten Heimat im Norden bin. Zwar bin ich nur selten dort, aber wenn, dann schmeckt er nach Erinnerungen.

Ich sitze gerne hier, noch genauso gerne wie an jenem Tag, an dem ich vor fast dreißig Jahren in diese Stadt kam. Als Studentin im fünften Semester, kurz vor meinem ersten Staatsexamen.

Hatte ich mir damals wirklich vorstellen können, dass ich Jahrzehnte später hier immer noch sitzen würde, dann allerdings, um mich von einem langen Arbeitstag auszuruhen? Einem Tag, ausgefüllt mit Besprechungen in Schulen, mit Sitzungen im Ministerium.

Hätte ich mir damals wirklich vorstellen können, eines Tages als Schulrätin in einem deutschen staatlichen Schulamt zu arbeiten?

»Das war sicher kein leichter Weg?«, werde ich heute oft gefragt.

»Bestimmt haben Sie schwer zu kämpfen gehabt«, heißt es ehrlich nachfühlend.

»Ihr Leben ist schon sehr außergewöhnlich«, lautet es anerkennend und bewundernd.

»Wie haben Sie das alles nur als alleinerziehende Mutter so hinbekommen?«, wird erstaunt gefragt.

Nun, welcher berufliche Weg ist schon leicht? Wer hat nicht ab und an zu kämpfen?

Ist nicht jedes Leben für sich außergewöhnlich? Befinde ich mich als Alleinerziehende nicht in bester Gesellschaft vieler Frauen und Männer?

Ich blicke zurück auf über fünfzig Jahre in einem Land, in dem Menschen mit meiner Hautfarbe zwangsläufig optisch herausstechen, auf über fünfzig Jahre, von denen ich dreißig in dieser Stadt gelebt habe.

Ich blicke zurück mit einem Lächeln und manchmal auch mit einem leichten Seufzer und, das gebe ich ehrlich zu, auch mit ein wenig Stolz. Ob nun stolz, weil ich diesen Weg als Frau, als alleinerziehende Mutter, als Schwarze gegangen bin? Ich weiß es gar nicht so genau. Vielleicht ist es ein Mix aus allem, vielleicht bin ich aber auch einfach nur stolz darauf, diesen Weg als Mensch gegangen zu sein. Oder darauf, den einen oder anderen Stolperstein gut gemeistert zu haben, wie es jeder andere Mensch auch wäre.

Sicher, rückblickend waren die Stolpersteine unterschiedlich groß. Über manche konnte ich locker hinweghüpfen, um einige musste ich herumgehen und andere galt es zunächst zu erklimmen, um dann zu schauen, wie ich auf der anderen Seite wieder unbeschadet herunterkam. Gefallen bin ich jedoch nie, Narben habe ich keine davongetragen. Aber Erinnerungen, die habe ich sehr wohl. Vor meiner Abreise hatte ich mir einen Reiseführer gekauft, diesen kannte ich bald in- und auswendig. Nun galt es, die Stadt zu erkunden, die Hochschule, die Umgebung, die Geschäfte. Das Schloss, die Alte Brücke. Ich entdeckte ein Café, klein und gemütlich, mit kleinem Garten. Ich bestellte mir einen schwarzen Tee mit Milch und Zucker und ein Stück Schwarzwälder Kirschtorte. Es war Samstagnachmittag, der Garten bot einen Blick in die lange Fußgängerzone voller Menschen. Diesen Anblick war ich nicht gewohnt. Und damit nicht genug, internationaler konnten die Menschen kaum sein. Genau das faszinierte mich, die Menschen aller

Hautfarben und die Sprachenvielfalt. Nicht alle schienen Touristen. Manche wohnten in den amerikanischen Vierteln, mit amerikanischen Supermärkten, amerikanischem Essen und amerikanischen Friseuren. Viertel, in denen ebenfalls Menschen aller Hautfarben lebten, Menschen, die alle die gleiche Sprache sprachen und aus dem gleichen Land kamen.

Ich hatte den Eindruck, als wäre ich an einem für mich richtigen Ort – international, multikulturell, bunt. Ein Ort, an dem ich nicht durch mein Äußeres auffiel. Endlich kulturelle Vielfalt erlebte. Ich genoss das städtische Flair, wenngleich mich der Alltag auch hier einholte. Die Wohnsituation war geklärt, die Pflicht rief, die Vorlesungen begannen, ein Nebenjob war gefunden.

»Was für Jobs haben Sie gemacht?«, wurde ich einmal von Schülerinnen und Schülern am Rande einer Unterrichtsstunde gefragt. Meine Antwort erstaunte sie. »Echt, Sie haben geputzt? Das kann ich mir gar nicht vorstellen.«

Wie verwundert sie mich ansahen, als ich ihnen von den vielen Hotelzimmern berichtete, die an einem Arbeitstag zu reinigen waren. Ob mir das Spaß gemacht habe, wurde ich gefragt. Spaß, nein, Spaß ist vergänglich. Es machte mir Freude, denn Freude erschien mir schon immer nachhaltiger als Spaß. Ich empfand Freude, durch ehrliche Arbeit in der Lage zu sein, mich finanziell unabhängig zu machen und meine Mama weiterhin unterstützen zu können. Es machte mir Freude, das wenige Geld, das ich besaß, verwenden zu können, ohne jemandem Rechenschaft ablegen zu müssen, ohne das Gefühl zu haben, jemandem Dank zu schulden.

Ob ich mir nicht zu schade dafür gewesen sei, fremde Betten, Bäder, Böden zu säubern, fragten sie weiter. Nein, ich war mir nicht zu schade. Aus welchem Grund hätte ich mich schämen sollen, als Studentin einer Tätigkeit nachzugehen, die meine Mama noch mit über sechzig Jahren verrichtet hatte? Und das nur, weil sie vor zwanzig Jahren einem fremden Mädchen ein Zuhause gegeben hatte. Nein, dafür war ich mir nicht zu schade. Es war der einzige Job, den ich zu dem Zeitpunkt bekommen konnte. Und er war gut genug. Schon damals war mir klar: »Um eine Leiter erklimmen zu können, sollte man stets an der untersten Sprosse beginnen. Ansonsten droht man zu stolpern und wieder herunterzufallen.« Und so verrichtete ich meine Arbeit mit Freude. Noch heute weiß ich ein aufgeräumtes, sauberes Hotelzimmer voller Respekt der Person gegenüber, die dazu beigetragen hat, sehr zu schätzen. Davon abgesehen, war es nicht der einzige Job, den ich in meinen Studienjahren kennenlernen sollte. Natürlich war es mir wichtig, mein Lehramtsstudium möglichst schnell und zügig zu einem guten Ende zu bringen. Eine Stelle als Lehrerin an einer Schule zu bekommen, das war mein Ziel.

Doch etwas lenkte mich immer wieder ab. Ich beobachtete, wie die unterschiedlichen Menschen auf den Straßen und in den Geschäften in dieser international anmutenden Stadt miteinander umgingen. Ich hatte den Eindruck, als geschehe dies mit einer selbstverständlichen Leichtigkeit. Es wurde auch so gut wie niemand angestarrt, zumindest nicht, weil er sich aufgrund seiner Herkunft äußerlich von der Mehrheit der Bevölkerung unterschied. Ich spürte, wie meine Hab-Acht-Haltung langsam schwand. Dennoch wollte ich begreifen, warum dieses Denken von »wir und ihr« regional so unterschiedlich war. Ich fragte mich, ob die Menschen in dieser Stadt aufgrund der vorhandenen Vielfalt, der vielen Touristen und der amerikanischen Bevölkerung gar nicht mehr in diesen Kategorien dachten oder denken wollten. Ich überlegte, ob die Begegnung mit vielen Kulturen eine Erklärung dafür sein konnte, sich anderen gegenüber offen, interessiert und unvoreingenommen zu zeigen. Eine schnelle Antwort auf diese Fragen fand ich nicht, jedoch bemerkte ich, dass dieses Umfeld mir innerlich sehr guttat. Mein Studium nutzte ich, um mich intensiver mit der Thematik der kulturellen Identität zu beschäftigen.

Und ich fragte mich, warum Sprache oftmals eine so ausgrenzende Wirkung hatte, wenngleich der Sprecher es häufig gar nicht »so meinte«. Denn je länger ich mich in dieser Stadt aufhielt, desto mehr fiel mir eines auf. Wenn ich auch nicht aufgrund meiner Hautfarbe angestarrt wurde, so musste ich feststellen, dass es etwas anderes war, was auf einmal herausstach und erstaunte Reaktionen hervorrief: meine Sprache. Das erste Mal begegnete mir dieses Phänomen in einem Geschäft. Die Bemerkung der Ladenbesitzerin: »Wenn Sie im Raum sind, traue ich mich gar nicht, den Mund aufzumachen«, ließ mich stutzig werden. Was meinte sie damit? »Ach Gott, bei diesem Hochdeutsch komme ich gar nicht mit.« Ihre Antwort verwunderte mich. War das nun ein Anderssein zweiter Ordnung? Ganz nach dem Motto: »Du kommst nicht von hier und kannst etwas, das wir dir gar nicht zugetraut oder zumindest nicht von dir erwartet hätten.«

Bei aller Verwunderung klang auch Bewunderung durch. War diese Dame nicht nur verwirrt davon, dass ich ihre Sprache fließend sprach, sondern auch noch, wie sie ergänzte, so lupenrein? Selbstverständlich hatte ich zu dem Zeitpunkt schon bemerkt, dass die Sprache der Region durch einen badischen Singsang geprägt war. Für meine norddeutschen Ohren klang das nett und zum Teil auch lustig. Das Gefühl, dass die Menschen hier kein ordentliches Deutsch sprachen, hatte ich allerdings nie.

Sollte nun allein die Tatsache, dass ich Hochdeutsch sprach, für mein neues Lebensumfeld etwas Außergewöhnliches sein? Ich ahnte damals noch nicht, dass mir in den kommenden Jahrzehnten eine Vielzahl »Sprachlobphänomene« der unterschiedlichsten Art und von den unterschiedlichsten Menschen begegnen sollten. Ich würde mich darüber wundern, dass offenbar nicht der Inhalt dessen, was ich sagte, relevant war, sondern der Umstand, dass ich dies auf Hochdeutsch äußerte.

Zunächst jedoch beschloss ich, dem Phänomen auf den Grund zu gehen, wie es sich für Menschen anfühlen muss, wenn sich das äußere Erscheinungsbild von der kulturellen Identität unterscheidet. In einer Hausarbeit im Rahmen meines Studiums ging ich deshalb der Frage nach, inwieweit die kulturelle Orientierung durch den »pädagogischen Bezug« beeinflusst wird. In diesem Zusammenhang unterhielt ich mich mit Menschen, deren Geschichten meiner ähnelten. Ich hatte mein Thema gefunden.

Zurück in die Zukunft

Es war immer der gleiche Platz, den ich buchte. Die Strecke war lang und ich deckte mich stets mit genügend Arbeit ein. Ich kam gerne zurück, mochte meine alte Heimat noch immer und wollte Mama meinen Wegzug so leicht wie möglich machen. Ihre Traurigkeit mit anzusehen, tat mir weh. Ich wollte nicht, dass sie traurig war und konnte es dennoch nicht verhindern. Es war nun mal so, wenn ich kam, dann ging ich auch wieder, meine Flügel waren stets in Bewegung.

Sie kochte und buk, so wie sie es immer tat, wenn es ein ganz besonderer Tag war. Es gab mein Lieblingsessen, das es früher auch immer gab, wenn es ein ganz besonderer Tag war, Brathähnchen, Rotkohl, Klöße, Marmor- und Butterkuchen. Ein Stück Vergangenheit wollte sie damit zurückholen, ein Stück Vertrautheit, ein Stück des alten Lebens, als die Welt, wie sie dann sagte, noch in Ordnung war. Die Welt, in der ihre Flori jeden Tag nach Hause kam. Eine Welt ohne störende Einflüsse von außen. Eine Welt, in der sie hoffte, dass Flori sie nie verlassen würde. Eine Welt, die in Ordnung war bis zu jenem Tag, an dem Flori das Haus verließ, um fernab ein anderes Leben zu beginnen.

Ich half im Haushalt, versuchte, so viel wie möglich zu erledigen, wollte Mama entlasten. Ich wollte es ein kleines bisschen wiedergutmachen, dass ich sie zurückgelassen hatte. Meine Mama derart angestrengt zu sehen, tat mir ebenso weh wie das Gefühl, dass sie außer mir niemanden hatte. Niemand, der ihr half, niemand, der für sie da war. Finanziell war es in Ordnung. Ich war sparsam, hatte Jobs und somit genug Geld, um Mama regelmäßig etwas überweisen zu können.

Ob ich jemals wieder nach Buxtehude zurückziehen würde? Sie war doch meine Mama und ohne mich sehr allein. Ob ich mein neues Leben nach meinem Studium nicht auch in meiner alten Heimat fortführen könne? Mit einer Stelle als Lehrerin an einer Schule, mit einem guten Einkommen, einer Wohnung, in der auch Platz für sie wäre?

Ich spürte die Antwort auf diese Fragen, doch aussprechen wollte ich sie nicht. Mama ahnte sie ohnehin, sie auch noch von mir zu hören, hätte sie nur noch unglücklicher gemacht. Es war mehr als ein Empty-Nest-Syndrom, es war Einsamkeit, die sie empfand. Um nicht so allein zu sein, verbrachte Mama tagsüber sehr viel Zeit in der Kirchengemeinde, machte sich nützlich, übernahm kleine Aufgaben, stellte in unzähligen Stunden neue Altarbehänge in Handarbeit her. Sie wollte zurückgeben von dem, was wir einst bekommen hatten.

Ganz zurück nach Buxtehude? Nein, das kam für mich nicht in Frage. Aber besuchen wollte ich Mama auf jeden Fall. Auch sollte sie mich besuchen, meine neue Welt kennenlernen und einfach das tun, was sie nie richtig hatte tun können, Urlaub machen, sich erholen, Freude haben. Und wenn sie ganz zu mir nach Heidelberg zöge? »Ach«, sagte sie dann, »einen alten Baum verpflanzt man doch nicht.« Sie versuchte tapfer zu sein.

Ich war angekommen in meiner neuen Welt und wusste, dass ich sie so schnell nicht wieder verlassen würde. Die Atmosphäre, meine Kontakte, die sich zu Freundschaften entwickelten, ob in der Hochschule oder privat, alles passte gerade so gut für mich.

Ich steuerte auf mein erstes Staatsexamen zu, meine wissenschaftliche Hausarbeit lag gebunden vor mir. Die positive Rückmeldung dazu erfüllte mich mit Stolz, hatte ich doch den Eindruck, als hätten die Personen, in deren Verantwortung es lag, sie zu lesen und zu bewerten, verstanden, worum es mir bei dem Thema ging.

»Sowas wie Sie hatten wir hier noch nicht!«

Ich bestelle mir eine zweite Tasse Tee und lasse mich von dem Trubel in der Fußgängerzone weiter unterhalten. Und ich denke darüber nach, was mich antreibt, was mich angetrieben hat während der letzten dreißig Jahre. Habe ich aus der Not eine Tugend gemacht, um möglichst schnell das tägliche Brot verdienen zu können? Oder habe ich in den letzten dreißig Jahren das gemacht, was mich wirklich ausfüllte? Hatte ich den Luxus, tun zu können, was mich ausfüllte?

Nach meinem ersten Staatsexamen an der Pädagogischen Hochschule in Heidelberg bewarb ich mich auf eine Stelle als Lehramtsanwärterin. Eine solche Stelle ist notwendig, um das zweite Staatsexamen zu absolvieren. Mir war bewusst, dass ein erstes Staatsexamen allein mir keine ausreichenden Zukunftsaussichten als Lehrerin bescherte. Um eine Festanstellung als Lehrerin im Staatsdienst zu erhalten, war das zweite Staatsexamen unerlässlich. Also reichte ich meine Unterlagen ein und rief wenig später bei der Stelle im damaligen Oberschulamt an, die für die Vergabe von Lehramtsanwärterstellen zuständig war.

Ich wusste, dass ich anders aussah als die Mehrheit der Menschen um mich herum. Ich wusste und weiß es bis heute, dass ich als Ausländerin betrachtet werde. Doch trage ich diesen Fakt nicht wie eine Monstranz vor mir her. Auch denke ich nicht ständig daran. Obwohl es stets präsent ist, verblasst es im alltäglichen Bewusstsein.

Ich rief in dem Amt an und hatte eine freundliche Dame am Telefon. Sie hatte meine Unterlagen vor sich, hatte mein Bewerbungsbild gesehen. Ich wollte wissen, an welcher Schule ich zum Einsatz käme.

Kriterien, sogenannte Sozialpunkte, die mir helfen würden, bevorzugt in und um Heidelberg eingesetzt zu werden, hatte ich nicht. Das wusste sie und brachte ihre Ratlosigkeit mit dem Satz: »Ach je, sowas wie Sie hatten wir auch noch nicht« zum Ausdruck. Sie erklärte mir, dass ich wohl in ganz Baden-Württemberg, wenn nicht sogar in ganz Deutschland die erste Schwarze Lehrkraft wäre. Verifizieren konnte ich diese Aussage nicht. Einen Einsatzort konnte sie mir spontan auch nicht mitteilen. Ob das tatsächlich an der Ratlosigkeit lag, nicht zu wissen, wohin mit dieser ersten Schwarzen Lehrkraft? Oder lag es einfach daran, dass die Verteilung der Lehramtsanwärterinnen und Lehreramtsanwärter zu diesem Zeitpunkt noch nicht feststand? Auch auf diese Frage erhielt ich keine Antwort.

Manche mögen es Resilienz nennen, andere Furchtlosigkeit, Naivität oder schlicht Penetranz. Ich nenne es Selbstverständlichkeit und bewarb mich in einem Nachbarbundesland mit dem ausdrücklichen Wunsch, meine Zeit als Lehramtsanwärterin dort absolvieren zu dürfen. Ob diese Schulen schon einmal »sowas wie mich« hatten oder nicht, war mir dabei egal. Eine Stelle wollte ich haben und sonst nichts. Sollten sie »sowas wie mich« noch nie als Lehrerin gehabt haben, was mit allerhöchster Wahrscheinlichkeit zu vermuten war, schreckte mich das keineswegs ab, sondern dann wurde es allerhöchste Zeit.

Entsprechend unerschrocken stellte ich mich eines Vormittags im Herbst 1991 dem stellvertretenden Schulleiter einer Schule vor. Ich sah keinen offensichtlichen Grund, diese Stelle nicht zu erhalten. Auf dem Weg über den Schulhof wurde ich von den Schülern und Schülerinnen neugierig beäugt. Im Laufe der Jahre sollte ich jedoch lernen, dass Schüler und Schülerinnen jeden Erwachsenen, den sie nicht aus dem Lehrerzimmer kannten, neugierig beäugen. Also galt es, dies als nichts Besonderes und schon gar nicht persönlich zu nehmen.

Die Stelle durfte ich im Februar 1992 antreten. Leider wurde jedoch mein Studienschwerpunkt nicht anerkannt. In diesem Bundesland konnte ich nur zur Grundschullehrerin ausgebildet werden. Das gefiel mir zwar weniger, doch eine Wahl hatte ich nicht. Der stellvertretende Schulleiter wurde mit den Jahren zu einer

Vertrauensperson für mich und zu meinem Mentor. Noch oft erzählte er von diesem ersten Tag der Begegnung im Herbst 1991, als er nicht schlecht staunte, als »sowas wie ich« sein Büro betrat. Auch durfte ich, trotz des Wechsels des Stufenschwerpunkts, in der Haupt- und Realschule unterrichten, was meinem eigentlichen Berufswunsch sehr entgegen kam.

Ob ich zu dem Zeitpunkt die erste und einzige Schwarze Lehrkraft war? Das kann ich nicht sagen, begegnet bin ich jedenfalls bis heute keiner weiteren, Relevanz hatte das aber irgendwann für mich nicht mehr. Ich als Schwarze vertrat das weiße Schulsystem und unterrichtete weiße Kinder. Nicht mehr und nicht weniger.

Zwei Jahre sollte die Zeit bis zu meinem zweiten Staatsexamen währen. Im Anschluss hoffte ich auf eine Festanstellung in einer Schule. Die Aussichten waren schlecht, sehr schlecht. Ich dachte an mein erstes Semester, an die erste Vorlesung, in der uns der Professor mit den Worten warnte:: »Und wenn Sie mit der Vorstellung, nach Ihrem Studium nichts anderes machen zu wollen, als Kinder zu unterrichten, hier sitzen, liegen Sie falsch. Gehen Sie mal lieber davon aus, dass das nicht passieren wird.«

Diese Warnung setzte sich in meinem Gedächtnis fest. Sie begleitete mich wie ein Grundrauschen. Hätte ich heute die Gelegenheit, würde ich mich bei diesem Professor bedanken, wie wertvoll sein Hinweis war. Die Aussichten, eine Festanstellung zu erhalten, konnten damals tatsächlich miserabler nicht sein. Ich überlegte, welche Alternativen es noch gäbe. Es ging nicht darum, mich einfach nur finanziell über Wasser zu halten. Das war zu keinem Zeitpunkt ein Problem. Ob Hotelzimmer putzen, für Firmen Werbeartikel verkaufen, als Modeberaterin in einem Bekleidungsgeschäft oder Sprechstundenhilfe in einer psychologischen Praxis, an Flexibilität mangelte es mir nicht. Jedoch wollte ich nicht nur flexibel sein. Ich hatte Interessen und diesen wollte ich weiterhin nachgehen.

Da war noch immer mein Thema, das ich während der Zeit an der Pädagogischen Hochschule gefunden hatte. Da war die Erinnerung an die spannendste Zeit in meinem Leben, die Tage in Duisburg, meine »Fernsehzeit«. Nach wie vor hatte ich Kontakt zu der Redaktion. Da war die Lust am Umgang mit Menschen, dem Einsatz von Sprache, das Mitteilen von Inhalten, das Recherchieren von gesellschaftsrelevanten Themen. Immer mehr drängte sich mir die Frage auf, ob diese Interessen und Fähigkeiten nicht einen Synergieeffekt ergäben und ein Job beim Fernsehen nicht eine gute Alternative für mich sein könnte. Eine Tätigkeit vor oder hinter der Kamera. Aber gab es damals überhaupt dunkelhäutige Menschen vor einer deutschen Fernsehkamera? Ja, es gab sie. Nur hatte ich den Eindruck, dass sie entweder sangen, jodelten oder auf irgendeine andere Art zur lustigen Unterhaltung der Zuschauer beitragen sollten. Wie auch immer, lustig sein wollte ich nicht. Ich wollte Themen recherchieren, Fakten liefern.

Ich nutzte meine Kontakte und bewarb mich noch während meiner Zeit als Lehramtsanwärterin für ein Praktikum beim ZDF. Das Vorstellungsgespräch in Mainz war von Erfolg gekrönt. Zu meiner großen Freude schien die Aussicht, einen Praktikumsplatz zu ergattern, gar nicht schlecht. In der Redaktion »Politik und Gesellschaft« sollte ich einen ersten Einblick erhalten. Die samstägliche Sendung »Nachbarn in Europa« hatte ich schon gesehen. Wie es nach dem Praktikum weitergehen könnte, war noch nicht klar. Aber allein für die in Aussicht stehende Möglichkeit war ich schon Feuer und Flamme. Am liebsten hätte ich sofort dort angefangen, das jedoch war nicht möglich. Denn eine Auflage musste ich erfüllen. Nämlich, das zweite Staatexamen machen.

Warum eigentlich? Die Aussichten im schulischen Bereich waren ohnehin mehr als kümmerlich. Aber das zweite Staatsexamen nicht zu absolvieren, war für mich indiskutabel. Selbstverständlich wollte ich dieses Dokument in der Hand halten, auch wenn ich mich dann einem anderen Tätigkeitsbereich zuwenden sollte. Das war ich auch Mama schuldig. Alles andere wäre mir vorgekommen wie Respektlosigkeit ihrem Engagement gegenüber.

Und so versuchte ich, meine Euphorie zu zügeln. Ich lenkte meine Aufmerksamkeit auf die bevorstehenden Prüfungen. Ende 1994 sollte dann meiner Fernsehkarriere nichts mehr im Wege stehen.

Aber wie heißt es so schön? Erstens kommt es anders, zweitens als man denkt. Der Weg zum Fernsehen wurde dann doch nicht zur beruflichen Alternative.

Gemäß des Liedes »Ich hab' mein Herz in Heidelberg verloren", musste ich meins nach einer gewissen Zeit auch wieder suchen. Ich fand es jedoch unbeschadet und wurde beschenkt mit einem zuckersüßen Baby.

Mittlerweile lebte ich in einer hessischen Kleinstadt im Odenwald. Meine Zeit als Lehramtsanwärterin verlängerte sich um sieben Monate. Als Würdigung des Verlängerungsgrundes erhielt meine Abschlussarbeit einen blauen Einband.

Mitte 1995 hatte ich es dann geschafft. Nach einem Jahr durchwachter Nächte, übermüdeter Tage, einer absolut treuen Seele als Kinderfrau sowie der Wehmut, die Schule nun verlassen zu müssen, hatte ich mein zweites Staatsexamen absolviert. Erleichterung hingegen verspürte ich ohne einen Hauch von Wehmut, als ich das Studienseminar hinter mir lassen konnte. Es war geschafft. Ich hatte mein zweites Staatsexamen, war alleinerziehend und arbeitslos.

Und jetzt?

Mit der Examensurkunde in der Hand verließ ich, kinderwagenschiebend, das Studienseminar. Wie froh war ich, diesen Ort nie wieder betreten zu müssen. Nur, wie sollte es jetzt weitergehen? Eine Stelle als Lehrerin lag in weiter Ferne, das wurde mir in dem Abschlussgespräch noch einmal unmissverständlich klargemacht. Aber ich musste mich irgendwie über Wasser halten. Denn es ging ja nicht mehr nur um mich. Es ging um ein bunt gemustertes Tellerchen, das täglich mehrmals gefüllt werden wollte.

Nun befand ich mich in der gleichen Situation, in denen sich meine Eltern vor gut achtundzwanzig Jahren befunden hatten. Ich musste mich fragen, ob und wie ich dieses Kind versorgen konnte. Geld verdienen oder Kinderbetreuung?

Heute, im Rahmen meiner Arbeit als Schulrätin, führe ich die Gespräche mit jungen Lehrkräften. »Sie wissen ja nicht«, heißt es dann oftmals nichtsahnend an mich gewandt, »wie das ist, berufstätig zu sein und Kinder zu haben.« Dann muss ich schmunzeln, schaue die jungen Menschen an und frage mich, welches Bild sie wohl von mir haben. »Doch«, sage ich dann lachend, »ich weiß das nur zu gut, denn glauben Sie mir, auch mein Kind kam nicht erwachsen und selbstständig auf die Welt.«

Wie oft fuhr ich morgens weinend zur Arbeit, weil ich das Kind einer anderen Person überlassen musste. Wie oft fuhr ich nachmittags weinend wieder nach Hause, weil ich wusste, dass ich nun wieder einen Tag mit meinem Kind verpasst hatte. Und doch wusste ich, eine Alternative zu diesem Leben gab es nicht.

Ich erinnere mich, wie ich damals 1995 nach Hause kam, meine beglaubigten Kopien der Urkunde zur Seite legte und das Original wegheftete. Mich weinend in die Ecke zu setzen, mich selbst zu bedauern, weil ich alleinerziehend war und es einfach nur doof fand, dass es keine Lehrerstellen gab, das wäre sicherlich eine Möglichkeit gewesen. Für mich jedoch kam das nicht infrage. Aufzugeben und keine anderen Wege zu probieren, war für mich noch nie eine Lösung. Nun wusste ich, dass es zu der Zeit zwar keine Festanstellung für Lehrkräfte gab, doch wurden immer wieder spontan Lehrkräfte für Krankenvertretungsstellen gesucht. Wenn auch befristet, doch immerhin eine Möglichkeit. Wie es weiterging, konnte ich zwar nicht absehen, doch es war erst mal etwas Zeit gewonnen. Ich bewarb mich auf eine Vertretungsstelle und wartete ab, eine ganze Weile. Eine Woche vor Schuljahresbeginn klingelte mein Telefon. Der Herr am anderen Ende bot mir einen Einjahresvertrag an einer Grundschule an. Keine Frage, ich vereinbarte mit der Schulleitung einen Gesprächstermin und machte mich mit Kind auf den Weg in die fünfundvierzig Kilometer entfernte Schule.

»Ich könnte verstehen«, sagte die sehr nette Schulleiterin zu Beginn des Gesprächs, »wenn Sie diese Stelle ablehnen würden. Wer will schon jeden Tag neunzig Kilometer mit dem Auto fahren. Und dann haben Sie auch noch ein Kind.« Da es sich um eine Vollzeitstelle handelte, war die Option, erst später am Vormittag mit der Arbeit zu beginnen, nicht gegeben. Die Erstklässler, die ich unterrichten sollte, würden schließlich nicht warten, bis ich es mir einrichten konnte zu kommen. Nun, sie hatte recht, wer wollte diesen Aufwand schon auf sich nehmen? Zudem war es noch eine Angestelltenstelle. Auch die Kinderfrau musste bezahlt werden. Viel würde von dem Verdienst nicht übrigbleiben. Sollte sich dieser Aufwand wirklich lohnen? Frühes Aufstehen, nächtliche Unterrichtsvorbereitungen.

All diese Punkte standen auf der Minusseite in meiner Tabelle der Abwägung. Auf der Plusseite hingegen war nur ein einziger Punkt in Form eines Bildes zu sehen, nämlich das bunt gemusterte Tellerchen. Die Frage, ob ich das also wollte oder nicht, stellte sich bei dieser Vorstellung nicht mehr. Ich hatte es zu wollen. Und so unterschrieb ich meinen ersten Arbeitsvertrag und freute mich sehr. Zu meinem großen Glück war meine Kinderfrau sehr liebevoll und auch weiterhin bereit, die Betreuung bei mir zuhause zu übernehmen.

Kaum war die Organisation rund um meine erste Stelle geklärt, sah ich das nächste Problem auf mich zukommen. Noch nie zuvor hatte ich Kinder einer ersten Klasse unterrichtet. Ich bezweifelte, dass diese Kinder jemals das Lesen, Schreiben und Rechnen lernen würden. Nicht, weil es ihnen an der grundlegenden Fähigkeit dazu mangelte, sondern weil es ihrer Lehrerin an Erfahrung fehlte. So dachte ich zumindest. Trotz dieser Zweifel war ich sehr glücklich, denn für das vor mir liegende Jahr musste ich mir keine finanziellen Sorgen mehr machen.

Viel Zeit blieb mir damals nicht. Ich hatte meine Studienunterlagen schnell wieder griffbereit. Eine Woche vor Schulbeginn kniete ich mich nochmals intensiv in die Methodik und Didaktik des Anfangsunterrichts hinein.

Dann war es soweit. Viele Kinder saßen in Begleitung ihrer Familien und mit großen bunten Schultüten in der hübsch geschmückten Halle. Am Ende der feierlichen Einschulungszeremonie durch die Schulleiterin wurden die Kinder einzeln aufgerufen. Es erfolgte die Zuteilung an die zwei zukünftigen Klassenlehrerinnen. Eine davon war ich. Irgendwie wurde ich das Gefühl nicht los, als hatte man mit mir auch in diesem kleinen Ort nicht gerechnet. Nicht, dass dieses Gefühl negativ war. Nicht, dass ich Abneigung verspürte, dennoch hatte ich immer noch den Satz im Kopf: »Sowas wie Sie hatten wir hier noch nicht.«

Gemeinsam mit den Kindern ging ich in das Klassenzimmer und vermisste meine Schultüte, denn es fühlte sich auch für mich wie ein erster Schultag an. Die Kinder fanden ihre Plätze und schauten mich mit großen, wissbegierigen Augen an. Ich freute mich und wollte alles dafür tun, dass jedes einzelne sein bestmögliches Potenzial entfalten könnte. Der erste Schultag verstrich, wie vermutlich jeder erste Schultag in einer Grundschule vergeht. Der erste Stundenplan, das erste gemeinsame Lied, die ersten gemeinsamen Rituale, das erste gemeinsame Abschlussfoto, der erste gemeinsame Abschied am Ende des ersten gemeinsamen Schultages.

Am nächsten Morgen saßen alle Kinder wieder pünktlich in der Klasse und warteten gespannt auf das, was nun kommen sollte. Die Angst, den mir anvertrauten Kindern nichts beibringen zu können, verflog schnell. Sicherlich haben mich die Kinder auch gefragt, warum ich so braun wäre. Ich erinnere mich zwar nicht mehr daran. Es wäre jedoch untypisch, hätten sie es nicht getan.

An eine Situation werde ich mich jedoch immer erinnern. Der zweite Schultag lag hinter uns und ich brachte die Kinder zum Ausgang. Dort wurden sie jeweils von einem Erwachsenen in Empfang genommen. Bevor wir draußen ankamen, schaute mich eine Schülerin mit sichtbarer Vorfreude an und sagte stolz: »Du, heute ist nicht nur meine Mama da. Meine Omas und Opas holen mich auch ab. Die wollen dich alle auch mal sehen.« Und tatsächlich kam es mir vor, als stünden ungewöhnlich viele Erwachsene auf dem Vorplatz, um ihre Kinder in Empfang zu nehmen. Ich fand das lustig, es ergaben sich nette Gespräche.

Wie zu erwarten war, konnten alle Kinder pünktlich zur Weihnachtszeit ihre ersten kleinen selbst geschriebenen Sätzchen lesen, Zahlen erkennen und etwas rechnen.

Ohne Frage, die Tage waren anstrengend. Das frühe Aufstehen, die lange Fahrt über die Dörfer. Die Wintermonate waren eine besondere Herausforderung, so schön Winter Wonderland auch sein mochte. Auch das schlechte Gewissen meinem Kind gegenüber, das ohne seine Mama sein musste, war ein ständiger Begleiter.

»Ihr Kind braucht Sie«, bekam ich gelegentlich zu hören. »Die lebt auf unsere Kosten«, hätte es sicherlich geheißen, wäre ich zuhause geblieben. Wenn ich nach Hause kam, waren die Nachmittage jedoch innig. Nun begann die gemeinsame Zeit. Die Abende waren lang, denn sie galten der Unterrichtsvorbereitung, sobald das Kind im Bett lag. Die Wochenenden brachten die ersehnte Entspannung.

Und dennoch, bei aller Anstrengung, bei allem schlechten Gewissen, bei aller Müdigkeit: Das bunt gemusterte Tellerchen war stets gefüllt. Trotz der Arbeit hatte ich eine wunderbare Zeit mit meinem Kind, ich konnte die Miete für eine schöne Wohnung zahlen und wir waren finanziell von niemandem abhängig. Ich schaffte mehr, als uns nur über Wasser zu halten. Ich war dankbar und wirklich zufrieden.

Das Schuljahr nahm seinen Lauf, kleine häusliche Stolpersteine in Form von Betreuungslücken wurden gut umschifft.

»Sie wissen ja nicht, wie das ist, wenn die Großeltern nicht spontan greifbar sind.« Doch, auch das kann ich nur zu gut nachempfinden. Dank der Zuverlässigkeit der Kinderfrau waren diese Situationen jedoch selten. Und wenn, dann wurde das Kind geweckt, angezogen, ins Auto gesetzt und kurzerhand mit in die Schule genommen. Denn auch wenn meine Mama die Betreuung gerne übernommen hätte, so schnell war eine Anreise aus Buxtehude nicht zu organisieren.

»Und Ihre leiblichen Eltern?«, werde ich noch heute oft gefragt, »was war mit denen?« Nun, meine leiblichen Eltern gab es nach wie vor. Die Kontakte waren sporadisch. Die Vorstellung, ein Mitglied der Familie wäre zwecks Entlastung nach Deutschland gekommen, war zu keinem Zeitpunkt auch nur im Ansatz eine Option für mich. Unüblich wäre dies zwar nicht gewesen. Meine Mutter hatte es bei einem der seltenen Telefonate sogar vorgeschlagen.

Meine Kontakte zum Fernsehen bestanden nach wie vor. Dort vermutete man, dass die Anzahl dunkelhäutiger Lehrkräfte in Deutschland sehr überschaubar sei. Und so erhielt ich die Anfrage, eine Dokumentation über meinen beruflichen Alltag drehen zu dürfen. Aus dieser Perspektive hatte ich das noch gar nicht betrachtet. War die Tatsache, ein ganz normales Leben zu führen, das sich einzig durch einen anderen Hautton unterschied, es wert, eine Dokumentation zu drehen?

Ich fragte mich, ob das wirklich jemand interessieren würde. Anscheinend ja, denn sonst wäre diese Anfrage eines seriösen Senders wohl kaum an mich herangetragen worden. Ich stellte mir vor, wie mich die Kameras in meinem Alltag begleiteten, zuhause, bei der Arbeit, in der Freizeit. Ich überlegte, was wohl die Schulleitung, die Kolleginnen, die Eltern dazu sagen würden, wenn die Neue von Kameras umgeben durch die Schule liefe. Die Kinder würden die Vorstellung, dass sie vielleicht im Fernsehen zu sehen wären, wahrscheinlich toll finden. Aber würde die Normalität, mit der ich meiner Arbeit nachkam, durch diese Aktion nicht gestört werden? Würde damit nicht etwas, das die ganze Zeit als nicht sonderlich erwähnenswert galt und zum Alltag gehörte, nun doch in den Mittelpunkt gestellt werden? Vielleicht würde man mir unterstellen, mich damit beruflich in den Mittelpunkt rücken und bloß Karriere machen zu wollen. Getreu dem Motto: »Nun, wo sie in der Öffentlichkeit steht, kann es sich niemand mehr erlauben, ihr einen Job auszuschlagen.«

All diese Punkte gingen mir durch den Kopf. In der Tat wollte ich, dass man mich kennt. Ich wollte, dass die Menschen von mir wussten, über mich sprachen. Allerdings einzig und allein aufgrund der Tatsache, dass ich eine gute Lehrerin sei. Mich aufgrund meines Äußeren hervorzuheben, empfand ich zum damaligen Zeitpunkt als unangemessen. Mit der Frage: »Sind Sie nicht die aus dem Fernsehen?«, eine Stelle in einer Schule zu bekommen, empfand ich als unangenehm. Mein Kind im Fernsehen auf der Heidelberger Neckarwiese spielen zu sehen, fand ich ebenfalls nicht erstrebenswert. So lehnte ich diese Fernsehanfrage ab, die allerdings in den folgenden Jahren nicht die einzige bleiben sollte.

Die Sache mit der Not und der Tugend

Das Unterrichten gefiel mir gut und das nicht nur aufgrund des geregelten Einkommens. Es näherte sich jedoch das Ende des zweiten Schuljahres an dieser Schule. Mein Vertrag war bereits über das erste Schuljahr hinaus noch einmal verlängert worden. Ein drittes Jahr, so hieß es, sei aus rechtlichen Gründen in dieser Form nicht möglich.

Nun war guter Rat teuer. Die Telefonate mit den Zuständigen der verantwortlichen Behörde endeten immer mit den ernüchternden Worten: »Tut mir leid, der Vertrag kann nicht verlängert werden.« Nur einmal gab es einen klitzekleinen Funken Hoffnung. Es gäbe eine freie Stelle, so der nette Herr am Telefon, dort suche man eine Schulleitung. Ich erinnerte ihn daran, dass meine Berufserfahrung gerade einmal zwei Jahre umfasse und ich somit jede andere, aber sicherlich nicht die Befähigung einer Schulleitung hätte. Der Herr sah das anscheinend anders und klärte mich auf. Es handelte sich um eine klitzekleine Schule in einem klitzekleinen Ort mit einer klitzekleinen Klasse. Das klitzekleine Kollegium bestünde aus mir, dem evangelischen und dem katholischen Pfarrer und es sei ratsam, im September bereits die Winterreifen aufziehen zu lassen. Die Frage, ob man sowas wie mich dort schon einmal gehabt habe, stellte ich erst gar nicht, die konnte ich mir nach der Beschreibung selbst beantworten. Und trotz meines Selbstbewusstseins fragte ich mich, warum gerade mir diese Stelle angeboten wurde. Gab es denn niemanden, der diese Stelle wollte und war sie deshalb für mich gerade gut genug? Ich dankte für das Angebot, nahm es jedoch nicht an.

Aber nun, was tun? Aufgrund der beiden Jahre als angestellte Lehrkraft hatte ich Anspruch auf Arbeitslosengeld. Dies bot mir aber keinerlei Zukunftsaussichten. Auch wollte ich nicht vom Arbeitsamt auf irgendeine Stelle vermittelt werden. Eines wollte ich auf keinen Fall, eine Wiederholung unserer Familiengeschichte mit einer alleinerziehenden, arbeitslosen und nun auch noch dunkelhäutigen Mutter in der Hauptrolle. Meine Mama konnte für diese Rolle nichts, sie hatte es nicht verschuldet, dass wir bedürftig waren. Es jedoch nicht zulassen zu wollen, dass diese Geschichte fortgeführt wird, wurde zu meinem Antrieb.

Die Arbeitssuche nahm ich selbst in die Hand. Eine Stelle als Lehrerin war jedoch weit und breit nicht in Sicht. Ich fragte mich also, über welche Kompetenzen ich, außer Kinder zu unterrichten, noch verfügte. Der Nachhilfemarkt boomte. Wäre das eine Möglichkeit? Immerhin hatte ich als Studentin ausländische Studierende im Fach Deutsch unterrichtet. Der Unterricht in den multikulturell zusammengesetzten Klassen hatte mir damals schon sehr gut gefallen. Er passte auch zu meiner Abschlussarbeit. Wäre das also eine Möglichkeit? Natürlich hätte ich auch wieder in Hotels Zimmer putzen können. Ich hatte gesunde Arme und Beine, die von einem gesunden Kopf gelenkt wurden. All das wäre besser, als arbeitslos zu sein.

Ich hörte mich weiter um, führte viele Gespräche, die einen mehr, die anderen weniger erfolgreich. Dann erfuhr ich, dass auch Firmen für ihre Beschäftigten einen großen Bedarf an unterschiedlichen Sprachkursen hätten. War das eine Option, Unterricht für Erwachsene? Gab es da einen Unterschied oder war das Grundprinzip des Lernens nicht in etwa gleich? Und das, was nicht gleich war, konnte ich sicherlich schnell erlernen. Das böte doch eine wunderbare Möglichkeit der Erweiterung meines Tätigkeitsfeldes. Ich mochte die Arbeit mit Kindern. Ich konnte mir aber auch durchaus etwas anderes vorstellen.

So setzte ich meine Recherche fort und fand heraus, dass ein großer Bedarf an Lehrkräften in der Erwachsenenbildung bestand. Um hier jedoch souverän auftreten zu können, musste ich Weiterbildungsmaßnahmen absolvieren. Das leuchtete mir ein, konnte man mit Erwachsenen doch nicht so umgehen wie mit Kindern oder Jugendlichen. Ebenfalls erfuhr ich, dass Festanstellungen in diesem Bereich kaum üblich waren und eine Selbstständigkeit angemeldet werden musste. Von der Lehrerin mit dem Ziel einer Beamtenstelle zur Sprachdozentin in Selbstständigkeit?

Zwar hatte ich während meiner Studienzeit in unterschiedlichen Bereichen gejobbt, doch befähigte mich das noch lange nicht zur Selbstständigkeit. Schon damals gab es den oft bemühten Spruch, »selbst und ständig«. Ohne Urlaub, ohne einen Arbeitgeber, der mir die Arbeit zuteilte, mir sagte, welche Arbeit ich zu erledigen hätte. Niemand übernahm die Kosten der Krankenkasse und bezahlte mich, wenn ich krank war. Ohne Arbeitslosengeld, wenn die Aufträge ausblieben. Und wie sollte sich die Altersversorgung gestalten? Ginge es mir dann zum Schluss wie Mama, jahrelang gearbeitet und keine Rente? Auch galt es nicht nur die eine oder andere Bewerbung für eine Stelle zu schreiben, sondern unzählige Aufträge an Land zu ziehen.

Trotz des Bedarfs an Sprachdozierenden war selbst hier die Konkurrenz groß. Ich war nicht die einzige arbeitslose Lehrkraft, die nach Alternativen suchte. Ich überlegte, was mich von allen anderen unterschied. Der Umgang mit Menschen, egal wie unterschiedlich sie waren, fiel mir erfahrungsgemäß nicht sehr schwer. Im Angebot hatte ich die Sprachen Deutsch und Englisch. Jedoch bezweifelte ich, dass ich mit meinem Äußeren als Deutschdozentin überhaupt gebucht werden würde. Eine Dunkelhäutige im deutschen Bildungssektor? War das nicht fast ein bisschen grotesk? In der Schule, ja, dort war ich als Lehrerin gesetzt. Es gab Leistungspunkte, man rutschte die Einstellungsliste hoch. Irgendwann war man halt dran, egal, ob weiß oder Schwarz.

Aber auf dem freien Markt? Wie sollte das funktionieren? Wollte ich mir die hinter einer freundlichen Fassade versteckten »Danke, nein«-Absagen antun? Wollte ich mir die bemüht neutralen und politisch korrekten »Nein, aber nicht, dass Sie denken, es habe etwas mit Ihrer Hautfarbe zu tun«-Erklärungen anhören?

Die englische Sprache passte ohnehin viel besser zu meinem Äußeren. Am Ende des Tages stellte ich mir die Frage: Traust du dir als Grund- und Hauptschullehrerin diesen Wechsel in die Selbstständigkeit zu auf einem Markt, den du überhaupt nicht kennst, ohne Angst zu haben, sang- und klanglos unterzugehen? Besitzt du den Mut, dich auf diesem Markt zu behaupten, Absagen nicht persönlich zu nehmen und dich von seltsamen Bemerkungen nicht unterkriegen zu lassen?

Das war 1997. Welche andere Möglichkeit blieb mir, als mich von all diesen Bedenken nicht verunsichern zu lassen und die Fragen mit einem klaren »Ja« zu beantworten?

Und so unterrichtete ich zunächst im Auftrag verschiedener Sprachinstitute und Firmen Englisch und Deutsch. Ich spürte, dass mir die Arbeit lag. Ganz gleich, ob als Gruppen- oder Einzelunterricht, diese Arbeit gefiel mir genauso gut wie die mit Kindern und Jugendlichen. Und wer nun glaubt, dass Einzel- und Gruppendynamiken bei Großen anders seien als bei Kleinen, der irrt gewaltig. Amüsiert bemerkte ich die ein oder andere angespannte Situation unter den Lernenden. Dennoch rauften sie sich mal früher, mal später zusammen.

Einen Manager, der mich zu Beginn eines Englischkurses mit: »I hate to be here« begrüßte, lockte ich mit Schokolade, die es am Ende von Arbeitsphasen zu gewinnen gab. Dieser Herr wurde einer meiner eifrigsten Schüler. Besonders spaßig waren jene Teilnehmende, die davon ausgingen, dass ich kein Deutsch verstünde. Wie gerne erinnere ich mich an jene Unterrichtsstunden für eine Firma, in denen mir Schüler Begriffe auf Pfälzisch beibringen wollten. Und noch heute ernte ich ungläubige Lacher für eine Geschichte, die ich so erlebt habe. In meinem Beisein erzählte ein Vorgesetzter seinen Mitarbeitern eine lustige Geschichte. An meiner Reaktion bemerkte er, dass ich ihn verstanden hatte. Das animierte ihn dazu, mich mit den Worten: »Das haben Sie aber gut verstanden«, zu loben. Aber weniger die Geschichte oder gar die Wortwahl seines Lobes brachte die Mitarbeiter in Rage. Es war das Tempo, in dem er mit mir sprach, so langsam, dass eine Schnecke in der Zeit einen Weltrekord im Halbmarathon hätte aufstellen können.

Noch nie habe ich Mitarbeiter gesehen, die ihren Chef derart zusammengestaucht haben. Dabei konnte ich mich schon immer gut selbst verteidigen. Dennoch hat mich die Reaktion der Kursteilnehmer sehr gefreut. Sie war nicht selbstverständlich. Die Geschichte an sich hat mich aber belustigt.

Ganz und gar nicht lustig waren andere Situationen. Nämlich jene, in denen angenommen wurde, das Gegenüber verfüge über keine oder nur rudimentäre Deutschkenntnisse. Die vermeintlich Überlegenen rutschten dann in die Abgründe ihrer guten Erziehung. So geschehen in einer Firma, in der sich zwei afrikanische Mitarbeiter von einem deutschen Kollegen als Affen bezeichnen lassen mussten. Diese »Affen«, wahlweise auch »Neger«, sollten doch gefälligst die Gabelstapler ordentlich bedienen. Ungeachtet meiner Anwesenheit, für die er den Grund nicht kannte, wähnte sich dieser Kollege in Sicherheit. Er setzte seine verbalen Entgleisungen fort. Da ich nicht persönlich betroffen war, fiel es mir leicht, dieser Situation zunächst emotionslos beizuwohnen. Schon damals fragte ich mich, wie manche Menschen ihre wertvolle Erziehung so vergessen konnten.

Steht ein alter Mensch vor mir, der mir stolz davon berichtet, dass seine erste Begegnung mit einem »Neger« zur Zeit der Besatzung nach dem Zweiten Weltkrieg stattgefunden habe, entschuldigt das Alter dieser Person die Verwendung des N-Wortes keinesfalls. Nur halte ich es für notwendig zu prüfen, ob es als Provokation oder aus Unkenntnis verwendet wird. Ungeachtet des Alters kläre ich mein Gegenüber auf.

Die Situation in dieser Firma beruhte jedoch nicht auf Unwissenheit. Ich beobachtete das Ganze noch einen Moment, dann hatte ich genug schlechtes Benehmen gesehen. Was ich mitbekommen hatte, brachte mich nun selbst an den Rand meiner guten Erziehung, ohne diese aber zu vergessen. Der Gesichtsausdruck dieses unflätigen Mannes war Gold wert. Er realisierte, dass ich nicht nur jedes seiner Worte verstanden hatte, sondern sein Verhalten auch noch in seiner Muttersprache kommentierte. Ein Bedauern oder gar eine Entschuldigung kam ihm nicht über die Lippen. Ehrlich gesagt, erwartete ich dies auch nicht. Was hätte ihm leidtun sollen? Dass ich ihn verstanden hatte? Nach Rückmeldung der afrikanischen Mitarbeiter wurde das Benehmen ihnen gegenüber danach zumindest etwas besser.

Ich bemerkte immer mehr, dass der Sprachunterricht allein meine Kompetenzen nicht ausschöpfte. Ich wollte mich nicht nur auf die Vermittlung von Vokabeln, unregelmäßigen Verben und Satzstrukturen beschränken. Ich liebte es, Kommunikation zu analysieren und Soziogramme zu erstellen. Konfliktlösungsstrategien zu entwickeln und im Bedarfsfall zwischen Parteien zu vermitteln, ohne dass einer der Beteiligten das Gesicht verlor, reizten mich sehr. Hinweise zu geben, wie Verständigung, ob verbal oder nonverbal, ob national homogen oder multikulturell, gelingen konnte, fand ich spannend. Es gefiel mir wahrzunehmen, dass meine Arbeit bei den Firmen gut ankam und meine Anfangsbedenken nahezu unbegründet waren. Im Gegenteil, ich gewann immer mehr den Eindruck, dass im Bereich der Erwachsenenbildung die kulturelle Herkunft des Lehrenden eine eher untergeordnete Rolle spielte. Was möglicherweise auch daran lag, dass die meisten Firmen nicht nur lokal, sondern auch global tätig waren.

Ich dachte, wenn schon mutig, dann richtig mutig und gründete meine erste Agentur. Ich belegte Schulungen, ließ mich zur Team-Management-Trainerin ausbilden und zertifizieren, erweiterte im In- und Ausland mein Know-how im Bereich der interkulturellen Kommunikation, lernte Verhandlungen zu führen und rechtssichere Verträge abzuschließen.

Der Kundenstamm wurde größer, neue, vielfältige Branchen mit unterschiedlichen Strukturen kamen hinzu. Mitarbeitende in hohen Positionen saßen ebenso in meinen Kursen wie der vermeintlich »kleine« Angestellte. Alle mit dem Ziel, ihre Sprach- und Kommunikationsfähigkeiten zu erweitern, ihre Arbeitsposition zu sichern. Kundenorientierung geprägt von einem respektvollen Umgang, lautete mein Leitbild. Vermeintlich hohe Positionen beeindruckten mich nicht. Die neue Arbeit erforderte sehr viel Kreativität, Selbstsicherheit, Disziplin und ein gutes Standing. Ich war meine eigene Chefin, das war spannend, herausfordernd und bereichernd zugleich. Glaubte einmal ein Auftraggeber mit mir Schlitten fahren zu können, galt mein bewährtes Credo: »Kein Problem, nur ich sitze vorne und gebe die Richtung an.« Wollte also ein Kunde einen Vertrag nicht einhalten, ließ ich dies ebenso wenig durchgehen wie herablassendes Verhalten von Kursteilnehmern, die der Meinung waren, sich dies aufgrund ihrer höheren Position anderen, vermeintlich niedriger positionierten Teilnehmenden gegenüber herausnehmen zu können. Platzhirschverhalten und Obrigkeitshörigkeit lehnte ich schon damals ab.

Allmählich begann sich auch die Lage im schulischen Bildungsbereich wieder zu entspannen. Regelmäßig erhielt ich von Seiten der Kultusverwaltungen Post mit der in Aussicht gestellten

Möglichkeit einer Festanstellung im Schuldienst. Regelmäßig reagierte ich auf diese Post mit einem »Danke, nein!«. Und regelmäßig empfand ich dabei das höchste Gefühl von Freiheit.

Abschied

Das Leben in der Selbstständigkeit hatte sich eingespielt, es ließ sich gut mit dem Alltag verbinden. Das bunt gemusterte Tellerchen, das von Jahr zu Jahr größer wurde, blieb niemals leer. Diese Arbeit, die mich sehr ausfüllte, bescherte uns ein schönes Dach über dem Kopf, Kleidung im Schrank, genügend Zeit, jeden Tag das Leben miteinander zu genießen und die Möglichkeit, gemeinsam die Welt zu entdecken.

Wurde es einmal allein doch anstrengend, ging auch dieser Moment vorüber. Die Freude an diesem selbstbestimmten und -gewählten Leben überwog stets, eine Sekunde des Bereuens gab es nie.

Manchmal brachte mich mein Kind jedoch an meine Grenzen, an meine sprachlichen Grenzen. Zum Beispiel, wenn mir eine Trinkflasche mit den Worten: »Heb a mol«, entgegengestreckt wurde. Mit meinem norddeutschen Wortschatz fragte ich mich, warum ich etwas aufheben sollte, was zuvor gar nicht heruntergefallen war. Nun ja, da wir uns noch immer in Südhessen befanden und mein Kind durch seine Kinderfrau »zweisprachig« aufwuchs, lernte ich durch das ungeduldige Gestikulieren, dass ich die Trinkflasche nicht aufzuheben, sondern festzuhalten hatte. Eine gelebte Multikulturalität im eigenen Haus, und die Feststellung, dass ich in meinem Alter keine neue Sprache mehr erlernen würde.

Noch oft blicke ich auf diese Zeit zurück, voller Respekt, dass ich den Mut für unser neues Leben aufgebracht habe und dieses Gottvertrauen hatte, und voller Dankbarkeit, dass ich diese Chance erhalten habe.

Meine Mama besuchte uns regelmäßig, auch wir fuhren so oft wie möglich zu ihr. Telefonate waren selbstverständlich. Insbesondere Weihnachten wurde traditionell in der norddeutschen Heimat verbracht. Mama liebte es, Oma zu sein. Sie liebte es, alles herzurichten, so wie damals, als ihre Flori noch da war. Der Weihnachtsbaum aus Plastik wurde aufgestellt, so wie damals, als ihre Welt noch in Ordnung war. Die Krippe mit der Heiligen Familie, die langsam ihren Weg zum Stall zurücklegt, so wie damals. Es gab Rotkohl mit Hähnchen und Klößen, so wie damals. Und auch der Marmor- und Butterkuchen durfte nicht fehlen, so wie immer, wenn Flori da war. Besonders beliebt war Omas Kakao, der mit aufgekochter Milch auf der Herdplatte zubereitet wurde. In einem bunt gemusterten Tässchen kühlte er dann so lange ab, bis die Haut abgeschöpft werden konnte. Ihre Augen leuchteten, wenn sie als Oma wahrgenommen wurde. Wenn ein kleines, etwas dunkelhäutiges Menschlein durch ihre Kirchenräume lief und ihr im Beisein Anderer zurief: »Des schaffe ma scho!«

Und bei aller Wehmut, dass ihre Flori nicht mehr zuhause lebte, erfüllten sie diese Situationen mit Stolz. Es erfüllte sie mit Freude, dass ihre Tochter ihr eigenes Geld verdiente. Wir waren schon lange nicht mehr auf andere Menschen angewiesen. Wir waren nicht mehr die, für die man Spenden sammeln musste, die bedürftig waren, eine Sache, für die niemand etwas konnte, eine Sache, die Mama jedoch immer sehr beschämt hatte. Auch im Rentenalter hatte Mama nicht viel Geld zur Verfügung. Ich fragte mich, wie es sein konnte, dass ein Mensch so lange, so hart arbeitet und am Ende dafür nicht entlohnt wird. Dessen ungeachtet, wir kamen gut zurecht, gemeinsam!

Trotzdem, immer wenn ich in Mamas Augen schaute, blickte mich eine Lebenstraurigkeit an, die von Einsamkeit geprägt war. Das lag sicherlich an vielem, was ein langes und auch schweres Leben so mit sich brachte. Es lag sicherlich auch an den 600 Kilometern, die zwischen uns lagen. Es war ein Zwiespalt, der mir sehr weh tat. Doch zurückziehen, das wollte ich nicht. Ich fühlte mich wohl in meiner, in unserer neuen Heimat. »Wir sehen uns bald wieder«, sagte ich dann, oder »bald kommst du uns besuchen.«

Dann, eines Nachmittags, seit Tagen war das Telefon ungewohnt still, klingelte es. Es war eine Nachbarin aus Buxtehude. Sie besaß einen Schlüssel zu Mamas Wohnung. »Deine Mama«, sagte sie leise, »deine Mama ist eingeschlafen.«

Heimatlos

Meine Mama ist nach wie vor ein Teil meines Lebens. Noch heute gilt der Kakao von Oma Irmgart als der weltbeste. Was sie wohl heute zu dieser oder jener Situation sagen würde? Hätte sie das eine oder andere wohl auch so gemacht wie wir jetzt? Bestimmt wäre sie entsetzt, wenn sie sähe, dass wir die Dinge anders machten als sie damals. Was wäre, hätte sie zugestimmt, den alten Baum zu verpflanzen?

Die kleinen Holzkreuze in meinen Taschen sind noch von ihr und haben einen hohen ideellen Wert. Wenn immer ich glaube, sie verlegt zu haben, fühlt es sich an, als sei ein Stück von mir verloren gegangen.

Kurz bevor sie starb, griff ich zum Telefonhörer und wählte ihre Nummer. »Mama«, sagte ich, »Mama, ich möchte dir danken. Ich möchte dir danken für das, was du mir für mein Leben mitgegeben hast. Ich möchte dir danken für deine Erziehung, die du mir geschenkt hast.« Das sagte ich ihr im Herbst 1998, noch rechtzeitig, bevor sie einschlief.

Gemeinsam mit meiner Cousine und meinem Cousin räumte ich nach der Beerdigung die kleine, aber sehr volle Wohnung aus. Es war erschreckend zu sehen, wie sich wertvolle Dinge in nahezu wertlose Gegenstände verwandelten. Der Wert war ideell, nicht materiell. So gut es ging, versuchten wir, viele Dinge einem neuen Zweck zukommen zu lassen und ihnen somit einen neuen Wert zu geben.

Auch waren es nicht nur einfach Dinge, die wir ausräumten. Es war eine Lebensgeschichte, die nach und nach in Säcken verschwand. Es war Mamas Lebensgeschichte. Die Geschichte einer Frau, die ihr Leben für andere gelebt hat. Auch waren es meine Kindheit und Jugend, die dort durch unsere Hände gingen. Ein Stück Kindheit und Jugend, dem ich immer wieder begegnete, wenn ich Mama in Buxtehude besuchte. Ein Stück Kindheit und Jugend, das nun ebenfalls in Säcken verschwand. Einige Dinge nahm ich mit nach Hause. Sie sollten mein Leben weiterhin begleiten. Sie sollten mir die Möglichkeit geben, mich erst dann von ihnen zu verabschieden, wenn die Zeit dafür reif war.

Und Buxtehude, meine Heimat? Wann immer man mich in meiner neuen Heimat fragt, wo ich herkomme, sage ich: »Ich bin in Hamburg geboren und in Buxtehude aufgewachsen.« Und mit an Sicherheit grenzender Wahrscheinlichkeit folgt dann ein multikultureller Diskurs nebst einigen Witzchen, die rund um meine Heimatstadt ranken und teilweise schon einen Bart haben. Nach außen verteidige ich meine Stadt. Die Stadt, in der ich aufgewachsen bin. Die Stadt, dessen erstes Schwarzes Kind ich war. Und nach innen? In mir fühlt sich die Stadt, die ich noch immer als meine Heimat bezeichne, schon lange nicht mehr als meine Heimat an. Sie ist eine Stadt mit einem Heimatgefühl, das an jenem Novembertag im Jahre 1998 verschwunden ist.

Back to the roots

Wie stolz wäre Mama gewesen, wenn sie unseren weiteren Weg hätte miterleben dürfen. Wie erstaunt wäre sie aber auch gewesen, wenn sie gehört hätte, was uns auf diesem Weg so alles begegnet ist.

Damals. Die Selbstständigkeit machte mir noch immer Freude und das nun schon seit mehreren Jahren. Meine mir selbstgesetzte Vorgabe, jeden Tag auch Mama zu sein, ließ sich gut erfüllen, mein Kind und ich waren ein eingespieltes Team. Nun stand ein Umzug an.

Erwähne ich in Gesprächen das Wort Umzug, werde ich auch heute noch bedauert. Eine langwierige Suche, viele Ablehnungen und fadenscheinige Erklärungen werden vermutet. Welcher Vermieter möchte schon an eine nicht fest angestellte, alleinerziehende und noch dazu Schwarze Frau vermieten? Der Verdacht liegt nahe, dass diese Attribute bei der Wohnungssuche zwangsläufig zu desaströsen Erfahrungen führen. Ich selbst kann jedoch von solchen Situationen nicht berichten. Stets waren die Vermieter interessiert, freundlich, offen. Stets bekam ich die Wohnung, für die ich mich interessierte. Und das waren nicht, wie man nun vielleicht vermuten könnte, irgendwelche Wohnungen, die sonst niemand wollte.

Es verschlug uns in eine beschauliche Gemeinde des Rhein-Neckar-Kreises. Die Einschulung meines Kindes stand an. Niedlich, wehmütig, wie jede Einschulung, die beweist, dass aus kleinen Schrittchen allmählich größere wurden.

Die Schulzeit begann. Eine Schulzeit, die wie meist bei Groß und Klein mal mehr und mal weniger Begeisterungsstürme hervorrief. Bei mir führte sie zunächst zu Falten der Verwunderung auf der Stirn. Eine Lehrerin schien sich für mich zu freuen. Sie war der Meinung, ich sei endlich nicht mehr alleinerziehend. »Kinder ohne Väter werden nämlich nichts«, lautete ihre Erklärung.

Ich spürte Falten der Sorge in meinem Gesicht. Wurde doch mein Kind während des Schul-Mittagessens dafür gelobt, dass »selbst dieses«, so hieß es, mit Messer und Gabel essen könne.

Ich kämpfte gegen Falten des Zornes. Da mein Kind sich vor der Leitung der Schule dafür rechtfertigen musste, sich von einem Mitschüler nicht als »Neger« bezeichnen lassen zu wollen. Es wollte diesen Begriff, entgegen der Erklärung dieser Leitung, keinesfalls als normal hinnehmen.

Falten des Schmunzelns bekam ich, als mein Kind mit dem ausdrücklichen Auftrag nach Hause kam, nochmals nachzufragen, wo seine Mutter nun wirklich geboren wäre. Hamburg könne nicht sein.

Die meisten dieser Erlebnisse ärgerten mich. Auch machten sie mich nachdenklich. Lebten wir doch im Jahr 2000. Hatten wir doch gemeinsam wachen Geistes das Millennium begrüßt. Schienen wir doch alle weltoffener denn je zuvor zu sein. Oder etwa nicht? Konnte ich diese Geisteshaltungen kommentarlos hinnehmen? Ich war mir nicht sicher, ob wir es mit Unwissenheit oder mit Ignoranz zu tun hatten. Was auch immer es war, es war einem Kind gegenüber, es war meinem Kind gegenüber schlichtweg inakzeptabel.

Natürlich hätte ich mich beschweren können, direkt oder an vorgesetzter Stelle. Mit den schulischen Dienstwegen kannte ich mich noch aus. Nur was wäre das Ziel gewesen? Meine Wut wäre ich losgeworden. Und dann? Ich setzte auf Veränderung, auf das gemeinsame Gespräch, auf Aufklärung, auf Bewusstheit, auf Sensibilisierung. Ich interessierte mich dafür, aus welchem Grund diese Äußerungen erfolgten. Ich erwartete, dass auch mein Gegenüber bereit war, differenziert über seine Worte nachzudenken.

Ich erklärte, erläuterte und gab Kurzbiografien ab. Ich hoffte, dass Schwarze Kinder, die mit Messer und Gabel aßen, die sich nicht als »Neger« bezeichnen lassen wollten und die Eltern hatten, die in Deutschland geboren waren, in dieser Umgebung als normal angesehen würden. Ich erwartete, dass auch diese Kinder ernst genommen würden. Natürlich ist es gut, wenn Kinder beide Elternteile um sich haben. Die Behauptung, Kinder ohne Väter »würden nichts«, akzeptierte ich ebenfalls nicht.

Und tatsächlich, wenn auch nicht bei jedem, stellten sich mit der Zeit eine wohltuende Offenheit und ein gegenseitiges Verständnis ein. Die Themen Multikulturalität und Diversität hatten sich im schulischen System dringend weiterzuentwickeln. Das wurde mir spätestens zu jenem Zeitpunkt klar.

Weiterhin trafen in schöner Regelmäßigkeit Schreiben mit dem Angebot einer Stelle als Lehrerin ein. Weiterhin schickte ich diese dankend ablehnend zurück. Der Bedarf an Lehrkräften schien größer denn je. In meinem Umfeld beschäftigten sich immer mehr Menschen mit schulischen Stellenangeboten. Menschen, die wie ich nach bestandenem Examen vor der Arbeitslosigkeit standen und sich zwischenzeitlich anderweitig orientiert hatten. Ich hatte jedoch nicht vor, meine selbstständige Arbeit aufzugeben. Die vorhandenen Aufträge boten mir wirtschaftliche und individuelle Freiheit. Mit einem schulischen Planstellenangebot war zwar ebenfalls eine finanzielle Sicherheit verbunden. Aber war auch die individuelle Freiheit gegeben?

Diese Fragen wurden intensiv diskutiert, wir stellten uns alle den Wechsel aus den bisherigen Bereichen in das Schulwesen schwierig vor. Um zu erfahren, was ich da immer wieder ablehnte, vereinbarte ich mit der Schulleitung einer weiterführenden Schule ein Informationsgespräch.

Ich bekam einen Vormittagstermin. In der Schule angekommen, meldete ich mich im Sekretariat an. Zunächst sollte ich im Gang Platz nehmen. Dabei beobachtete ich ein äußerst multikulturelles Schülerklientel. Nach kurzer Zeit öffnete sich die Tür des Rektorates. Es musste der Schulleiter sein. Ich stand auf, ging auf ihn zu, um ihn zu begrüßen. Er unterbrach mich: »Es tut mir leid, aber ich habe jetzt keine Zeit, Sie müssen sich schon einen Termin geben lassen.«

Ich versuchte erneut, mich vorzustellen. Höflich, aber bestimmt wurde ich darauf hingewiesen, dass er jetzt ein Vorstellungsgespräch zu führen habe und die Person jeden Moment eintreffen müsse. Verschnörkelte Höflichkeiten meinerseits erschienen mir nun zwecklos. Er hätte mich ohnehin nicht aussprechen lassen, sondern in mir weiterhin ein aufdringliches Elternteil gesehen.

Stakkatoartig sagte ich ihm also, mit wem er aus welchem Grund zu welcher Uhrzeit verabredet sei und ergänzte, dass diese Person bereits vor ihm stünde. Fassungslos starrte er mich an und gewährte mir mit den Worten: »Na, dann kommen Sie rein« Zutritt zu seinem Büro. Die Verunsicherung dieses Mannes war deutlich zu spüren, er war aber freundlich. Um ihm die Peinlichkeit des Momentes zu nehmen, ging ich über die Situation hinweg. Wir begannen das Gespräch. Ich erläuterte meinen beruflichen Hintergrund. Höflich, aber sichtbar verwirrt, unterbrach er mich erneut. »Entschuldigung, aber ich kann Ihnen nicht zuhören. Ich frage mich die ganze Zeit, warum Sie so gut deutsch sprechen.«

Nun war ich es, die ihn erstaunt ansah. Eine solche Offenheit in einer förmlichen Angelegenheit hatte ich nicht erwartet. Ich erzählte von meiner Biografie, warum ich so gut deutsch spräche und dass meine Eltern zu Studienzwecken in Deutschland waren. Seine Körperhaltung entspannte sich. »Jetzt kann ich Ihnen richtig zuhören.« Er bedankte sich.

Bis heute ist mir dieses Gespräch in Erinnerung geblieben. Bis heute bewundere ich diesen Mann für seine Ehrlichkeit, mit der er seiner Verwunderung Ausdruck verliehen hat. Offen hat er zugegeben, dass ihn diese Situation überforderte.

Das Stellenangebot hat mich erwartungsgemäß nicht interessiert. Die Erfahrung des Gespräches hat mich aber bereichert. Dieses Erlebnis führte zu der Frage, ob generell nicht auch älteren Schülerinnen und Schülern »so eine wie ich« als Lehrerin ganz guttun könnte. Viele von ihnen hatten immerhin ebenfalls einen multikulturellen Hintergrund. Könnten nicht auch meine Erfahrungen aus der Arbeit mit Firmen für die Arbeit in weiterführenden Schulen einen Gewinn darstellen? Das eine könnte ich tun, ohne das andere zu lassen.

Von nun an betrachtete ich die eingehenden Stellenangebote aus einem etwas anderen Blickwinkel. Es sollte noch einige Zeit des Nachdenkens vergehen, bis ich tatsächlich im September 2003 eine Planstelle an einer großen weiterführenden Schule annahm. Meine selbstständige Arbeit führte ich nebenbei zum Teil fort.

Mir eröffnete sich wieder mal eine andere Welt. Bisher war ich es gewohnt, eigenständige Entscheidungen zu treffen. Nun gab es ein Kollegium und eine Schulleitung, mit denen Entscheidungsprozesse erörtert wurden. In einem Unternehmen ging es um Profit und Prozessbeschleunigungen. In meiner neuen Tätigkeit scharrte ich das eine oder andere Mal mit den Hufen. Ich musste lernen, dass nun ein anderes Tempo herrschte. Hatte ich mir mit meiner Selbstständigkeit einen Namen gemacht, musste ich mich in der neuen Tätigkeit erst etablieren. War ich es gewohnt, mich auf dem Auftragsmarkt beweisen zu müssen und sah ich bis dahin andere Auftragsinteressenten nie als Konkurrenten, sondern als Mitbewerber an, war es nun anders. In der Schule wurden den Lehrkräften die Lehraufträge zugeteilt, dennoch war Konkurrenzverhalten zu beobachten.

Ein Konkurrenzverhalten, das so weit ging, dass ich eines Mittags meine Jacke, auffällig gemustert und somit gut erkennbar, mit zerschnittenen Ärmeln in der Lehrergarderobe vorfand. Ich fragte mich, wo ich gelandet war. Ich kochte nicht nur vor Wut, es machte mir auch Angst. Ich dachte darüber nach, was ich jemandem in diesem pädagogischen Umfeld angetan haben könnte. Was provozierte eine Person derart? Der Gedanke, dass ich dieser Person tagtäglich begegnete, ohne zu wissen, wer es war, beunruhigte mich. Bis zu jenem Moment, als sich die Person selbst verriet.

Die Frage, ob ich meinen Wechsel rückgängig machen sollte, stellte ich mir nach diesem Vorfall mehr denn je. Dass, egal wo, die Neuen stets unter Beobachtung standen und man alles über sie wissen wollte, empfand ich als nichts Besonderes. So wurde ich zu Beginn einer Tagung für das Fach Religion von einem kirchlichen Verantwortlichen freundlich begrüßt und gefragt, wo ich denn herkäme. Ich nannte ihm die Schule. Weiter wollte er wissen, was ich denn an jener Schule machen würde. Meine Antwort, dass ich dort Lehrerin sei, kommentierte er mit den Worten: »Wie, so richtig Lehrerin?« Auf meine Frage, wie man denn nicht »richtig« Lehrerin sein könne, entgegnete er: »Ach, ich dachte, Sie kämen aus Afrika und würden hier ein Praktikum machen.« Ich sah ihn an und fragte mich erneut, wo ich nur gelandet sei.

Ich setzte Grenzen in Situationen, in denen es notwendig war. Ich schloss Frieden mit Dingen, die nicht zu ändern waren. Ich fand Nischen, die zu mir passten und in denen ich mich etablieren konnte. Die Arbeit mit den Schülerinnen und Schülern gefiel mir, sie war sinnvoll, sie erinnerte mich an die Zeit in dem Buxtehuder Jugendzentrum. Die Arbeit wurde zu einer Aufgabe, die Aufgabe zu einem Beruf, der Beruf zu einer Berufung.

Die Schwarze Hexe

»Nun müssen Sie Brücken bauen«, hieß es im Juli 2007 freundlich, als ich die Bestellungsurkunde entgegennahm. Man bestellte mich als Schulleitung einer weiterführenden Schule, einer deutschen, weißen weiterführenden Schule. Nun also musste ich Brücken bauen. Seit Jahrzehnten machte ich nichts anderes. Darin war ich geübt.

Das Ende vorweggenommen – die Zeit als Schulleiterin war ein berufliches Highlight. Ja, es gab auch Schattenplätze, Plätze, an denen die Sonne niemals scheinen sollte. Alles in allem aber war es wunderbar. Doch so einfach war der Weg dorthin nicht.

Alles begann mit einer Fortbildung für Lehrkräfte zur Gewinnung von Führungskräften mit interessanten Themen und gewinnbringenden Gesprächen. Das Ziel war eine berufliche Weiterentwicklung, das Erklimmen der Karriereleiter.
Aber ich als Schulleiterin?
Die Schulleitung steht in der ersten Reihe.
Die Schulleitung hat die Verantwortung für die gesamte Schule.
Die Schulleitung war die Vorgesetzte eines gesamten Kollegiums.
Die Schulleitung war schlichtweg das Aushängeschild einer Schule.
War das deutsche Schulsystem bereit für ein Schwarzes Aushängeschild?

Ich empfand mein Ansinnen, mich als Schwarze auf eine solche exponierte Stelle zu bewerben, fast schon als Anmaßung. Trotzdem, schnell verwarf ich diese Zweifel. Vielleicht verdrängte ich sie auch nur. Denn sie hätten mich gelähmt. Sie hätten mich daran gehindert, diesen Schritt zu wagen. Sie hätten mir mein Leben diktiert. Und so tat ich, was ich immer tat, wenn ich etwas tun wollte. Ich betrachtete die Dinge durch eine farblose Brille. Ich bewarb mich auf gleich vier freie Schulleitungsstellen.

Warum auch nicht?

Zu genau jener Zeit wollte ein Schwarzer Mann der 44. Präsident der Vereinigten Staaten werden. Warum sollte also eine Schwarze Frau nicht die Leiterin einer öffentlichen deutschen Schule werden?

Zwar verspürte ich eine Prise Optimismus, jedoch auch eine große Portion Respekt. Ich hatte keine Ahnung, wie man auf die Bewerbung einer Schwarzen Person im deutschen Schulwesen reagieren würde. Ich konnte mir nicht vorstellen, was mich erwartete. Wenn ich eine dieser Stellen bekommen sollte, dann zumindest würde ich dazu beitragen, der kommenden Generation dunkelhäutiger Kinder und Jugendlicher ihren beruflichen Weg in Deutschland etwas zu ebnen. Die Gesellschaft sollte sich daran gewöhnen, dass »sowas wie wir« in allen beruflichen Positionen zu finden sein würde. Wir sind nicht nur gute Ingenieure, Ärzte, Künstler, nein, wir können durchaus auch das weiße Bildungssystem vertreten, und zwar in Deutschland. Und die Menschen sollten wissen, dass wir unser Interesse an diesen Positionen nicht zurückhalten, dass wir uns nicht verstecken.

Ganz so entspannt sahen es die Menschen aus meinem persönlichen Umfeld nicht. Der eine oder andere bereitete mich auf eine mögliche, herbe Enttäuschung vor. Mit Sicherheit würden meine Bewerbungen abgelehnt, hieß es dann vorsichtig. Ich hätte nur vier Berufsjahre und keine Schulleitungserfahrung vorzuweisen. Na ja, das sei vielleicht nicht so schlimm. Das könnte ich kompensieren. Schließlich hätte ich Erfahrung als Selbstständige. Aber, ob dieses von Weißen dominierte System wirklich schon so offen wäre, eine Schwarze Schulleitung, noch dazu eine Schwarze Schulleiterin, zu akzeptieren?

Andere berichteten, schon einmal von vermeintlich ähnlichen Fällen gehört zu haben. Die ausländischen Kräfte, »nicht ganz so Schwarz wie Sie«, hätten sich auf Führungspositionen beworben. Zwar nicht im Bildungsbereich. Man hätte die Bewerbungen abgelehnt, hätte davon gesprochen, dass der Zeitpunkt noch zu früh wäre. Man habe geraten, sich noch etwas weiterzuentwickeln, um es irgendwann nochmals zu versuchen. Angesprochen auf den Migrationshintergrund als möglichen Ablehnungsgrund, habe man dies mit größter Empörung als Unterstellung weit von sich gewiesen. Aufgeregt habe man aufgezählt, in welchen Ländern der Welt man bereits Urlaub gemacht habe und in welchen ausländischen Läden um die Ecke man sein frisches Obst einkaufe. Dass einer der besten Freunde aus diesem oder jenem Land käme und man gar nicht mehr sähe, dass er eine andere Hautfarbe habe.

Hiermit wollte man zeigen, wie weltoffen und aufgeschlossen man sei. »Stell dir vor«, fragte man mich anschließend besorgt, »man sähe deine Kompetenz gar nicht und wolle dich einfach nur als ‚Quotenneger', wäre das nicht furchtbar?«

»Quotenneger«, der Begriff schlug ein. Was für eine Betrachtungsweise. Aus dieser Perspektive hatte ich das bislang noch nicht gesehen. Und auch diese Erzählungen ließen mich grübeln. Sollte es so etwas tatsächlich geben? Ich versuchte mir vorzustellen, wie ich auf derartige kosmopolitische Selbstbeweihräucherung reagieren würde. Auf der anderen Seite konnte man nicht jede Ablehnung gleich auf das Äußere beziehen. Das schien mir eine zu einfache Lösung. Abgesehen davon würde ich mir und meinem Gegenüber die Frage nach der Hautfarbe ohnehin ersparen. Für mich war meine Bewerbung ein Produkt, das ich einem Kundenkreis anbot. Jeder Kundenkreis hat das Recht, ein Produkt abzulehnen. Ich habe das Recht, mein Produkt einem anderen Kundenkreis anzubieten. Vielleicht hörten meine Bedenkenträger auch nur die Flöhe zu sehr husten?

Mein Entschluss stand fest. Die wenigen schulischen Berufsjahre wollte ich durch die Erfahrung meiner Selbstständigkeit kompensieren. Den Mangel an Schulleitungsexpertise konnte ich durch die intensive Zusammenarbeit mit der Schulleitung meiner damaligen Schule ausgleichen. Ein nicht bereites System hätte ich jedoch nicht ändern können, meine Hautfarbe blieb.

Ich folgte meinem Leitsatz: »We'll watch with interest«. Ich konzentrierte mich auf eine perfekte fachliche Vorbereitung für das Bewerberverfahren. Und es gab sie, diese Menschen, die mich dabei unterstützten. Die an meine Kompetenzen glaubten und mich in einer entsprechenden Position verortet sehen wollten. Menschen, die mir eine Schulleitungsstelle zutrauten.

Einfach war der Weg nicht. Selbstverständlich war der Weg ebenfalls nicht. Aber erfolgreich. Und die Bedenkenträger? Nun, zwar sollten sie durch jenen Tag im Juli 2007 eines Besseren belehrt werden. Doch, ob sie wirklich nur die Flöhe haben husten hören?

Kritiker, Gegner, Neider, natürlich gab es die, in welchem Beruf gibt es die nicht?

Wie heißt es so schön: »Everybody's darling is everybody's Depp.« Traf ich mal eine unpopulistische Entscheidung, kam das bei einigen Wenigen nicht gut an. Hinter vorgehaltener Hand wurde dann gehetzt und gelästert. Doch nach einiger Zeit merkten sie, dass sie allein waren. Die Mehrzahl der am Schulleben Beteiligten arbeitete gerne mit der Neuen zusammen.

Diese Jahre waren besonders, sie strahlen noch bis in die Gegenwart. Sie brachten gute und positive Kontakte. Diese Jahre waren ein Highlight, begleitet von Befürwortern und Menschen, die meine Arbeit anerkannten.

Allerdings bei Bemerkungen wie: »Wenn ich mit Ihnen spreche, überhöre ich buchstäblich Ihre Hautfarbe.« Oder: »Es heißt, an Ihrer Schule gibt es kein Hitzefrei, weil Sie die Hitze nicht spüren«, musste ich grinsen. An meiner Schule wurden keine Antirassismus-Projekte durchgeführt. In diesem gelebten Setting waren sie nicht vonnöten.

Die Gegner mögen mit sich Frieden geschlossen haben. Sie glaubten, ihre Unterhaltungen blieben ungehört, unbemerkt. Nur weil jemand nicht reagiert, heißt das noch lange nicht, dass er nichts bemerkt. Selbstverständlich habe ich sie bemerkt, aber ich habe nicht immer reagiert.

2013 habe ich mich entschlossen, die Schule zu verlassen. Ich wollte meinen beruflichen Weg weitergehen. Und dann klingelte einmal mehr das Telefon. Schwarze Menschen in verschiedenen Wirkungskreisen, aus Musik und Sport, wurden gesucht. Als Schwarze Schulleiterin, möglicherweise als erste Schwarze Schulleiterin, wurde ich gefragt, ob ich an einer geplanten Sendung zu diesem Thema teilnehmen wollte.

Schon einmal hatte ich eine entsprechende Anfrage abgelehnt, das war 1997. Sollte ich dieses Mal zusagen? Ich hätte einige Anekdoten zu erzählen, auch bittersüße. Könnte berichten von den

Erlebnissen als Schwarzer Mensch, als Schwarze Frau, als Schwarze alleinerziehende Mutter, als Schwarze Lehrerin, als Schwarze Schulleiterin – schlicht, als Schwarzes Ich in Deutschland. Doch passte mir dies im Moment?

Gerade war ich dabei, meinen beruflichen Weg neu zu strukturieren. Nach sechsjähriger Tätigkeit als Schulleiterin gefiel mir der Gedanke, die nächste Stufe zu erklimmen. »Ja, mach das«, motivierten mich die Befürworter. »Oh je, denkst du, das ist gut für dich?«, zweifelten die Bedenkenträger. Da waren sie wieder, die hustenden Flöhe. Und sie husteten lauter denn je.

Diese Sendung wäre eine Chance gewesen, um von den positiven Dingen des Alltags zu berichten. Eine Chance aber auch, um kritische Dinge anzusprechen, die hustenden Flöhe einmal sichtbar werden zu lassen. Eine Chance, einen Perspektivwechsel anzuregen und miteinander ins Gespräch zu kommen. Eine Chance, darüber zu berichten, dass ein »Sie ist Schwarz, sie passt nicht hierher« eine ebenso kontraproduktive Haltung ist wie »Nur weil ich Schwarz bin, will man mich hier nicht!«

Ich hätte darlegen können, dass der Aufbau von geistigen Blockaden und flachen Stereotypen für keine Seite hilfreich ist. Fragen stellen, Bedenken äußern, Kritik üben, all das ist legitim und muss erlaubt sein, auf beiden Seiten – ehrlich, respektvoll und wertschätzend. Es braucht auf beiden Seiten die Bereitschaft und den Willen, seinem Gegenüber einen offenen und wahrhaftigen Weg für sein Dasein zuzugestehen.

Gerne wäre ich damals in jene Sendung gegangen. Der Zeitpunkt war aber ungünstig. Also schlug ich die Einladung des Senders aus.

Ich wollte meinen beruflichen Wechsel in Angriff nehmen. Meinem Leitsatz, »Wenn du einen Ort verlässt und die Mehrheit der Menschen schaut dir bedauernd hinterher, dann hast du den richtigen Zeitpunkt gewählt!«, wollte ich treu bleiben. Ich verließ meine Schule zu einem Zeitpunkt, an dem das Bedauern vieler groß war. Auch mir tat es leid, sehr sogar. Doch spürte ich erneut mein Sechsjahreskribbeln. Ich war bereit für eine neue berufliche Herausforderung, die sich mir mit dem Wechsel als Schulrätin in ein Staatliches Schulamt bot.

Und meine Bedenkenträger? Im April 2013 nahm ich meine Bestellungsurkunde entgegen. Ich wurde als Schulrätin eines Staatlichen Schulamtes bestellt. Das Husten der Flöhe wurde etwas leiser, doch es sollte nie gänzlich verstummen.

Und heute?

Mama wäre so stolz. Ihre Flori, erst selbstständig, dann Lehrerin, dann Schulleiterin und nun Schulrätin. Vermutlich hätte ich ihr genau erklären müssen, was eine Schulrätin überhaupt ist. »Schön, dass du Beamtin bist«, hätte sie vielleicht gesagt.

Ab und an hätte sie sicherlich auch gefragt, ob ich mal wieder etwas aus Afrika gehört hätte. Das fragte sie immer dann, wenn sie wissen wollte, was mit meiner Familie in Nigeria wäre. Ich hätte ihr berichtet, dass ich gelegentlich etwas über WhatsApp erfahre. Ich hätte sie daran erinnert, dass uns meine Mutter vor 15 Jahren einmal für eine Woche in Deutschland besucht hatte. Vermutlich hätten wir darüber gesprochen, dass mein Vater 2018 verstorben ist und mich meine Geschwister sofort informiert hatten. Ich hätte erklärt, warum ich zur Beisetzung nicht nach Nigeria geflogen bin, was meine Familie bis heute nicht versteht. Ich hätte ihr erklärt, warum es sich für mich dennoch richtig angefühlt hat. Möglicherweise hätte sie mich gefragt, ob ich Nigeria nicht manchmal vermisse. Und ich hätte ihr erzählt, dass ich manche Speisen durchaus gerne einmal wieder essen würde.

Sehr wahrscheinlich hätte sie mich gefragt, warum ich nach wie vor nebenberuflich selbstständig bin. Ich hätte ihr beschrieben, warum sprachliche Sensibilisierung, verbindende Kommunikation und interkulturelles Bewusstsein heutzutage wichtiger sind denn je. Auch hätte ich von den ehrenamtlichen Schulprojekten erzählt, bei denen Sportler und Künstler, egal welcher Nationalität, Schulklassen von ihrem Lebensweg berichten. Wie sie ihnen Mut machten, sich trotz Schwierigkeiten nicht entmutigen zu lassen.

Höchstwahrscheinlich hätte sich Mama gewundert, dass Hautfarbe und Herkunft noch immer ein Thema sind. »Erlebst du das auch noch?«, hätte sie mich gefragt. Und dann hätte ich Mama mit vielen Anekdoten unterhalten, lustigen und bitteren. Wie gern hat sie mir immer zugehört und wie herzlich konnte sie lachen, wenn sie etwas besonders amüsierte.

Ich hätte ihr davon erzählt, dass, wenn ich allein unterwegs bin und die Menschen mich nicht kannten, ich oftmals auf Englisch angesprochen wurde. Davon, dass es Menschen gibt, die lauthals über »Neger« schimpfen und mich dabei provokativ anschauen. Davon, dass man mich mal als intellektuelle Quereinsteigerin aus Afrika bezeichnet hat. Aber auch davon, dass sich manches verbessert habe. Ich zum Beispiel sogar Strümpfe in meiner Hautfarbe bekäme.

Ich würde ihr davon erzählen, dass man einmal dachte, ich sei Analphabetin. Dabei konnte ich etwas nicht lesen, weil ich meine Lesebrille nicht aufhatte. Oder davon, dass meine Begleitung, als wir zusammen unterwegs waren, schon einmal gefragt wurde, ob ich ein Urlaubsmitbringsel sei.

Ich hätte ihr aber auch erzählt, dass sich meine Begleitung einmal von einem afrikanischen Mann in Heidelberg beschimpfen lassen musste. Er wollte nicht akzeptieren, dass eine Schwarze Frau in Begleitung eines weißen Mannes war, den er nicht für würdig hielt.

Ich hätte davon berichtet, dass mir wildfremde Menschen einfach in die Haare fassten mit der Frage, ob sie echt seien. Ich hätte erzählt, dass es Menschen nett meinen, wenn sie sagten, man könne von ausländischen Jugendlichen nicht erwarten, dass sie pünktlich seien. Und ich hätte beschrieben, dass es aus meiner Sicht eine falsche Rücksichtnahme wäre und sich jeder Mensch einer neuen Kultur anpassen könne.

Ich hätte ihr erklärt, was Racial Profiling bedeutet. Ich hätte Mama von dem Erlebnis in einem Café erzählt. Kurz nachdem ich mich an einen mir zugewiesenen freien Tisch gesetzt hatte, bat mich die Bedienung, diesen wieder zu verlassen. Der Tisch sei doch reserviert, sie bot mir einen Platz in der Nähe der Toiletten an.

Als Höhepunkt hätte ich ihr von einem Erlebnis erzählt, als ich in Begleitung spazieren ging und wir einer Gruppe Herren begegneten. Ich kannte diese Herren nur vom Sehen. Sie unterhielten sich kurz mit meiner Begleitung. Ich hätte ihr erzählt, dass ich gar nicht mehr genau wusste, worum es in dem Gespräch an dem schönen Sommernachmittag im Jahr 2018 ging. Etwas Interessantes muss es aber gewesen sein, denn ich mischte mich irgendwann ein. Und dann hätte ich ihr vorgemacht, wie sich einer der Herren völlig entsetzt zu mir umdrehte und laut ausrief: »Mist, die versteht mich ja!«

Mama hätte sich geärgert. Sie hätte mich gefragt, ob mir das etwas ausgemacht hätte. Und ich hätte geantwortet: »Nein, ausgemacht hat mir das nichts. Aber ich fand es sehr merkwürdig und es hat mich daran erinnert, dass ich Schwarz bin.«

Epilog

Liebe, Zuwendung, Verständnis.
Offenheit, Wertschätzung, Respekt.
Interesse, Fairness, Geduld.
Achtung des Andersseins des Gegenübers.
Egal wie, egal wo, egal zwischen wem, egal warum.
So könnte es funktionieren mit dem Glas.
Das Glas – stets halb voll!

Danksagung

Meine Mama – meine Herzensmama – ohne sie gäbe es dieses Leben nicht. Ich danke ihr für alles, was sie mir auf den Weg mitgegeben hat. Für die Liebe, die Wärme, für das Zuhause, das sie mir geschenkt hat.

Meine deutsche Familie aus Hamburg. Sie hat mich selbstverständlich in ihre Mitte aufgenommen.

Der Pfarrer und der Vorstand der Buxtehuder Paulusgemeinde. Die ständige Vermittlungsarbeit zwischen meinen Eltern und meiner Mama – wer sonst hätte sie durchführen können. Die Bürgschaften, das Sicherheits-Backup, die individuelle Unterstützung, ohne die es nicht gegangen wäre.

Meine Lehrerin – ohne sie wäre der Weg zurück nach Deutschland vermutlich nie erfolgt. Sie hat hingeschaut, sich eingemischt – bestimmt und dennoch vorsichtig, sensibel, wertschätzend. Sie war und ist für mich eines meiner größten menschlichen und pädagogischen Vorbilder.

Meine Eltern – auch ihnen gebührt ein Dank. Wenn auch nicht im ersten Moment, jedoch im zweiten. Sie haben sich nicht verschlossen vor dem, was die Lehrerin zu ihnen sagte.

Im beruflichen Bereich ein Dank an jene Menschen, deren Haltung jenseits von Hierarchien von großer Offenheit, Ehrlichkeit und Herzlichkeit geprägt war und noch immer ist – Offenheit gegenüber allem, was nicht der Norm entspricht.

Ein besonderer Dank für ihr Vertrauen in mein Manuskript und die Zusammenarbeit gilt Palma Müller-Scherf für das Lektorat und Annette Michael vom Orlanda Verlag Berlin. So wurde aus der Idee mein gedrucktes Werk.

Und zu guter Letzt gilt der größte Dank meinem Kind!

Bildanhang

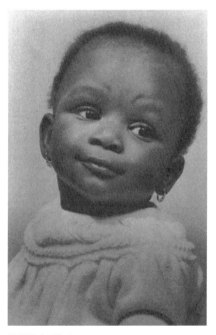

1968 Baby Flori

1969 In Buxtehude

1969 Teddybild

1969 Unterwegs mit Tante und Cousin

1970 England mit Hund

1971 Flori mit Puppenhaus

1972 Happy Flori, 4 Jahre

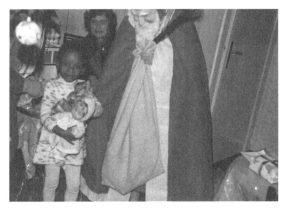

1973 Flori, Mama und Nikolaus

1975 Flori mit Mama im Schnee

1976 Hotel Nacht vor der Ausreise

1976 Mama im Zug nach Hamburg

1976 Vor der Ausreise beim Impfen

1978 Ferien bei Mama mit Oma

1979 Deutsche Schule Lagos

1978 Ferien bei Mama

1989 Flori mit Mama in der Zeitung

1993 Florence mit Braids

Der erste afrikanische Frauenroman ...

Dieser Roman ist ein ausgezeichnetes Porträt einer afrikanischen Gesellschaft, deren jüngere Generation von Frauen darum kämpft, dass die Gesellschaft nicht mehr patriarchalisch und kolonial dominiert wird.

2018 wurde das Buch von der BBC aufgenommen in die Liste der 100 Bücher, die die Welt verändert haben.

„Viele gute, von Männern geschriebene Romane sind in Afrika entstanden, aber wenige von Schwarzen Frauen. Dies ist der Roman auf den wir gewartet haben ... und dieses Buch wird ein Klassiker." Doris Lessing

ıs dem afrikanischen Englisch von Ilija Trojanow
3N 978-3-944666-60-0
0 Seiten, Klappenbroschur
2,00
ch als eBook erhältlich

Identitätssuche zwischen zwei Welten ...

„Ich werde nicht mehr für euch da sein. Ab jetzt werde ich für mich da sein. Für mich oder für wen ich möchte, aber für niemanden mehr, der mich niedergedrückt und ohne Kopf will."

Eindringlich erzählt Najat El Hachmi die Geschichte einer jungen Frau, die in Marokko geboren wurde und in Katalonien aufwächst. Der Roman schildert stark und mutig, welche Konflikte Mädchen und junge Frauen mit Migrationshintergrund erleben – hin- und hergerissen zwischen Herkunfts- und Ankunftskultur.

us dem Katalanischen von Michael Ebmeyer
BN 978-3-944666-65-5
50 Seiten, Klappenbroschur
22,00
ich als eBook erhältlich

Bibliografische Information der Deutschen Nationalbibliothek
Die Deutsche Nationalbibliothek verzeichnet diese Publikation in der
Deutschen Nationalbibliografie; detaillierte bibliografische Daten
sind im Internet über http://dnb.d-nb.de abrufbar.

4. Auflage, 2021

© 2020 Orlanda Verlag GmbH, Berlin
www.orlanda.de
Alle Rechte vorbehalten

Umschlag: Reinhard Binder, Berlin
Lektorat: Palma Müller-Scherf, Palma Publishing, Berlin
Korrektur: Jutta Zeise, Berlin
Umschlagfotos: © shutterstock
Fotos Innenteil: © privat
Foto Autorin: © Matthias Purkart
Satz: brama Studio, Wien
Druck: CPI-Print, Leck
Printed in Germany
ISBN 978-3-944666-76-1